中国式管理

世界の経済人が注目する新マネジメント学

曾仕強 著　内山正雄 訳

日本僑報社

目　次

第1章 管理の基本概念　　6

第一節　管理は「己を磨き、人を安心させる」プロセスである　7
第二節　己を磨く要点は自覚、自律と自主にある　13
第三節　人を安心させる目的は人も、自分も安心することにある　17
第四節　「哲理をわきまえ自らを守る」ことを根本理念とする　21
第五節　「推・拖・拉」を用いて問題を解消させる　26
第六節　人治を法治に含ませる　30

第2章 管理の思想形態　　35

第一節　太極は一種の自然に流れる状態である　36
第二節　二から三を見出してこそ二分法のわなから抜け出せる　43
第三節　法があるのに法はなく、法がないのに法はある　49
第四節　相互主義を哲学の基礎とする　54
第五節　合理的に円満を追求する　58
第六節　解消で解決を代替する　61

第3章 管理の三つの軸　　67

第一節　人を中心とする、信念によって結び合う、そして理に従って変化する　69
第二節　人の倫理関係は非常に重要である　74
第三節　多元化社会では共通認識はもっと必要となる　77
第四節　理に従って変化に対応することで、常に合理的であることを求む　81
第五節　志と信念を一つにしてこそ合理的に変化に対応できる　85
第六節　人々はみんな合理的に裏と表を使い分ける　89

第4章 樹木状の組織精神　93

　第一節　樹木状の有機的なシステム　94
　第二節　上司が部下の職務を侵すことを避ける　98
　第三節　部下は上司を安心させるべき　102
　第四節　役職は高ければ高いほど、融通性は高くなるべき　106
　第五節　折り合ってまるくおさめる同盟原則　110
　第六節　人によって仕事を設ける組織原則　113

第5章 随時調整する計画方式　117

　第一節　やりながら修正して行く　119
　第二節　大智大恵で戦略決定を行う　122
　第三節　止、定、静、安、慮、得を戦略決定の過程とする　126
　第四節　根本的な解決と応急的な解決をともに重視しなければならない　130
　第五節　至誠は前知することができる　134
　第六節　提出した計画は合理的に貫くべき　137

第6章 何もしない執行過程　142

　第一節　計画を確実に実施する立場に立って執行する　143
　第二節　「変えることができる」ことと「変えてはいけない」ことを見分ける　146
　第三節　何もしないリーダーシップを発揮する　150
　第四節　チーム精神で難関を突破する　154
　第五節　執行の過失を反省し次回計画の参考とする　158
　第六節　全面的な無形のコントロールを採る　161

第7章 有効な考課要領　165

　第一節　先に「正しくても役に立たない」評価基準を打ち立てる　166
　第二節　みんなに「円満の中で是非をわきまえる」ことを求める　170
　第三節　「人を救うのであって、人を殺めるにあらず」という心理状態を持つ　174

第四節 「総合考慮」の原則を採る 178
　　第五節 みんなに「自分を振り返って反省する」ことを勧める 182
　　第六節 秘訣は「明と暗、大と小をともに配慮しともに重視する」ことにある 186

第8章 円満な疎通技術　　190
　　第一節 妥当性は真実性よりも重要 191
　　第二節 明言しないことを基礎とする 195
　　第三節 異なる訴え方を採る 199
　　第四節 「会して議せず」の状態までした方がよい 203
　　第五節 「議して決せず」で一致協力を打ち立てる 207
　　第六節 「決して行わず」こそすぐに変化に対応できる 211

第9章 融通がきくリーダーシップ　　216
　　第一節 リードは管理よりも重要である 217
　　第二節 中核グループを通せばやり易くなる 221
　　第三節 従業員の共通認識を凝集させる 225
　　第四節 小人が権力を握るのを防ぐ 233
　　第五節 情、理、法を用いるリードは最も合理的 239
　　第六節 最高境地は部下を自発的になるように促すことにある 244

第10章 合理的な激励方式　　252
　　第一節 いつでも何処でも激励すべきである 253
　　第二節 先に忠誠を求め、次に能力を求める 257
　　第三節 徐々に安、和、楽、利の段階を引き上げる 261
　　第四節 従業員の安心から顧客の安心へ 266
　　第五節 みんなが「ともに配慮する」ことを重視するように激励すべきである 270
　　第六節 状況に合わせて対応することで皆が臨機応変するように激励する 274

第 1 章
管理の基本概念

> ## 1.中国人的生き方
> 訳者より
>
> 做人：人として生きる。人としての振る舞い方、生き方。
> 做事：事を行う。事に対処する。本書では、イメージし易いように、「仕事」と訳しているが、実際中国では、事は生活、仕事の区別はなく、身の周りのほぼ全てのことを含む。
>
> 　中国は古く598年隋王朝から、国家官僚登用試験である科挙が始まっている。唐王朝に盛んになり、清王朝末まで1300年続いた。これは中国古代の文化人、学問に励む人が目指す唯一の道であった。書物を学び始めるのが8歳、平均的な受験開始年齢は25歳、平均的な合格年齢は36歳、合格最高齢はなんと78歳である。その教材は、「十五にして学を志し、三十にして立つ」の論語に代表されるように四書五経であり、人間的な素養を高め、人格を磨き上げる哲学的な書物ばかりである。これは、「做人」と言われる勉強の下積み時代である。科挙に合格して、その後皇帝より官職を与えられ、実際の官僚としての仕事が開始される。これは、「做事」と言われる仕事の時代である。この人生スタイルは中国人の先に「做人」、次に「做事」という、「人格を高めてから仕事をきちんとする」という意識を形成づけてきているように思われる。
>
> ## 2.中国人的物事への対処
>
> 推（トイ）：推す、推し出すという意味から、他人の方に推す、その人にやらせる。押し付ける、推し付けるという意味を持つ。また、後に推すという意味から、物事やスケジュールを先延ばしにするという意味も持つ。
> 拖（トー）：引きずって行くという意味から、物事やスケジュールを、後にずるずる引き延ばすという意味を持つ。
> 拉（ラー）：引っぱるという意味から、物事やスケジュールを引き止めて、先に進ませないという意味を持つ。
>
> 　中国では「推・拖・拉」は長い間、押し付けたり、引き延ばしたりと、物事を遅らせる悪習と見なされてきた。それに対して、本書で述べた合理的に利用するという考え方は非常に新鮮に聞こえる。
> 　その文化的背景を理解して、この章を読むと、さらに理解を深められると思われる。

　管理とは、いかなるものか？
　一つの完全無欠な答えがあるわけでもなければ、あるはずもないだろう。なぜなら、管理に対する認識と理解は、人それぞれに異なっているからである。
　しかしながら、管理に対する考え方は、その人の価値観を代表するほど重要な

ものであり、はっきりと認識、理解しておかなければならないものである。

我々が提供する概念は、以下の通りである。

一、管理は、己を磨き、人を安心させるプロセスである。
二、人は他人を管理する前に、自分をきちんと管理できるようにしなければならない。己を磨く要点は、自覚（自ら気づき）、自律（自らコントロール）と自主（自ら決定）することにある。
三、人を安心させる目的は、自分の安心、そして他人の安心を目指すことにある。
四、哲理をわきまえ自らを守ることを根本理念とし、事業が順調で快適であること、家庭が幸せで円満であること、身体が健康であること、気分がよくあること、信用と名誉を得ること、これら全ての面をともに配慮し、ともに重視しなければならない。
五、合理的な推（人員配置）・拖（時間配分）・拉（保留）を用いて問題を解消させる。大きな問題は縮小させ、小さな問題は解消させてしまう。そうすれば気楽で愉快にいられる。
六、人治を法治に含ませ、人治と法治を分けて考えるのではなく、一つに合わせて考える。

　非常に多くの人が、中国人は人として生きることだけを重視し、仕事することを重視しない、あるいは人格を高めてから仕事をきちんとすることを考えるものだと、思い込んでいる。またそのように行動するのが正しいと考えている。実はそうではない。我々は人格を高める過程で仕事をきちんとできるようにすべきで、人として生きることと、仕事することの双方に配慮し、重視すべきである。これこそが良好な管理である。

　人格を高めること自体が、価値が高いわけではない。よい仕事ができてこそ、本物の社会貢献である。人がいてこそそれに見合う仕事があり、よい人がいてこそよい仕事ができる。これは「己を磨き、人を安心させる」ことの、より一層深いところにある意図である。

第一節　管理は「己を磨き、人を安心させる」プロセスである

　管理は一つのプロセスである。スタートは己を磨くことであり、ゴールは人を安心させることである。

　誰しも、自分自身から始めるべきである。自分をきちんと鍛錬して作り上げてから、生き方や仕事という具体的な行動を通して、みんなの安心を促進させてい

くべきである。

　管理は、一方では倫理道徳を重んじる。一方では管理効率と利益を追求する。なぜなら、管理は人間の外側に存在する倫理であり、逆に倫理は人間の内側に存在する管理であり、両者は密接なため分けることはできないからである。

　管理のプロセスの中で、人格を高めることを通して仕事をきちんとする。職場の中で、自分を鍛え修行し、徐々にレベルを高め、修身（自らを治める）・斉家（家を治める）・治国（国を治める）・平天下（世界を治める）という人としてのライフワークを完成する。

　このような中華民族的な特性を持った管理学を理解するには、中国・アメリカ・日本の管理を比較し、理解した上で、違いを感じるのが最もよいだろう。

　現代的な管理は、アメリカから始まるので、我々はまずアメリカ式管理から考えてみよう。

　アメリカ式管理は、どんなに論じたとしても、やはり「I Want I Gotのプロセス」から離れることはできない（図1）。「I Want」は「目標管理」（MBO：Management by Objectives）を代表し、「I Got」は「成果管理」（MBR：Management by Results）を代表する。私が目標を決め、私が実施し、最後に成果を出す。成果が目標に非常に近い場合、さらには100％達成できた場合、あるいは目標を超えた場合、奨励を受けることができる。さもなければ、処罰を受けることになり、時としては更迭もしくは解雇されてしまう。管理プロセス全体が、「優劣淘汰、適者生存」の進化論的な精神に満ちあふれ、「競争」を手段とし、「データ」を判断基準として、勝ち負けをはっきり分け、生き残りを判定する。

　日本式管理は、ちょうどアメリカ式管理と正反対であり、彼らが作り上げたのは「共生共栄のプロセス」である（図2）。「共生」は「一緒に会社に入社した世代」を表し、「共栄」は「み

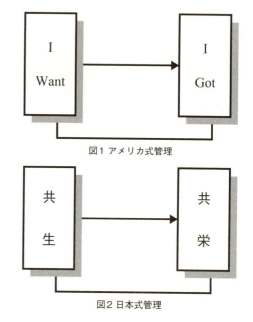

図1 アメリカ式管理

図2 日本式管理

んなで共に分かち合う栄誉」を表している。共に生きることは、共に死ぬ覚悟を持たなければならない。生死を共にする仲を育み、共に努力して行き、いざというときに逃げることが絶対にないように備える。共に栄えることもまた、共に辱めを受ける心構えを持たなければならない。そのために力を合わせて団体の栄誉を追求するが、個人の栄誉と恥辱にこだわらない。管理プロセス全体は、「大和魂」的な「団体愛精神」に満ちあふれている。「仲間」を呼びかけとし、「互いに助ける」ことを手段とし、「二君に仕えず」を判断基準として、一致団結し、最後まで闘い抜く。

中国人はどうだろうか？「目標」は達成できるときであっても、恐れをなして敢えて達成しようとしないときがある。なぜなら、一旦目標を達成してしまうと、次回の目標はおのずと高く引き上げられ、結果は必然的に自分の首を締めてしまうからである。そのことがみんなの心の中ではっきりしているので、わざわざ自分を追い詰めなくてもいいではないかと考えてしまう。

しかも、目標を達成しても必ずしも奨励を受けるとは限らず、目標を達成しなくとも処罰を受けるとも限らないのである。一緒に奨励を受けると言っても、内容は同じではなく、時には高く、時には低く、いつも不満だらけにさせられてしまう。同等に処罰を受けるにしても、基準は一致せず、時にはひどく厳しく、時には寛大でいい加減、まるでみんなが運試しでもしているかのようである。

成果に対する評価も、実は当てにならない。景気がよいときは、目をつむっても業績はうなぎ登りで、このような成果は、手に入れるのに、ほこりを吹き払うほどの力もかからず、何の珍しいことがあるだろうか？　景気が悪いときは、死力を尽くしても業績は依然として上がらず、どんなに正確に評価したところで、何の役に立つだろうか？

同じく不動産を販売しても、ある人は一戸売れただけで、楽々と大金を稼ぎ、ある人は智恵を絞り、忙しく走り回り疲れ切って、十数戸売れたのに、結局は稼いだ金は少ない。これらの様々な事実は全て、成果に対する評価が、実に何の役にも立たないことを十分に証明している。少なくとも一人の人間の努力の度合いを表すのに不足している。

中国人の観点からすると、目標と成果はもちろん非常に重要ではあるが、管理の全体を表すことはできない。いくら見立てても、せいぜい管理の一部分を表すことしかできない。中国人は目標と成果の重要性を否定するようなことはないが、目標と成果を管理の最も重要なポイントとすることを、受け入れることはできない。

我々はまた、共生と共死の観念を受け入れることはできない。共生は一つの巡り合わせに過ぎない。縁があって一緒に入社してきたが、入社してからは、各自の能力によって、自分で前途を創造していくべきであるはずなのに、どうしてみんなを一緒くたにできるのだろうか？　あたかも一緒に縛り付けて、共倒れする準備をしているかのようである。一人の人間の成功は、「同期の中で俺が一番」だからであり、どうして同期というだけで、同じように損をしないといけないのだろうか？
　共栄は当然よいのだが、ただ一つの前提条件がある。それは「私に少し得をさせてくれ」ということである。中国人が「合理」を重んじて、得をし過ぎるとおそらく誰もよしとしないだろう。なぜなら、差が大き過ぎると、遅かれ早かれ暴かれてしまい、恥をさらすことになってしまうからである。早いうちに放棄して隠した方がよい。少し得をして、みんなとの隔たりはないことを示し、少しかかとを立てれば同じぐらいの背丈になるのであれば、当然遠慮することはないし、する必要もない。
　もし他の人もそっくりそのままマネをして、私から得をしようとするならば、判断基準は依然としてこの通りである。そんなに差がなければ、彼に得をさせ、ご利益があればみんなで分け合うと言う。差が大きければ、彼に得をさせず、逆に自分が一体どのぐらいの器量か見てみろと罵ってやる。ただ、他人に対するその判断が少し厳しくなるだけである。
　共生共栄は、中国人は賛成しないわけではない。一定の融通性を持ち、人それぞれに自分でよく考えて決定させるべきだと考える。一体どんな程度にまで共生共栄しなければならないか？　それこそが最も重要な課題である。
　アメリカ式あるいは日本式管理の何かが間違っているわけではなく、中国人も大方は受け入れることができる。中国人の包容性は強く、我々にどんな主張をも排除することがないようにさせ、またどんな主張も排除すべきではないことを分からせた。我々の基本的な態度は、賛成もしなければ、反対もしないのである。いずれにしても「言うは言う」として、「行うは行う」として、あなたはこのように主張しているが、必ずしも本当にこの通りに実施するとは限らないので、何を焦ることがあるのだろうか？　中国人はアメリカ系の会社に勤めるとき、言っていることは全てアメリカ式管理の理論であり、日本系の会社で仕事するとき、言っていることは全て日本式管理の理論である。一方では郷に入りては郷に従えであるが、もう一方ではこうすることでしか損を見ずにすませられないからである。しかし、実際に運用し出し、諸々調整の結果、大方は中国人的な雰囲気に富

んだ状況に調整されてしまうものである。このような状況は、台湾のアメリカ系企業でも、日本系企業でも、十分な証明を見つけることができる。

中国人は、目標管理を実施することもできるが、それを有名無実にさせることもできる。成果管理に対しても、中国人は同じくこのような技量を持っている。

我々は、共生共栄もできるが、自分の玄関先の雪のみを掃き、他人の瓦の上の霜などお構いなしとすることもできる。どのように言ってもいいし、同じくどのように行ってもかまわない。逆に言えば、どのように言っても役に立たないし、どのように行っても無駄である。

それでは、中国式管理の意義は何であるか？　我々は目標に対して全力をもって対処すべきか？　成果の評価を受け入れることはできるか？　共生共栄したいかどうか？　完全に我々が「安心できる」かどうかによって決まる。「安心できる」ことの結果はプラスの影響であるのに対して、「安心できない」ことがもたらすのはマイナスの影響である。「安心できる」とき、中国人は積極的に奮い立ち、目標に狙いを定め全力をもって対処し、喜んで成果に対する評価を受け入れる。同期に気を配り、先輩に礼儀を持って接する上に、ともに栄誉を分かち合い、みんなと一緒になって喜ぶ。「安心できない」とき、目標に対してうわべでは服従するかのように見せかけ、陰では反対し、成果の評価を型通りの通達文書とみなしてしまう。同期か同期でないかは何の関係があるのだろうか？　自分を守るのもままならないのに、どうして栄誉を分かち合い、共に享受できるだろうか？

「安」（安心）の観念は、長い間ずっと中国人に影響を与えてきた。この一字に含まれている意味は非常に深く、心をこめて理解してこそ、はじめてその意図を理解できる。もし単語を用いて表すならば、名詞では多くは「安寧」（穏やかであること）を用いる。動詞は「安頓」（落ち着かせる）を用いることができる。そして管理に関しては言えば、「安人」（人を安心させる）が妥当だろう。

「人を安心させ」たければ、必ず先に「己を磨か」なければならない。己を磨かなくては人を安心させるための材料がない。だから中国式管理は、簡単に言うと、「己を磨き、人を安心させるプロセス」である（図3）。己を磨くことは、自らを高める個人的な修行であり、自らを律

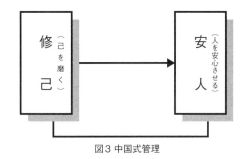

図3 中国式管理

する役割をきちんと果たすことを意味する。なぜなら、中国人は一方では管理されることを好まず、もう一方では自分も管理できないような人に管理されることを好まないからである。管理されるのを好まないのであれば、当然自分で自分をきちんと管理しなければならない。そのことはすなわち自律であり、己を磨くことである。自分も管理できないような人の管理を受け入れず、常々この類の人は自分も管理できないのに、人を管理しようとはあきれたものだと愚痴をこぼす。このような態度は、全ての人は人を管理する前に、自分をきちんと管理しなければならないことを示し、すなわち自律が必要だということである。これらの事実から、管理する者も管理される者も、すべからく「己を磨か」なければならないことが見て取れる。

「己を磨き、人を安心させる」ことは倫理のように見えるが、同時に管理でもある。中国式管理のプロセス全体は、「道徳倫理」の精神に満ちあふれ、「お互い様」を原則とし、「円満・円く収める・融通が利く」ことを判断基準とする。それぞれがWin-Winの立場に立ち、思いやりの力を発揮し、互いに細かい相違点を分かち合い、互いに役割分担をして補い合う。落ち着いて生活し楽しく働くことを追求し、互いに尊重し、互いに恩恵をもたらし、各自がそれぞれに安心できる状況を得る。

「己を磨く」意味は、自分を鍛錬し作り上げることであり、他人を変えることではない。ある人たちは、あまりにも多大な時間と精力を費やして、他の人を変えようとする。このような誤った方向性は、非常に多くの管理コストを浪費してしまう。管理者は、もし執拗に従業員を変えようとするならば、従業員は警戒心を強め、完全に抵抗するのでなければ、表面的に受け入れることを装い、実際は各自に自分の考え方に固執してしまう。管理者が先に己を磨き、心をこめて自分を変えて行き、従業員によい影響を与え、従業員が自発的に自分自身を変えるようにさせた方が、より速くて有効である。

高圧的な政策で、従業員に変わることを求めれば、「人を安心させる」要求にそぐわず、すなわち人間性に沿った人間的な管理に合わないのである。従業員はみんな、不合理を理由に、抵抗を試みるだろう。

管理者は先に「己を磨い」てから、被管理者も自発的に「己を磨く」ように影響を与える。双方ともに己を磨き、互いに連動し出せば、自然とさらに合理的になる。人々はみんな自ら合理性を求めるようになってこそ、それが最も有効な管理となる。

第二節 己を磨く要点は自覚、自律と自主にある

　修身・斉家・治国・平天下の一貫とした大いなる道には、どうして事業を起こすという重要な項目がないのだろうか？　それは古の聖人賢者がうっかりして忘れてしまったわけではなく、さらには古では経済が栄えず、各業種が発達していなかったからでもなく、実は非常に大事なメッセージを密かに示している。

　事業を発展させること自体は何の目的もない。事業を営む過程の中で、「修身」・「斉家」・「治国」・「平天下」というライフワークを達成することが、実は重要である。さもなければ、事業がどんなに発展しても、経営がどんなにうまく行っても、何の役にも立たないではないか？　管理は、「己を磨き、人を安心させるプロセス」であり、全ては己を磨くことからスタートするならば、己を磨くことはすなわち管理者が備わなければならない素養となる。なおざりにしてはいけないばかりでなく、口先で言ってみただけで、実際は重視しないようにしてもいけない。

　己を磨くと言うが、何を磨くのだろうか？　最も重要なのは、以下に述べる三点に過ぎることはないだろう。非常に簡単に見えるが、実はたやすく達成できることではない。

　第一、自覚。他の人は我々に遠慮がちに振る舞ったとき、我々は警戒を強め、自発的に道理をわきまえなければならない。相手がどんなことを言ったとしても、我々は自分から、すぐに事情や道理を判断し、合理的な態度と行動を取り、情と理にかなうようにしなければならない。

　人として生きるのに最も重要なのは、もちろん道理をわきまえることである。しかし、理は簡単には明らかにならず、道理は往々にして非常にわきまえ難いものである。時には、我々は非常に合理的だと思っていても、相手はそうだとは思わず、我々が道理をわきまえていないと考える。このとき、相手は遠慮がちに我々に注意を与え、止めを刺さずに気づかせる方式で、我々が自発的に調整するように促そうとするものである。

　「大丈夫です」という言葉を中国人が口にしたときには、大半は「大丈夫ではない」という意味を内に含んでいる。我々はこの一言を聞くと、すぐに充分に自覚しなければならない。くれぐれも本当に大丈夫だとは思い込んではいけない。逆に、必ず大丈夫ではないという基準に基づいて、自分の態度と行動を調整すべきである。そうして初めて、相手は大丈夫で始まり、また気持ちよく大丈夫で終わることができる。

もし大丈夫だという類の遠慮がちな言葉を聞くと、すぐに自分は本当に運がよく、物分かりのよい人に出会ったと思い込むようでは、自覚が足りず、遠慮をラッキーと取り違えている。結果はどうだろうか？　相手は大丈夫で始まったが、大丈夫ではないで終わってしまい、互いに不愉快な気分にさせられてしまう。相手が持つ考えは、実は極めて明快である。「私はこんなにあなたに遠慮しているのに、あなたはそんなに道理をわきまえないとは。このような自覚することを知らない人に出くわしては、私は本当にどんな方式であなたとお付き合いしていくべきか分からない」ということである。

　中国人は、「情から理に入る」ことを重んじる。それというのは、「相手の面子を十分に立て、相手に自発的に道理をわきまえさせる」という道を採ることを、好むことである。遠慮がちな口ぶりを借りて、「早く冷静になって、道理をわきまえることを自覚し、お互いに引っ込みがつかなくならないようにした方がよい」と暗に相手に注意を与える。面子が立てられると、すぐに自発的に道理に従って行動するというのは、自覚があると言う。面子が立てられると、誤って相手が少しも気にかけていないと思い込み、すぐに自分を調整しようとせず、甚だしきはつけあがろうとするのは、自覚がないということになる。

　第二、自律。我々は、他の人の行動に不満があるとき、直接その人を非難してはいけない。そしてすぐに彼と道理を論じようとしてもいけない。先に彼の面子を立て、情で彼を諭し、彼に自発的に道理をわきまえさせ、合理的に言動を調整させた方がよい。

　誰しもうっかりしてしまうときがあり、知らず知らずのうちに非合理的な行動を取ってしまうものである。この意図的でない過失は、すぐに非難を加えるならば、相手は我々がうがった先入観を持ち、わざとではないのが明らかなのに、わざとねじ曲げようとしていると考え、すでに偏見を持たれていることが明らかだと思い込んでしまう。お互い様の法則に立って、「どうせあなたは私をわざと過ちを犯したと決めつけているから、いっそのこと最後まで間違えてやる。あなたは私をどうするか見てやろうじゃないの！」とやけになってしまう。このような態度は、恨めしさと恥ずかしさで怒り出す異常な反応であることは確かだが、しかし人間はやはり人間であり、しばしば自分を抑え切れないものである。私たちは少し反省してみるといいだろう。何と言ってもやはり我々は十分に理智的になれず、すぐに彼を悪意の人と決めつけたため、彼の悪意を引き起こしてしまったのである。我々自身にも実は大きな非がある。

　ある人が十分に冷静になれず、正しくない行動をしたとき、すぐに彼と道理を

論じようとすると、いとも簡単に彼の自己防衛の心理を引き起こしてしまう。「夫婦喧嘩で、夫婦それぞれに言い分があり、それぞれに自分が正しいと主張する」というように、「理は簡単には明らかにならない」状況から、屁理屈をこねてしまう。それからは、言い出してしまったがために、意固地にならざるを得ず、自分の面子を保つために、さらに強弁してしまう。彼のこのような反応は、もちろん合理的ではない。しかし、我々は彼が心理的に未だ準備ができていないときに、急いで彼に道理を論じようとした。それも相応の責任を負わなければならない。なんと言っても、彼をそんな状態に追い込んでしまったのは他ならぬ我々なのだから。

我々は、他人が情から理に入り、先に我々の面子を立ててから、我々が自発的に道理をわきまえるように教え導くことを望むものである。我々は相手の身になって考え、他人もまた同じ期待を持ち、それによって面子を保つという欲求を満たしたいと考えていることを、理解する必要がある。そこで、人を罵る前に、ひとまず罵ろうとする言葉を飲み込んで、方式を換えてみる。「同情心」で相手の敵意を解消させた方が、より簡単に合理的な結果を獲得し易い。現代では、情という字を恐れる人たちは、「同理心」に改めようとしているが、実は中国人に対して言えば、両者は同じものである。中華文化は、世界でもめったにない情のある文化であり、中国人は情を恐れるべきではない。依然として同情心と称しても差し支えない。その方が、もっと人情味に満ち溢れる。相手と道理を論じようとしたとき、先に十分に面子を立てることを忘れない。これこそは中国人の情のある振る舞いである。至極貴重なものであるので、軽々しく忘れてはいけない。

いかなる場合も自分を抑制し、誰しもうっかりするときがあり、すぐに追い詰めて、自発的に改善する機会すらないようにさせてはいけないと、いつでも自分に注意を与える。このような態度は自律と称し、自分で自分を程よくきちんとコントロールできれば、多くの無意味な面倒を減らし、多くの時間と精力を節約できる。

第三、自主。いつでも自分に、自発的な精神で、自分の自主性を保たなければならないと注意を与える。一旦受け身になり、至るところで他人の指示に頼るようになると、自主の権利を失い、自立できる資格のない人間になってしまう。

人には、自主性があり、自分で自発的にしたいのか、それとも受身的にしたいのかを決めることができる。しかし、自発的にしたいという意識を持っている人は、依然としてその自主性を保つが、もし受け身を選んだなら、他人の支配と指図を受けなければならず、次第に自主性を失っていく。

我々があこがれているのは、自由自在な生活である。もし自発的になれないなら、どうして自由自在と言えるだろうか？　我々が望んでいるのは、安らかで楽しい生活であり、もし自主的になれないなら、どうやって安らぎを獲得しようとするだろうか？　楽しさはどこから生じるだろうか？　人の尊厳は、自主自立に宿る。もし自主を失ったら、自立することはできず、人の尊厳は二度と存在しなくなる。これも一種の自業自得である。

　人はみんな自発が好きである。ただ、自発的になる勇気がない、自発的に振る舞えない、あるいは自発的になろうとしない理由で、自発的になれないだけである。自発的になる勇気がない原因は、毎回自発的に振る舞っても、満足できる結果が得られず、多くの困惑を招いてしまうことにある。自発的に振る舞えない原因は、実力不足で、自発的に振る舞っても、成功する自信が持てないことにある。そして自発的になろうとしない原因は、心の不平にあり、自分は不当な仕打ちを受けており、すでに十分に不運であるのに、どうしてまだ自発的にならなければならないのだろうか、と思い込むからである。

　自発的になれない理由は、自発的になる勇気がない、自発的に振る舞えない、あるいは自発的になろうとしないのいずれかであれ、結果は全てその害を自分自身がこうむるのである。なぜなら、自発的に行動しないことの結果として、必然的に他人の行動を誘発してしまうからである。外部から来る圧力は大きくなればなるほど、ますます自分に不利になる。

　自発的になる勇気がない原因を、自分から解消することは、自分の技量を磨くことであり、自発的に振る舞う度に、必ずよい結果が得られるようにできれば、どうして自発的になる勇気がない道理があるだろうか？　自発的に振る舞えない障害を、自分から取り除くことは、自分の技量を鍛えることであり、自分に十分に自信をつけ、いつでもどこでも適切に自発的になれることができれば、どこに自発的に振る舞えない道理があるだろうか？　自発的になろうとする意欲を、自分から高め、「世の中のどこに公平なことがあろうか」という事実を、勇気を持ってはっきりと直視する。もしすでに十分に公平ならば、「公平」に関する言葉はとっくになくなっているはずである。みんなが朝から晩まで公平を叫び、公平を要求していることは、公平は依然として我々から遥か遠い存在であることを証明している。中国人が重んじるのは、公平かどうかではなく、「能力がある人は、自ずと獲得したいものが手に入る」ことである。自分に能力がないなら、反省し改善しなければならない。どうしてひたすらに他人のせいにすることができるのだろうか？

自発的に行動できてこそ、自主的になれる。他人に依存すれば、必ずや他人の指図を受けざるを得なくなり、ますます自主できなくなる。それにしたがって、ますます自分に対して自信を失ってしまう。中国人の自主性はことのほかに強く、独断を好む。それならばもっと自発的になって、自分が重視している高度な自主性を守れるようにすべきである。

人に尊重されていることを自覚し道理をわきまえる、他人を尊重すべきだと自律し面子を十分に立てる、自発的に行動する精神を自主的に高めることは、己を磨く三大要領である。

第三節 人を安心させる目的は人も、自分も安心することにある

人生の最高目標は、安心を手に入れることにある。安心が得られない人生は、もはや人として生きる価値を失っている。

修身・斉家・治国・平天下の目的は、言うまでもなく個人・家庭・国家・世界の安心のためにほかならない。

己を磨き、人を安心させる考えに基づいて考えれば、計画はこれから数年どのようにして人を安心させるかを明らかにするものであり、組織は人を安心させる力を結集するものであり、リード（管理）は人を安心させることの潜在力を発揮するものであり、コントロールはこれから数年どのようにして人を安心させるかを保証するものである。全ての管理処置は、人を安心させることと関係のないものは何一つない。

もし人を安心させられなければ、己を磨くことはただの独りよがりに過ぎず、管理などと論じるに及ばないものになってしまう。

管理は、己を磨き人を安心させるプロセスである。己を磨く具体的な行動は、組織メンバーの自覚、自律と自主を促すことにある。従業員の自主を通して、他人が安心になり、自分も安心になることを追求し、管理の最大効力を発揮させる。

安心できるか、安心できないかは、「生存」と「生活」の二つの側面がある。生存が脅かされれば、生活の欲求は論じるに及ばないし、生活が安定しなければ、生存の喜びが得られない。二つの側面がともに相当な程度の安心を獲得してこそ、はじめてみんなが落ち着いて生活し、安心して楽しく仕事に従事することができる。

人を安心させる目的は、「心を一つにして協力する」ことにあり、組織メンバーの力を結集し、「和」の性質を産み出し、「万事成功」の効果を達成する。「和」

の中から発する「合力」こそは、本当の「心を一つにする」ことであり、組織メンバーがあたかも家族のように行動すれば、自然と「家が仲睦まじい（和）ならば、万事が成る」となる。

「和」は中国人の「全体」の概念である。量の面から見れば、「部分」を足し合わせれば、「全体」になるが、質の面から考察すれば、「全体は部分の総和よりも大きい」ことがすぐに分かる。

人と人の間には、互いに「差異」があるのは避けられない。我々は、それを「個別差異」と呼ぶ。「差異」はすなわち「異なること」である。君子は「和」して「同ぜず」、管理に長けている人は、「異なる」心と力を一つに結集し、「和」の力を産み出すことができる。小人は「同」して「和せず」、管理に長けていない人は、ただ表面上みんなに服従を要求し、意見における差異がないほど「同」じになったとしても、しかし、終始「和」の実力を発揮できない。「不和」とみなすべきである。

料理するとき、水を煮るだけでは、煮ても煮ても「お湯」に変わりはない。琴を弾くとき、いつも一つの音ばかり繰り返していては、必然と単調で味気ないものに聞こえてしまう。同じ人が一緒に集まって、みんながそっくりで、少しも差異がなければ、我々が識別するとき、勢い非常に困難になってしまうに違いない。水で卵を煮れば、美味しい茶碗蒸しができる。様々な異なる音調を組み合わせれば、聞く人を感動させる楽曲を奏でることができる。異なる人が集まってこそ、全体を「和」することができる。

《荀子・王制篇》は、「人は何を以て群れをなすことができるか？　曰く：分なり」と指摘している。人の力は牛ほど大きくないし、歩くと馬ほど速くない。しかし、牛馬が人に使われる大きな原因は、人は群れをなすことができ、「組織」の概念があるが、牛馬にはないからである。どうして人は群れをなすことができるのだろう？　それは、人には「分ける」考えがあり、互いに「異なること」、完全に同じではないことを知っているからである。

人を安心させる基礎は、人々はみんな自覚を持ち、それぞれに役割があり、それぞれ役割を守ることにある。「人々はそれぞれ役割を守って」こそ、「みんなが一つになるように和する」ことができる。

「組織」があれば、「役割を分担す」べきである。役割を分担することは、事実上一種の「分ける」である。全員それぞれの役割の作業を、詳細で明確に列挙する。このように「数量」的に役割を分担すると、しばしば誰の管轄でもない死角地帯が生じてしまい、「協力」という全体性を達成することが難しい。そこで、

それぞれの役割の仕事を列挙した項目のあとに、「その他」という一項目を加え、「性質」的に役割を分担する。みんなに充分な心理的準備を持たせ、どんな死角であっても全員が責任を持つ「その他」の範疇にあり、機動的に調整し補い、「みんなが一つになるように和する」という全体性を維持しなければならない。

役割を分担したあとは、協力できれば、みんなが安心できる。協力できなければ、みんなが安心できない。だから荀子は、「分は何を以って行うことができるか？ 曰く：義なり」と言っている。義とは、すなわち合理性である。どのように役割を分担すれば、協力の効果を収めることができるか？ 「合理性」というただ一つの道しかない。

組織メンバーは、役割を合理的な境地にまで分担し、「その他」という項目に従って互いに支援し合い、合理的な状況にまで業務を行う。合理性とは、役割を過ぎないことである。だから、一種の「役割」を守る行動でもある。このような役割を分担して協力することは、必然と素晴らしい組織力を作り出し、和の性質を産み出すことができる。

役割を分担する以外に、中国人の「分ける」には、特に「位」を「区分」することを重視する。それは、すなわち親しきと疎き、目上と目下、身分と役職の違いである。この役職、地位の差異は、我々の倫理を作り上げている。

他人も自分も安心できることを求めるならば、「役割」を守る以外に、「倫理」を守り、重視しなければならない。倫理は、「人と人の間の矛盾関係」とみなすことができる。このような関係が成り立つには、相当程度の「和」を維持しなければならない。すなわち調和が取れていてこそ、「相反しながらも互いに成立させ合う構造」の中で栄え発達することができる。

人類社会は、元々たくさんの「個別差異」を持った「個人」で構成されている。もし一人ひとりが、みんな自分の個別差異に任せて発展したら、勢い互いに矛盾を引き起こし、甚だしきは衝突を産み出してしまうに違いない。だから、みんなに己を磨くように教え導き、励ますことで、互いの差異を縮め、共通の道徳基準を築き上げようとする。そのことが社会の健全な発展に必要な処置となる。

己を磨きあげた人が集結して、合理的に役割を分担し、共通の目標の下、各自が異なる役柄を演じることは、「組織」という名の下、人為的な矛盾を加え、その上でさらなる「調和」を求めることである。これはすなわち管理プロセスの中の「人を安心させる」機能である。

管理のプロセスは、「同じ中に異なることを求め、異なる中に同じことを求める」ことに重点を置く。すなわち「矛盾があるときは調和させ、矛盾がないとき

は矛盾を作り出」して、同じものにはいくらかの差異を生じさせ、異なるものには同じになるよう向かわせることである。

　中国人は「矛盾がなければ、変化を産み出すことができず、変化がなければ、進歩することができない」という道理をよく知っている。管理の効果を高めるために、特に「職場倫理」を重んじる。職場の中に、いくらかの大義名分、地位の矛盾を加え、そしてそれらを「合理」的範囲の中に制限する。そうすることで、調「和」し、「一つになるように和する」という「人を安心させる」効果を強めようとする。

　人を安心させる目標は不変的なものであるが、しかし人を安心させる状況は変動的である。そのときの人・事・場所・物によって判断し、それぞれに見合った「人を安心させる処置」を採ってこそ、効果が現れてくるのである。中国人は、「ことを行うのに、原則に則らない」「何事も三日坊主」であると誤って理解されるのは、実は「原則があるが、臨機応変に態度を変えなければならない」「しばらく期間が空くと変わらなければ効果がなくなってしまう」という考えに基づいて、行動したことによって引き起こされる誤解である。

　「人を安心させる原則」は変わらないが、「人を安心させる処置」は「時間・空間」に従って、調整しなければならない。そのためころころ変わり、「原則がない」とねじ曲げて解釈されてしまう。からくりが分からない人がますます多くなり、正当な臨機応変であっても、原則がなく、好き勝手に振る舞っていると嘲笑されてしまう。甚だしきは、「機会を狙ってずる賢く立ち回ろうとしている」とそしりを受けてしまう。実に不当に扱われて無念である。

　人を安心させる処置も、しばらく時間が経つと、また安心できない要素が発生して、調整しなければならなくなる。しかしちょっと調整すると、また「三日坊主」のそしりを受けてしまう。このことから、「分からない人は、どうしても専門家を嘲りたくなる」ことが伺い知れる。これこそが、人を安心させることに対する最大の障害である。

　部分を足し合わせても、往々にして全体とは等しくならない。役割を分けても協力の効果を収められないのも、よく見かける事実である。人を安心させることは、部分を「和」にして、「一」つの全体を「合」わせることである。そして、全体が部分の和よりも大きくなるように促進させることである。「自分が安心になる」ことと、「人が安心になる」ことを通して、「互いに安心できる」という「調和」を合成する。

　組織の同僚を「同心」、心を一つにして協力させたいならば、みんなに全体の

目標に対して大きな「関心」を持たさなければならない。みんなに全体の目標に関心を持たせたいならば、みんなに互いに「交心」、心をさらけ出させなければならない。みんなに心をさらけ出させたいならば、第一歩は方法を考えてみんなに「開心」、楽しくなるようにさせなければならない。このように考えると、人を安心させるプロセスは、「楽しさから心をさらけ出し、心をさらけ出すことから、みんなで一緒に関心を持ち、それから心を一つにする状況を産み出す」という一連の「心」の変化であることになる。だから、中国人に関して言えば、管理は、「心と心をつなぐ」過程である。そして、人を安心させることは「心と心をつないだ」結果であることは、疑いないだろう。

心と心をつなぐ過程

第四節 「哲理をわきまえ自らを守る」ことを根本理念とする

　現代の管理は、すでに「過労死」の問題を引き起こしている。利潤・効率・業績・あるいは利益を追求するあまり、なんと過度に働き、疲れ果て死に至らしめてしまうというのである。このように、業績の代わりに身をもって殉じる代価は、当然経営管理に従事する人の望んでいるものではない。

　方法を考え尽くして、自分を死に至らしめるほど疲労させることは、みんなも望まないに違いない。しかし、どれだけの人が知らず知らずのうちに、このような悪しき管理の罠に陥り、殺されてもなお本当の原因を知らないでいることか。

　生理上の迫害を避けたとしても、心理的なバランスの崩れは、よく調整しなければならない。ここに以下のように分析しておく。哲理をわきまえ自らを守ることに対して誤解を持たれてしまったために、自分に害してしまうことのないようにする。

　中国の歴史は悠久であるが、話せば話すほど人を悲しくさせてしまう。なぜなら、見れば見るほど、治世は少なく乱世が多いからである。平和な日々は久しく続かないのに、権力や利益の争いは永久に終結がない。人々はみんな、乱世の「終結者」を気取り、他人の命を終わらせようと企むが、思いがけずもう一つの乱世の「創始者」となり、さらなる恐ろしい混乱を作り出してしまう。

　古より現在まで、我々は権力者の三つの段階を観察すると、ほとんど同じ過程

をたどっているように見える。草創期、みんなが兄弟であり、しかも仲の良い兄弟である。聞き入れ易い話は、もとより喜んで聞くが、聞き入れにくい話も、諫めの言葉は耳に痛く、良薬は口には苦いが、どちらも効き目はあるとして感謝に絶えず、当然聞き捨てならないと感じることはない。体制の強化期、主流と非主流に分かれ始める。信頼できると考える人は、必ず重用する。なぜなら、良い人は元々少ないのに、この人たちを用いなければ、誰も用いる人がいないではないか？ 信頼できないと考える人は、有能であればあるほど迫害を加える。ぐずぐずして変化が起こり、いつの間にか、これらの有能な人にあやめられてしまうことのないようにする。衰退期に至ると、誰に対しても疑うようになる。あたかも良い人であっても、いつ悪い人に豹変するか分からないかのように、常々警戒心を強めておかずにはいられない。

　権力者のこのような心理状態は、本来非常に正常である。人の心は、腹を隔てており、誰が予測できると言うのだろうか？ 人の心は変わり易く、誰も捉えきれるものではない。冷静に言うならば、誰も軽率に他人を信じることができないではないか？ また誰も自分の腹心の部下が、胸中に悪巧みをすることがないと保証ができないではないか？ 「人を害しようとする心はあってはいけないが、人に用心する心もなくてはならない」という古人の言葉を思い起こす。自分が超人的な能力を持ち、人並み外れて聡明だとしても、他人に用心せずにはいられない。

　支配されている側はどうだろうか？ 「飛ぶ鳥がいなくなれば、どんなに素晴らしい弓でも蔵深く収められてしまう。兎が死に絶えれば、忠実な猟犬も煮て食われてしまう」という物語をいくつも目の当たりにして、「経営陣に死に駒として打たれた」噂をいくらも聞けば、当然心に恐怖が生じ、いつでも用心せずにはいられない。

　もしみんなが一緒に仕事するのに、いつも互いに用心し合うのでは、骨が折れると考えるのならば、それでは史書にはどれだけの紙面で、「良い人は早死にする」事実を記載しているかを見るがよい。「小人が幅をきかす」ことはもとより人の心を痛めつけるが、「君子が無実の罪で死ぬ」ことはさらに人を悲しませる。小人はどうして権力を握ることができるかは、本書の検討範疇ではないが、君子がなぜ無実の罪で死ぬかは、我々の関心を持つ重要なポイントである。

　普通の人が歴史を見るとき、小人を恨むばかりで、君子の反省を顧みず、儒教の「振り返って自分の責任を追及し、反省する」という原則に反している。君子は小人をひどく恨んでも、自分に対して何ら利点がない。自分がどうしてそんな

にたやすく打ちのめされたかを反省してこそ、本当に心に恥じないでいられることができる。

　真剣に検討してみると、君子は一般的に人に用心する心に欠けるからこそ、早死にするという不運を招いてしまう。もし、常に哲理をわきまえ、身を守るように努めれば、どうして小人に負けることがあるだろうか？　歴史上の君子は、もしみんな小人に打ち勝ち、害されなかったら、たとえ君主がどんなに愚昧、暴虐だとしても、そんなに治世が少なく乱世が多しの状況に至ることはないではないか！

　このことから、哲理をわきまえ身を守ることを管理の根本理念とするのは、非常にしっかりした根拠が備わっていることが見て取れる。疑う余地はなく、ないがしろにすることは許されない。

　下は上に対して、上司にひどい目に合わされないように、「逆鱗に触れる」ことがないように慎重に防がなければならない。上位に居る人は、やっとのことで登り詰めたのだから、部下に巻き添えにされ、そのために今までの成果が全て水の泡になることを、最も恐れる。だから、一旦部下が自分を巻き添えにする可能性があると分かったときは、みんな今までの信頼関係に気遣いさえせずに、全ての責任を部下の方に押し付けてしまう。

　部下は、日ごろ忠実に仕えていた上司が思いがけずがらりと態度を変え、自分をカタキのごとく見なし、窮地に追い込まなければ気がすまない状況を見る度に、日ごろから警戒心が足りなかったことを後悔しない人はいない。どうしてこのように自分をいじめ、盲目的にこのような人のために、自分を「家が家の体をなさず、人が人の体をなさない」、ぼろぼろの状態にまで追い込んできたかと。

　上は下に対して、腹心にひどい目に合わされないように、「禍は信頼するところにある」ことがないように慎重に防がなければならない。同じ小人であっても、上司の信頼を獲得できなければ、全く大きな影響を引き起こすことはない。もし上司の腹心になると、すぐに上役の権力を笠に着て威を振るうならば、波風を立て、上司をひどい目に合わせるのに十分である。このことから、上司が信頼する人は、しばしば恐るべき災いの発端であることが見て取れる。どうして用心、警戒せずにいられるだろうか？

　上司は日ごろ頼りにし、信頼し高く評価している部下が、思いがけず主を売り渡して己の栄華を求めようとして、自分を餌にして利益と交換しようとしていることが発覚する度に、心を痛め、「よく言われるように見せかけの忠は忠にあらず、見せかけの賢は賢にあらず」、自分の警戒心が足りなかったことを後悔しな

い人はいない。どうしてそんなに簡単にだまされ、盲目的にこれらの偽装に長けた悪党を信じてしまったのかと。

　各王朝の歴代君主で、「賢者を登用する」という道理を知らない人はいないのに、「登用した賢者が小人に変わってしまった」ことが、かえって歴代君主の最大の心残りになってしまった。古今を通じて、みんなは「良き鳥は木を選んで生息する」という道理を理解しているが、「孔明は大勢いるが、劉備はあまりにも少ない」のも、どうしようもない現実社会の残念な事実である。だから、中国人は徐々に「哲理をわきまえ身を守る」習慣を身につけるようになった。常に「人に用心しなくてはならない」という信念を持ち、少しも油断できないのだ。

　あなたは私に用心し、私もあなたに用心することを、私があなたを信用し、あなたも私を信用することに進化させる。これは中国式管理の「互いに心を打ち明け、心を心で交換する」プロセスである。哲理をわきまえ身を守ることは、己を磨くことの範疇に過ぎず、管理の起点とすることはできても、管理の機能を発揮することはできない。徐々に「あなたの心の中に私がおり、私の心の中にあなたがいる」ことに進化させ、互いに信頼し合うようになってこそ、人を安心させ、管理の効果を獲得できる。

　上司は、「自分を守る」立場に立つと、おのずと安易に部下を信用できなくなり、わなにはめられ損をして、自分を害してしまうことのないようにしなければならない。しかし反面、上司は部下を信用しなければ、安心して仕事を渡すことができない。そこで、一通りの「小信から大信へ（図4）」というように、信頼関係を確認するための試練を与えるという過程が生まれ、「大きな円の中に小さな円があり、小さな円の中にさらに小さな円がある」という、中国式管理のやり方を

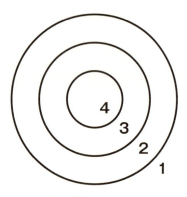

図4 小信から大信へ

形成してきた。誰もがまず外側の大きな円に置かれる。それから徐々に試練を与えてから、小さな円の信頼できるメンバーと見なす。さらに厳しい試練を与え、最後に腹心知己になる。我々がよくいうところの、中国人は試練に耐えられなければならないというのは、試練を経験していない、あるいは試練に耐えられない人を、軽率に信用してはいけないということである。わなにはめられ損をして、

なお人に笑い話にさせられることのないようにする。試練を経てから徐々に信用した方が、当然よりしっかりして確かである。

　部下は同じく「自分を守る」信念に立つと、安易に上司のために力を尽くしたがらない。「力を尽くすことが命を張ることになり、汗を流して働くことが血を流すことを招き、仕事を刑務所に入るまでしてしまう」ことのないようにする。そうなったら、運が悪すぎではないか？　このような状況になってから、天を恨み人をとがめても、おそらく何の意味もないだろう。

　中国人は万事において、「まずは小人、次に君子」の態度を取り、一切は「自分を守ること」から着手し、それから小信から大信へ、徐々に互いの距離を縮めるべきだと主張する。そうすれば「疎きから親しきへ」の原則に合致し、「分かり合えなかったために結ばれ、分かり合えたために分かれる」という不愉快な結末を避けることができる。

　自分を守る具体的な行動は、法律を守る、規律を守る、役割を守ることである。このことから、中国人は法規精神が欠乏し、法律を守る良好な習慣を身につけていないというのは、全く誤った見解であることが見て取れる。不幸にも現在の中国人の民族性を研究する人は、大方このような見方を持っている。

　中国人は法律をよく守る。ただ、常々法治を口にすることに合わないだけである。これこそが実情である。幼いうちから、家庭教育の中で受け継ぎ、ルールを守ることを重視しない人はいない。しかし、中国人は、「法」に対して、二極化した見方を持っている。一方では、我々はある法律に対して非常に恐れ、全く聞くだけで恐怖を感じる。もう一方では、我々はある法律に対して非常に軽視し、しばしば鼻で嘲る。我々は、「法治」に対して潜在的反感と軽蔑心を持っている。「役所が厳しければ、より多くの盗賊が出る」という言葉から、「法を守る恥知らず」という言葉まで、全てにその形跡が見て取れる。法令は空文同然で実行されず、法律制度は我々を守ることができない。警官はしばしば暴徒に殴られ、役人同士のかばい合いが上告ルートを滞らせる。哲理をわきまえ自らを守ることに努めなければ、さらに妥当な道があるとでも言うのだろうか!?

哲理をわきまえ自らを守ることにおける二つの心理状態

　同じく哲理をわきまえ自らを守ることであっても、以下の二種類の異なる心理状態がある。

　一つは、ただ自分を守るが、他人に危害を及ぼさない心理状態である。すなわち自分には有益で、人には害がない。もし自分を守るために、他人に危害を及ぼしてしまうようなことがあれば、行うはずがない。

> もう一つは、自分を守るために、他人に害を及ぼすことを惜しまない心理状態である。人を害し自分の利益を図り、そんなに多くはかまっていられない。このような哲理をわきまえ自らを守ることは、実際は害があっても益はなし。なぜなら、他人は害を受け、勢い反撃するに違いない。最後には自分も同じく害を受けてしまうからである。
>
> 多くの人は、哲理をわきまえ自らを守ることに非常に反感を持っている。もし後者の心理状態に対するものであれば、正しい態度であるはず。もし是正が行き過ぎて、連帯して前者に対しても心に抵抗、排斥を持つと、いつの日か自分も守れなくなってしまう。いたずらに理想と能力を持っていても、ものの役に立たない。このような人は能力があっても、技量に欠け、人材とは言えない。だから同情するに値しない。
>
> 他人を害しない大前提の下、哲理をわきまえ自らを守る。木の生えている山がある限り、当然薪の心配はないように、自分が生き残れれば、まだ再挑戦できる機会があり、心配する必要はない！　安定の中に進歩を求め、ついには必ず成し遂げるものがある。

第五節　「推・拖・拉」を用いて問題を解消させる

　西洋人は問題解決（Problem Solving）を非常に重視しているが、「問題を解決すると、往々にしてさらに多くの問題を誘発する」という道理を理解していない。管理はすればするほど複雑になり、ますます困難になるわけは、絶えず問題を解決してきたことによって、引き起こした後遺症が日増しに深刻になり、そうさせたためにほかならない。

　古より、中国人はすでに解決を、解消で取って代わることを知っていた。大きな問題は縮小させ、小さな問題はなくなるように解消させる方式で、何をすることもなくなるぐらいにまで解消する。気楽で愉快なだけでなく、後遺症を生じることもない。

　解消の工夫の具体的な表われは、合理的な推・拖・拉である。多くの人は工夫が悪いため、合理的な水準まで到達できない。そのために、推・拖・拉をひどく恨む。実に食べ物が喉につかえただけで食事をやめてしまうような、過度な反応である。

　中国人は太極拳が得意と言うならば、中国式管理の基本精神は、すなわち太極拳の方式で、問題を解消させることである。

　太極拳の動作は、総括すると、推・拖・拉（押したり、引いたり）の連携にほかならない。様々な型を組み合わせて、動いている中でバランスを保ち、不敗の立場に立とうとする。

　中国人の問題を解消させる方法も、実のところ推・拖・拉の連携運用である。

虚々実々、本物と偽者が入り混じり、人に理解する糸口を見出させない。

　長い間ずっと、中国人は一方では推・拖・拉を用いることに馴染んでいるが、一方では推・拖・拉を悪習だとひどく罵る。まるで自分と他人に対して異なる基準を採ることで、自分の推・拖・拉の行為を隠そうとしているかのように見える。

　これは一体どういうわけだろうか？

　はっきり言ってしまうと非常におかしいのだが、意外にも「西洋人が推・拖・拉の本当の意図を理解できないために、推・拖・拉を無責任、時間の浪費、人に嫌われる行動だと見なした」からである。そのため中国人までも盲目的に従って冷やかし、わけも分からずに推・拖・拉をひどく嫌う。

　このようなわけで、若い人は年をとった人が明らかに自分で推・拖・拉を好んでするのに、ずっと推・拖・拉の弊害を非難するのを目の当たりにして、そのために年をとった人は向上心がなく、心を入れ替えて再出発することを知らないと思い込み、「老いぼれ」と叱責してしまう。

　もっと恐ろしいのは、若い人が推・拖・拉をしない結果、不意打ちを食らって、死んでも自分はどのように死んだかを知らず、自分が不当な扱いを受けて非常に無念であると考えてしまう。そのため環境全体に現代化が足りず、自分を時代を超越した新々人類だと思い込み、自分自身を反省することができない。

　まず、推・拖・拉のとき、頭を働かせたかどうかが一番重要な問題である。頭を働かさない推・拖・拉は全くの時間の浪費であり、「時は金なり」とよく強調する中国人に対して言えば、我々は一つの誤った行動だと断定することができる。しかし、推・拖・拉に長けている人は、この短い推・拖・拉の時間を活用して、「私は一体どのように対処すべきか？」を十分に考える。もしこのようなちょっとした推・拖・拉もなく、少しの考える時間さえもなければ、実にあまりにも危険である。せっかくこのようなちょっとした推・拖・拉があるのだから、急いで頭を働かし、方法を考えるのに使わなくては、他に何に使うべきというのか。これこそは中国人が賢く、人に見出させない手である。

　次に、推・拖・拉の方向は、必ずしも他の人に向けるとは限らない。時には自分に向けることもできる。もしひたすら他の人に推し付けてしまい、得があっても自分に残さなければ、自分に申し訳が立たないではないか。当然、損なところも全部自分に推し付けていたら、自分は不満なだけでなく、他の人も奇妙に思えてしまう。だから、推・拖・拉は必ず他の人に向けるとは限らず、必ず自分に向けるとも限らず、最も合理的な人に推し付けるべきである。得があれば、最も合理的な人に帰し、損があれば、同じく最も合理的な人に引き受けてもらうべきで

ある。このような合理的な推・拖・拉こそ、中国人に歓迎される中庸の道にかなうものである。非合理的なことは何一つなく、ちょうどよい程度にまで推・拖・拉すれば、自然とみんなが好むようになるはず。

　第三、推・拖・拉は競争の雰囲気を和らげることができ、感情を害する事がない。中国人はあまりにも争う事が好きで、あたかも争わないところがないようである。そして争わなければよいが、争い出すといとも簡単に手段を選ばずになってしまう。食うか食われるかまで争わなければ、やめようとはしない。先達の哲人はこれに鑑み、同胞の生命を守り、競争の熱を下げるために、このような推・拖・拉を用いて争うという、「争うことを譲ることで取って代わる」モデルを考え出した。推・拖・拉は譲ることのように見えるが、実際では一種の争うことでもある。ただ争い方が上品で、柔らかく、そして気分を和らげることができる。簡単に感情化し易い中国人に関して言えば、実に一種の平穏無事を保つやり方である。

　上司が部下に新しい仕事を言いつけると、部下は少しも辞退せずに、すぐに引き受ける。上司がこの部下は仕事の負荷があまりにも軽すぎるではないかと感じてしまい、次もまだ新しい仕事を彼に言いつけてしまう。もしそれでも推・拖・拉をしなければ、当然そのまま彼に新しい仕事を増やし続けて、「柔らかい土を深く掘る（簡単に引き受けてくれる人に仕事が積もる）」症状をもたらし、部下には非常に不利である。万一仕事がうまくできなければ、「何でも引き受けて、自分がどれだけの技量があるかも考えないのか？」と人に取りざたされてしまう。同僚の目には、このような部下はごますりで、わざと上司のご機嫌を伺うのでなければ、目立ちたがり屋で、自分をひけらかすためになりふりかまわないのだと見えてしまい、いずれにしても歓迎されない。

　ちょっと辞退して、一方では自分はする事がないほど暇で、専ら新しい仕事を待っているわけではないことを示し、もう一方では上司に自分の功績を争わない態度を理解してもらい、上司の面倒を増やさないようにする。それからこの辞退の短い時間を活用して、よく考えてみる。この新しい仕事は、自分が引き受けるのに合理的であるか？　同僚の不満を引き起こしてしまうことがあるか、適切に処理できずに、逆に同僚の批判を引き起こしてしまうことはないか？　上司に自分がずっとこのような仕事を待ち望んでいて、何らかの下心があると思われてしまうことはないか？

　考えた結果、もし自分よりももっと適切な同僚がいると考えれば、その人に推し付けるべきであり、もし自分が確かに適切であれば、「自分がやるべきことで

あれば積極的に行い、誰にも譲らない」態度で、引き受けることができる。適任でなければ、譲るべきである。うまく処理できずにみんなに害を及ぼしてしまうことのないようする。適任ならば、譲るべきではない。辞退し続けると無責任になり、みんなに申し訳が立たなくなってしまう。

みんなが引き受けたくない仕事に関しては、ちょっと辞退すれば、引き受けることができる。さもなければ、「わざと上司を困らせる」嫌疑をかけられるか、あるいは「自分の値打ちを吊り上げる」ことになってしまう。それではもっとまずくなる。みんなが引き受けたい仕事ならば、もっと多くの回数辞退すべきであり、「やりたい人がいれば、私は絶対に争わない。どうしても私にやってほしいならば、引き受ける」という態度を抱き、君子の心は潔く、良くない企みはないことを示す。このような状況の下では、自ずと公然またはひそかに闘争を繰り広げることがなく、みんなの気分を悪くさせてしまうようなことはない。

推・拖・拉の出発点は、依然として「自分を守る」ことである。人様の疑いを引き起こさず、同僚の誤解を作り出さず、自分がみんなの非難の標的にならないようにする。上司が仕事し易いようにし、私に渡して仕事してもよく、他の人に渡して仕事してもよく、ただ合理的であればよい。同僚の面子を立たせ、少なくとも私は推し付けるだけで、「他の人はみんな役立たず」で、見るに耐え難いような、「私でなければできない」姿勢を絶対に持たない。同僚に面子を立てることこそは、自分を守る最もよい道である。そして同僚に「私は勝ち取ることができなかったのではなく、私は彼に譲ったのだ」と感じるようにさせた方が、もっと自分の面子が立つ。このことから推・拖・拉の価値は、軽視することは許されないものだと理解できる。

中国人は推・拖・拉を毛嫌いすべきではない。なぜなら、これをおいては、もっとみんなの需要にかなう方式を見つけることができないからである。中国人はまた推・拖・拉を好むべきではない。なぜなら、あまりにも推し付け合いすぎて、いたずらに時間を浪費して何事も成し遂げられないのを、みんなが深く憎しみ徹底的に嫌うからである。中国人は慎重に、注意深く「推・拖・拉の方式で問題を解消」しなければならない。ただ問題を円満に解消できてこそ、みんなは推・拖・拉が確かに好ましく思えるようになる。

同じ推・拖・拉でも、結果は人に嫌われる可能性もあり、人に喜ばれる可能性もある。なぜなら、中国人は「問題を解決しないように推・拖・拉をする」ことを「のらりくらり」と称し、このような結果はみんながひどく恨む。「問題を円満に解消するように推・拖・拉をする」ことを「融通がきく」と称し、このよう

な結果は当然みんなが喜ぶ。中国人は融通がきくことを好むが、のらりくらりをひどく恨む。同じ推・拖・拉でも異なる結果を生じる可能性がある。だから「運用の妙技を得るためには、心を集中してよくよく思案すること」が重要である。誠心誠意に心をこめて問題を解消させるには、依然として推・拖・拉の過程を必要とする。省力にして障害を減らし、非常に有効である。

> **推・拖・拉の本当の意味**
>
> 　ただ「推」という一字だけでも、多くの異なった意義を含んでいる。例えば「推進」は、精力的に物事を進展させることを表している。「推延」は、物事を後に引き延ばすことを表している。「推辞」は、口実を設けて辞退してしまうことを表している。これらは物事の進行に有利な可能性もあるが、物事の執行に障害になる可能性もある。良い一面もあれば、悪い一面もある。
>
> 　次に「拖」という字を見ても、非常に多様な解釈がある。例えば「拖着」は、精力的に引っ張り、仕事を遅らせないようにすることを表している。「拖延」は、引き延ばす、ぐずぐずして時間を遅らせることを表している。「拖泥帯水」は、仕事がてきぱきしない、急いで処理しないことを表している。これらも同じく良い振る舞いもあれば、悪い傾向もある。
>
> 　それに「拉」という字は、「拉籠」と言うことができ、方法を用いて連携を行い、物事を緊密に、完成し易いようにさせることを表している。「拉開」と言うこともでき、物事を引き離し、関連を生じさせず、そのため気を遣う必要がなくなることを表している。さらには「拉忽」と言うことができ、そそっかしくうかつであり、どんなこともうまく処理できないことを表している。うまく拉できれば、仕事に有利である。うまく拉できなければ、仕事に不利になってしまう。
>
> 　推・拖・拉は元々良いところもあれば、悪いところもある。合理的に運用できれば、物事の進行に非常に役に立つ。合理的に運用できなければ、物事の展開に障害があり、良くない結果を生じてしまう。近代中国人は、誤った導きを受けたため、悪い一面だけを見ているので、推拖拉に対してマイナスの評価を持ってしまった。これは正しくない観念である。
>
> 　推・拖・拉は物事を処理する一種の方式でしかなく、それ自身は良し悪しがない。完全に運用する人次第である。動機は良好かどうか、方式は合理的かどうかを見極めて、はじめて効果は理想的かどうかを決定できるのである。

第六節　人治を法治に含ませる

　非常に多くの人はずっと二分法の思考で、中国人社会を人治と見なし、西洋社会を法治と見なしてきた。このような思考方法は、実情にそぐわないだけでなく、簡単に一個人の偏見に陥り易く、極めて取るべき考え方ではない。

　世界で完全な法治は出現するはずがない。なぜなら、ただ法があるだけでは実行することができないからである。また100パーセントの人治を呈するはずもな

い。なぜなら、法律を利用して自分の無法な行いを隠さなければならないことを、どんなに独裁的な指導者であっても分かっているからである。

　我々に見えているのは、実は「法治は人治より大きい」のでなければ、「人治は法治より大きい」だけなのである（図5）。我々はまた否定もしない。現在に至るまでも、西洋は依然として法治は人治より大きく、東洋は依然として人治は法治より大きいことを否定しない。

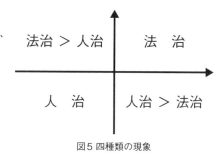

図5 四種類の現象

　西洋の観念は、人は人であり、神は神であり、人は神に変わることはない。神は人を超越し、戒律を公布し、人に遵守し実行させることができる。人はどんなに戒律をうまく実践できたとしても、聖者にしかなれず、神になることはできない（図6）。これは西洋人のどうしようない運命であり、終生神の意志を奉り実行し、戒律を遵守しなければならない。

　中国人の神は、大多数が人からなったものである。人は死んで鬼（帰り去るの意味。†中国語では、「鬼」と「帰」は同じ発音。）となる。鬼はもし非常に怠けて、奉仕する熱意に欠ければ、怠け鬼となり、当然神になることができない。もし奉仕の情熱に富み、貢献し続けていれば、いつか神になることができる（図7）。人が神になれることは、中国人最大の幸運である。同時に、神は人からなったものだから、元々は人であり、かつて普通の人と同じように、多かれ少なかれ間違いを犯したことがある。だから、厚かましく人に対して戒律を公布することができない。人に「まさかあなたは神になる前に、これらの戒律を遵守したと言うのか？」と、反対に詰問に遭わないようにしなければならない。

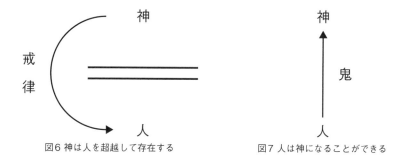

図6 神は人を超越して存在する　　　図7 人は神になることができる

神は戒律を公布できないならば、率先して奉仕することで模範となるしかなくなる。人にひざまずいて拝むと同時に、神の慈悲深きを見習い、人を助けることを決意させる。

西洋人は、神が人に対して戒律を公布する精神を見習い、「法律」を用いて他の人たちを拘束する（図8）。西洋文化はギリシアから起源し、ギリシア文化で最も早く体系化したのは、ギリシア神話である。これらの「超人」、「半神半人」、及び「人面獅身」の神々は、西洋の人間関係を、英雄崇拝と権力追求を中心とさせ、「奴隷制度」と「植民地政策」の管理方式を生じさせた。

奴隷には自由がなく、「もの」と見なされて取り扱われる。役に立つこそ存在する価値がある。一旦役に立たなくなると、市場に引いて行って売り飛ばすことができる。西洋の管理は、今でも人の有用性、有効性を強調している。さもなければ解雇すべきと主張している。

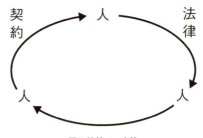

図8 法治 ＞ 人治

植民地政策は敗戦国の民衆を戦勝国の奴隷にならしめ、独立自主の権利を失わせ、全てのことは植民地の主がなり代わって決定する。現代企業の海外投資及び海外企業の買収合併も、実際はこのような植民地精神を引き継ぎ、強大な経済力で他国に貿易障壁を開かせ、その労働力、技術、資源及び市場を支配しようと企んでいる。

奴隷主と奴隷の間の関係は、元々「自然的」なものではない。このような「人為的」な関係は、主に契約を経て成立するのである。法治は契約を保障する最も良い口実であるので、広く宣伝され重視される。

中国人は、神が人に対してものを言わずに教え導き、実際の行動で衆生をあまねく済度し、人を苦難から救い出す精神を見習い、「感化」を用いて他の人に影響を与える。我が国の文化は易経から起源し、周易は儒教・道教双方共通の思想根源である。易経は神秘的なベールをかぶったのは、ただ「宗教の力を借りて道徳の不足を補った」に過ぎないのである。実際は依然として「あるべき姿を理解し、徳のある行いを重視する」ことを中心とし、先に自分を正してから他の人を正し、己を磨いてから人を安心させるべきと、人に教え導いている。孔子は怪力荒れ狂う神の存在を主張しないが、依然として、「天に罪を得れば、祈るところなし」と断言する。このことから分かるように、「天命の帰する範囲内において

努力する」、同時に「道徳良心で戦略を選択する」という行為は、中国人の人間関係を、天に従い人に応えることと、親しきに手厚く隣人と仲良くすることを重点とさせた。そして「天命を敬い恐れる」、「近きを喜ばせることで遠きを引きつける」という管理方式を生じさせた。

　社長の個人的な宗教信仰は何であろうとも、毎年旧暦正月五日の仕事始めには、習わしとして線香をあげ礼拝を行うことは、天命を敬い恐れ、天に向かって全員が天命に従うという決心を誓うことにほかならない。それぞれの業界は、みんな天命の手配の下、自分が作り出した現象を見定め、自分が同業種及び異業種の中で占める地位を判断し、「あるべき姿」を明らかに理解しようとする。その後、よく社会責任を尽くすこと、個々人の品格道徳の素養を重視することで、経営方針及び関係戦略が正しく、そして順調に達成できるように祈り求めようとする。

　親しきに手厚く、隣人と仲良くすることは、みんなが家を愛し、郷土を愛し、祖国を愛するようにさせ、当然組織に忠実で、落ち着いて生活し楽しく働くようになる。互いに見守り助け合い、雰囲気が良好になれば、自然と近きを喜ばせることで遠きを引き付け、契約など用いる必要もなく、世の中の人はうわさを聞きつけてやってくる。

　親しきと疎きに区別があり、年上と年下に秩序があることこそが、人と人の間の「自然的」な関係である。もし法律として明記するならば、逆に「元々自発的なものを受身的に、他力によって動かされるものに変えてしまう」、実に不自然である。

　儒教の徳治観念は、人々に修身を重んじ、法規を守るべきだと主張し、「規則がないばかりに形にならない」ことのないようにしなければならないと主張する。今日になって我々は、「一生懸命になってこそ勝つことができる」と高らかに唱えたときでも、「物事の成否が三割は天が定め、七割は努力に頼り、幸運であっても不運であっても、規則や道徳に従って、一生懸命になってこそ勝つことができる」のだということを忘れない。この中に「天命を敬い恐れる」ことと、「法規を守る」ことという二つの重要なポイントを含んでいる。残念なことに、みんなは古の聖人や先達の哲人の優れた教訓を理解せず、思いがけなく「規則や道徳にかまわずに、自分の思い通りに従って実行する」と唱えてしまう。「規則や道徳に従う」であるべきなのに、極めて人に遺憾に思わせる！

　道教の無為にして治める考え方は、同じく人々が修身することを重視している。しかし、人為的な制度はいつも完璧なものではなく、否定を加えてこそ、「自然に回帰する道」の境地にまで高めることができるのだという。

中国人がもし本当に儒教、道教双方の道理を理解しているならば、先に「法治」と「法を守る精神」をはっきりと区別した方がよい。中国式管理は「人々みんなが修身し、法律を守り規律を重視するという法規遵守の精神を育成すべき」と主張している。しかし、管理者は全ての法律条文が、一旦文字として書面に書かれ動かぬ証拠を形成してしまうと、もはや時と場所の実際の需要に適合することができなくなり、そして相当に凝り固まり、どちらでもよいあるいは例外的な事柄を処理するのに不十分になってしまうことを理解しなければならない。この「法はやむを得ざるからこのように規定しているのであって、最も合理的な方法を見つける前に、無理やり持ってきて使用しているのである」という心理状態を抱くのならば、当然「法治」を強調するはずがない。

管理が十分に有効であれば、管理者はみんなが法治を重視しないことを口実にすることはなく、往々にして自分の管理が的を得ていて、自分が非常に魅力を備わっていることに自己満足する。ただ管理に効果がないときにのみ、声を荒げて法治の重要性を強調するのである。このことから、「法治」は長い間ずっと、もはや管理者の「無力感」の代名詞となっており、本気で厳格に法治を実行する決心があるわけではないことが見て取れる。

人々が法律を守り規律を重視することは、自然で、自発的であれば、このときは、わざと法律を違反したり、あるいは苦心して法律すれすれのところをうろつくことはない。しかし、自律は難しいため、天命を敬い恐れること、頭を挙げれば三尺のところに神様がいることで補う。

管理者は制度を明記する。しかしまた全ての制度は死んでいるものであり、人は生きているものであることを理解している。「制度の許可している範囲内で、事情や道理を判断」し、それから適切な調整を加え、合理的に解決しなければならない。このような人治を法治に含ませるやり方は、当然人治は法治より大きい（図9）。法治を強調すればするほど、みんなは「民衆を欺き名誉を盗んでいる」疑いを感じてしまう。そのため、ますます「法律の前ではみんな平等」は元々、「法律の前ではみんな平等ではない」を暗に指し示していると感じ、司法が不公正だと抗議してしまう。

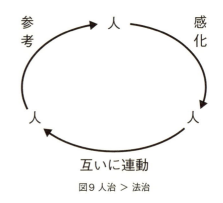

図9 人治 ＞ 法治

第 2 章
管理の思想形態

> 訳者より
>
> 堯：徳治政治を70年行った。
> 舜：孝子として名高いため、堯より位を譲られた。
> 禹：黄河の治水に成功したため、舜より位を譲られた。「大禹」は敬意をこめた呼び方である。
> 鯀：禹の父。黄河の治水に失敗したため処刑された。
>
> 堯・舜・禹の三人は、紀元前2300年頃中国古代の伝説上の名君であり、儒教では「聖天子」と称し、君主の模範として神聖視してきた人物である。鯀・禹は親子であり、ともに黄河の治水に尽力した。その治水方法が、成功と失敗の分かれ目となった。
>
> その文化的背景を理解して、この章を読むと、さらに理解を深められると思われる。

人類が実現した全ては、人が自分で考え出したものである。

管理も例外ではない。同じく人が考え出したものである。異なる時代、異なる風土人情が、人に異なる管理方式を考え出させた。我々はことさらに中国式管理、アメリカ式管理、日本式管理と区分する必要はない。なぜなら、それらは確かに存在し、少しでも気をつけて比較すれば、簡単に識別できるからである。

管理は観念から始まり、どのような管理観念があれば、それに対応する管理行為が生じる。どのような管理行為があれば、それに対応する管理関係を生じる。同じくどのような管理関係があれば、それに対応する管理効果を生じる。

観念、行為、関係と効果の四つは、ぐるぐる回転するサイクルの循環システムを構成する（図10）。なぜなら、どのような管理効果が生じれば、必然とそれがフィードバックされ管理観念が強化、あるいは修正されるからである。

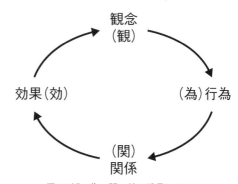

図10 観・為・関・効の循環システム

第一章に列挙した基本概念は、一体どこから生まれ、どこから来たのか？　我々はさらに深く

掘り下げて探究する必要がある。そうしてこそ、はじめて確実に我々が持つ管理観念を把握することができる。太極は我々の陰陽思想の形態を造り上げ、我々に多くのところにおいて、西洋人と異なる管理観念を生じさせた。これは本章で探究しようとしている主要な課題である。

我々は「水」から切り込み、それが我々の管理思考にどのように影響したかを見てみよう。この切り口を選択した主な原因は、中国人は古よりずっと、黄河という常がないと思えるぐらい、絶えず変化する巨大な大河とともに生存してきたからである。代々に渡って、黄河をきちんと整備できることを望んできた。水との闘いの中から多くの貴重な管理経験を獲得した。

中国式管理は、もし水の観点から考察すれば、その中の奥深い絶妙な道理を発見することは難しくない。我々の多くの管理観念は、水と非常に密接な関係を持っていると言ってよいだろう。

第一節　太極は一種の自然に流れる状態である

中国人の管理経験の多くは、黄河の治水の実践に由来している。水との闘いの過程で、数多くの貴重な管理理論を身をもって認識してきた。

ただ一人の力では、治水することはできない。だから、みんなを組織しなければならない。そして世界で最も自然、巨大、優秀、俊敏、かつ有効な組織は、天地自然にほかならない。

天地自然の組織をならうには、まだ天地自然の運営を模倣する必要がある。中国人は太極拳の健康護身法を考え出したから、推・拖・拉の太極拳式管理法をも考え出した。全てを自然に順応し、何の精神的圧迫も受けない。

理解に苦しむのは、現代中国人は西洋式管理を学んだ後、圧迫が強く耐え切れないと感じるのに、このときどうして回顧してみようとしないのか。我々は元々非常にのんびりとした民族であり、ほとんど圧迫の存在がない。このことは、まさか反省に値するところがないとでも言うのだろうか？

我々はまず冷静になって、これは一体どういうことなのかを、初めから考えてみよう。

古い歴史を持つエジプト帝国は純潔への強い執着を経て、ついには硬直し衰亡に至った。同じく古い歴史を持つ中華民族は、盛衰交替、循環往復の中を、衰退しては再興し延々と生存し続けてきた。西洋学者の「非連続」観念は、明らかに中国人の「延々と絶えない」という「連続」によって否定されている。

長年以来、多くの外国で具体的な効果を獲得し、完全に成功したと証明された管理経験は、中国に転用すると、完全に異なるか、甚だしきは反対の効果を生じてきた。我々はその根本原因を水土（気候風土）になじまないことにあると考える。

　どうして「水土」になじまないと言うのだろうか？　なぜなら、中国人は黄河流域に繁殖し生息し、最も豊富な経験を持つのは「水」でなければ、「土」となるからである。そして両者は互いに密接な関係にあり、どちらも欠けることができない。そのため、「二つを一つに合わせて考える」という「水土」観がはぐくまれ、万物は全て水と土に関係があると考えるようになった。風土人情という言葉は、人情も風土からは離れられないことを示している。風が吹くと土が舞い上がるようでは、水の潤いがもっと必要となるだろう。我々の管理に関する経験は、禹の黄河の治水から源を発し、清王朝末まで続く。その時代になっても、依然として治水は主要な施政項目となっている。

　治水の第一の要領は、「推・拖・拉」である。お尋ねしますが、これ以外に何かすることはあるだろうか？

　我が国の兵法の特徴は、「治水法」を運用して戦うことにある。孫子は、きっと鯀と禹親子二人の異なる治水方法を比較したに違いない。鯀が用いたのは、「研」と「障」である。「研」は「洪水の行く手を塞ぐ」ことであり、「障」は「両岸に堤防を築き洪水が溢れないように防ぐ」ことである。これらの方法で治水を行うと、一方では洪水の前方を堰き止め、もう一方では洪水の両脇の堤防を強化しなければならない。結局洪水の力は大き過ぎて、依然として堤防を突き破り、広大な土地を水没させてしまった。堯が帝の時代に、鯀は9年の治水を行ったが、失敗のために処刑された。

　堯は帝位を舜に譲ってから、舜は鯀の息子禹は非常に智恵があると聞き、禹に父の志を引き継ぎ、治水の任務を受け継がせた。禹が用いた方法は、彼の父親とは正反対なものであった。「推・拖・拉」で滞っている水の流れを良くする方式を採り、洪水と奮闘して13年、三度も我が家の前を通ったのに入ろうとせず、ついに成功を収めた。

　《孫子兵法》の《兵勢篇》は、「流れが激しく急速な水は、石を浮かせることができるのは、完全に一種の『勢い』が作り出した効果である」と指摘している。彼は、戦場において現れる様々な混乱と迎撃の行動は、兵の勢いの運用の範疇に属していると考える。兵の勢いをうまく運用する将校は、部隊を率いて敵と戦うのは、まるで木や石の塊をぐるぐる激しく回転させるようである。丸い木や石は

転がりだせば、水が流れるごとく、機敏ですばしっこく、阻害できる力は少ない。勢いに応じて有利に導き、作戦の必要性に合わせることができれば、必ずや戦いの進退は思いのままになるのである。

《尉繚子》もまた、「勝っている兵は水に似ている。高い山や、丘陵であっても突き崩すことができる」と説く。彼は兵家の「形勢派」の代表的な人物である。形勢は人よりも強いというのは、実に中華民族が長年黄河とともに生きて来て、最も深く刻み込まれた体験である。

太極拳の原理は、禹が滞っている水の流れを良くする方法で治水したのと、根本的には同じである。推・拖・拉の中で、全身の気血が滞りなく通じ、いつでも体のどの方面の需要にも対応できる。全方位が互いに通じ合うということも、まさしくこの通りではないか。

治水の第二の要領は、「人の力の運用」にある。大禹は三回も我が家の前を通り過ぎたのに入ることができないのは、一心不乱に治水に没頭している意思表示に過ぎない。目的は哲理をわきまえ身を守るためにほかならない。職務を軽んじていると他人に誤解を与えないように、治水に従事している人たちの士気を高めようとしている。

孫子は、「上手に戦う者は、勢いに求め、人を責めない」と言う。上手に戦う将校は、努めて勢いの運用で優勢に立つように求めるべきで、いつも兵員の多少、素質の優劣を無理に求め、部下の欠点を非難してはいけない。

中国式管理は「能力本位」を強調しないのは、「人を責めない」現れである。「うまくできなければ、人を交代する」ようでは、いたずらに聞く者の心を寒がらしめ、実際どんな良い効果があるだろうか？　賢明な社長は、部下に面子が立たないと感じさせることなく、反発と反感を引き起こすことがないように、人を交代させることができる。うまく交代すればよい、そんなに余計なことばかり話す必要はないではないか。

孫子はまた、「人を選び勢いに乗せる」と言う。部下の異なる状況に従って、異なる「心の勢い」を創り出せば、当然用いられない人はいなくなり、また喜んで用いられたいと思わない人もいなくなる。古人がよく、「千軍は得易く、一将は求め難し」と言う。今はもっとこの通りである。なぜなら、思考が多様で複雑になり、考え方が正しく、頭脳明晰な人を得るのはもっと難しくなってきているからである。

人を選び勢いに乗せることも、推・拖・拉の柔軟な運用にほかならない。人を見て話を変え、人によって対応を変え、徐々に兵法の中の「権謀派」を形成した。

孫子も、呉子もその代表的な人物である。

　兵家が言うところの「権謀術策」は、敵に対するものであり、やむを得ない考え方である。管理は権謀術策を弄してはいけない。さもなければ、味方に相対する顔がないではないか。中国式管理を論じるとき、「権謀術策」なる言葉を口に出して言うようでは、専門家ではないことはすぐに分かる。

　治水にどうして権謀術策を用いる必要があるだろうか？　水をだましても何の役にも立たないではないか？　人に「芸術」的センスをもっと感じられるように治水工事を美しく造る。それこそは我々がやろうとしていることである。

　太極とは何だろうか？　「一種の自然に流れる状態」である。中国人がよく知っている黄河は、変化が非常に大きい。このような自然に流れる状態は、太極図の中の「逆S字カーブ」によく現れている。上へ向かうと思えば、下へ行き、往と復の中に、融通のきく二車線の道筋を呈する。太極拳が表現する精神は、まさにこの通りである。中国人の性格も、急に前へ行ったと思ったら後ろへ行き、急に上へ行ったと思ったら下へ行き、一定しない。

　中国式管理は、中国人の人間性の要求にかなっている管理である。それが基づく思想形態は、まさに自然に流れる太極思想である。その方法もまた、主に推・拖・拉の太極拳拳法にある。

　太極思想には間違いがなく、太極拳拳法には運動によって体を壊す傷害がない。推・拖・拉は非常に道理にかなっている。中国式管理もおのずと有効である。残念なことに、民衆は日々に用いているのに、用いていることを知らない。大多数の人はそうする方法を知っているが、そうすべき理由を知らない。そのため、この通りに実施して日が久しくなり、年を重ねて修正を怠り、多くの偏った処置を行ってしまい、人をひどく残念に思わせてしまう。

　治水が有効か否かは、主な判断基準は「合理」的かどうかにある。太極の自然な流れは、完全に人の好き勝手によって調節されるわけではない。むしろしばしば「人の体を痛めつけ、人の意志を鍛える」中で、人の精神レベルを向上させる。客観的立場に立って見ると、人の成長に対してもなお利点があることが見て取れる。ただ大多数の人があまりにも己を知らなさ過ぎるだけである。

　実際の状況は、目を向けてみれば、国を挙げて全体が、推・拖・拉をしているのに、どうして認めることを恐れるだろうか？　どうして認めようとしないだろうか？

　推・拖・拉は合理的な境地に至れば、全てが円満になる。しかし、合理か不合理かは、人それぞれ立場に違いがあり、智恵に差異があるため、当然相異なる評

価を生じてしまう。一般の人は、自分が推・拖・拉をするのを見ると、いつも非常に合理的だと感じ、他の人が推・拖・拉をするのを見ると、いつも不合理だと考える。孔子は我々に「人に接するに寛大で、自分を律するに厳しく」を望んでいるのに、中国人のこのような「差別待遇」はそれと合致するだろうか？

　太極思想の主旨は、現状は「本来この通りであるべき」と認めることにある。まず心理的には、「天を怨まず、人をとがめず」という意識を抱き、状況は「どのようになってもよい」という心情で、頭でよくよく注意深く考え、それから「情勢を見て」処理する。このような自然に流れる方式は、いかなる心理的な圧力も生じることがないからこそ、自ら楽しんで「勢いに乗じて事を行う」ことができる。そうすることで身が安全で心が楽しくなるように追求することができる。

　「関係をわきまえる、友情を重んじる、情勢を見る」ことは太極思想が管理における運用であり、全てが「合理」的な境地にまで行えば、何もいけないことはないではないか！　およそ関係をわきまえる、友情を重んじる、情勢を見ることを恐れるのは、おそらくは自分の心にやましいことがあったり、あるいは技量の未成熟さが引き起こす結果である。

　確実に「推・拖・拉で円満に任務を達成する」ようにコントロールし、「推・拖・拉で責任を言い逃れ、自分の私欲を満足させる」ことを排除できれば、中国式管理には、何も非難されるべきところはない。

中国人の習性は水に似ている

　人類が生存するには、水と空気は不可欠なものである。一般に考えると、空気は至るところにあり、どこにでも手に入れることができる。そのため、水は人類が追い求める主要な対象となる。中国人の祖先の圧倒的多数は、黄河及びその支流の両側に分布する。黄河は飲むための水と、食料品としての魚類を提供し、人類が生存するのに適した、身を落ち着くことができる場所となった。中華文化と黄河の密接な関係は、中国人の習性を、「水」とよく似通わせた。

　まず、黄河の河筋はよく変わる。甲さんは河の東に住んでいたのに、突然黄河が氾濫して川筋を変えたため、河の西に変わってしまう。中国人は「十年河東、十年河西、十年も経てば物事が一変する」ことをよく知っている。なるほど全ての物事が「一定でない」、風水は順繰りに回るものであったかと納得してしまう。

　中国人は頭の中が「一定でない」で一杯であり、何に対しても半信半疑で、賛成もしなければ反対もしない。気が変わり易く常がないように見えるが、実は臨機応変である。なぜなら、あまりにも多い移動や氾濫は、私たちに「状況を見ながら処理する」道理を、身をもって痛切に悟らせたからである。いつでもどこでも、状況を見ながら事を処理する。全てが一定ではないのだから仕方ないではないか！

　次に、黄河の氾濫は水害を引き起こすことがある。しかし、「水害が深刻になればなるほど水利も豊かになる」。ある人は災害に遭遇し、ある人は利益を獲得する。喜ぶ家もあれば、憂う家もあるという状況は、我々に「手に入れるものがあれば、必ず

失うものがある」、「失うものがあれば、必ず手に入れるものがある」という陰陽が相補う原理を気づかせる。そのために、手に入れたときは喜び過ぎることはなく、失ったときも悲しみ過ぎることはない。

　たとえ大賞を獲得したとしても、驚きと喜びのあまりどうしてよいか分からなくなり、精神病患者のようにはしゃいで、人におかしいと笑われてしまうことはない。どんなに大きな災難であっても、悲しみを抑え突然の変化に順応し、すぐに正常を回復し、再度挑戦しようと準備することができる。

　第三、水の特性は、高いところを避けて下へ向かう。少しも力がかからない。中国人は力を借りて使うことに長けている。甚だしきは人を殴るときさえ、自分の力を使うのを惜しむ。全てにおいて、節約すべきところは節約することを重んじ、力を節約できるのなら楽をする。

　中国人は世界で最ものんびりすることを分かっている民族である。水と同じように、動かなくてもよければ動かない。力がかからずに下へ流れていくことができると分かれば、当然流れ動いていく。中国人は何かをするのに、あまり真面目なように見えない。実際は心をこめて行動するが緊張しようとしないだけである。心をこめてすればよいのに、そんなに仰々しくする必要はないではないかと考える。

　さらに、水は実を避けて虚を突く。石や土に止められれば、しばらくは動かないでじっとして、強引に堅いところを通ろうとすることはない。石に隙間があれば、水は抜け目なくくぐり、空いているところから流れ、通り過ぎてしまう。土の塊が緩めば、水は土を巻き込んで、一緒に下へ流れていく。実にぶつかればすぐに避け、虚があればすぐに乗じ、永遠に停滞しない。

　中国人は威勢よくやって来るものと見れば、大方は一時的に避ける態度を採り、以後の状況を観察しようとする。実力がある集団に対しては、当然改めて高く評価し、より多く優遇を与える。もし大したことはないように見え、あるいは探りに耐えられず、すぐに虚弱体質が現れてしまうなら、真っ正直に遠慮せず、一切を法に従って処理する。甚だしきは機会につけこんで余計に多く要求しようとしたりする。悪を恐れて善をいじめることと、実を避け虚を突くこととは、同じ道理のようである。

　隙があれば、すぐにくぐり抜けるという水の特性をまねることにおいては、中国人はまさしくそっくりある。中国人は法律を違反しないし、法律を犯したがらない。みんなはただ法律の抜け穴を研究し、そこから極力くぐり抜けようとする。法律は中国人をどうすることもできないのは、中国人がもっぱら法律に規定されていないことをするのが大好きで、法律を執行する者は処罰の根拠を見つけられず、大いに頭を悩ませるからである。

　水は土石の隙間をくぐり抜け、人は法律の抜け穴をくぐり抜ける。水は隙間を大きくこじ開け、人はもっと隙間を広げさせることができる。中国人はよく言う「前例は作り難い」は、すなわちこの道理である。一旦隙間ができると、さらに広がっていく可能性が大きい。

　それから、水は平地で流れ動くときは、何の音も発しないが、平らではない険しいところにぶつかると、巨大な音を発してしまう。このような不平の訴えは、至るところで証明を得ることができる。

　中国人は自分と他の人を比べるのが好きである。自分が得をし、より多くの恩恵を得たときはいつでも、内心では非常に気分が良く落ち着いていて、大方は表に現すことはない。外に現してしまうと、他人の不平と抵抗を引き起こし、自分の既得権益に影響してしまうのではと、それだけを恐れる。そのため、密かに喜ぶのに、終始表情にも声にも出さない。しかし、比べた結果、自分に損をしたところがあると分かれば、

心の中は不平不満で、すぐに反応して外に現してしまう。同じく一種の不平の訴えである。

最も顕著なところは、水の力はあまり大きくないことだろう。少なくとも人に与える感じは、火のような猛烈さはなく、逆に柔らかく、優しく穏やかな様子がある。しかし、一旦勢いを貯め発するのを待つとなると、その威力は確かに人を恐れさせる。勢いが強ければ強いほど、生じる力は大きくなる。滝は天より下り、勢いが激しく阻むことはできないほどである。下に向かって突進する力は、極めて強大で恐ろしい。

中国人は最も勢いを造る効果をよく知っている。機会を捉えるとすぐ、勢いを造ろうとすると言ってよい。勢いを造るのに成功し、勢いが強く力が大きくなれば、欲しいままに思いを叶えることができる。まるで一挙手の労のようで、少しも力がかからない。

形勢は人よりも強いことは、中国人が水の振る舞いから、身をもって悟り出した道理である。もちろん時機は重要であるが、残念なことに待つことしかできず、創造することは難しく、往々にして巡り合うことはできても求めることはできない。情勢は逆に自分で造り出すことができる。造り出すことができれば、成り上がりであろうとも、それでも堂々と主張し、威力を示すことができる。

大禹の治水物語は我々に、治水の方式は、流れをよくすることを中心とすべきで、防ぎ止めることは有効ではないことを教えてくれる。中国人はそのため武力や権勢では何も屈服させることはできない道理をよく分かり、防ぎ止めようとすればするほど、方法を考えて突破しようとする。中国人と付き合う最も有効な方法は、その性格に順応して行動することであるはず。中国人の民族性に合わせて、中国人に応対すれば、自然と力を節約でき有効である。

水が途切れなく流れることは、繁栄してやまないことを象徴している。中国人は代々血統を受け継いで次の世代へ引き渡し、血脈の生命を引き延ばしていくことに対して、大方は非常に気にする。子は父に従って苗字を名乗ることは、親子の血脈が相連なる外在標記となり、父の事業を継承する子がいることは、人生の価値指標となる。

水は柔らかく見えるが強い。中国人は心の中はしっかりしているが、外見は物柔らかであること、内に角ばり、外は円くあることを好む。心の中に原則を持ち、かつ非常に決意が固いのに、振る舞いは却って人とよく折り合い、人に逆らわず、あたかもどうあってもかまわないようである。中華民族は軟弱なように見えるが、時には気が弱く、いざこざを起こしたくないような趣すらある。しかし、幾度もの外国からの侵略と圧迫に対して、比類なき強靭な征服されない性格を示し続けることができる。我々は天を敬い、天に仕え、天に従うが、時には天の神様の目はどこに付いてるのかと大いに罵ることもある。

黄河の気性は凶暴だが、静かなときもある。土砂が堆積し、水の流れが緩慢になり、厳かできめ細やかな本来の姿、優しくゆったりした雰囲気を呈する。中国人は静かな黄河を好み、その凶暴な一面を恐れる。それゆえに平和の貴さを重視し、全てにおいて和をもって貴しとなす。日頃は優しく素直であり、耐えられれば耐え、同時に善きを選んでこだわり、平和を変わらぬ理想とする。これ以上耐えることができなくなった特別な時期にのみ、雄壮剛直で気骨があり、対抗できるものがないほど勇ましくなる。

数多くの黄河の支流は、それぞれに異なる特性を持つように見える。しかし、最後には同じ渤海に流れ込み、一つに合体するという局面を形成する。

別れて争ったり、合流して協力したりすることも、中国人の習性の一つである。大きな円の中に小さな円があり、小さな円の中に、さらに小さな円がある。組織内部は、

第2章 管理の思想形態　43

> 派閥の争いが絶えないのに、外敵に出くわすと、派閥の利益と確執を捨て、一致して対外することができる。対立もすれば、連合もする。少しも矛盾しない。
> 　中国人は互いに罵り合うが、外国のどこに行っても、中国人はどこに集まるかを尋ねたがり、また一堂に会してしまう。
> 　中華民族の求心力と凝集力は、黄河の流動や満ち引きから、理解する糸口を見出すことができる。山の性質は人をふさぎ込むようにさせる。山岳地帯の人々の求心力は閉鎖的で、排他的である。水の性質は人を通わせるようにさせる。水の性質を理解する人の求心力は人情、道理をよくわきまえ、開放的である。身は曹操の陣営にいてもなお、心は漢王朝にあり、忠誠を尽くすことができる。この観点から中国人を見れば、どうして中国人は帰属感がないのかと誤解するようなことはない。
> 　我々は従属感があるが、帰属感に欠ける。考えようによっては、そのことは世界平和には大きな助けとなっている。中国人はこんなに多く、国土がこんなに広く、資源はこんなに豊富で、歴史はこんなに悠久で、文化はこんなに優れた上に、帰属感はこんなに堅いことを加えたら、お尋ねしますが、他の民族はどうやって中国人と競争しようか？
> 　中国式管理は、言ってみれば水の管理である。アメリカ式管理のように火に偏った管理とはすこぶる異なっている。我々は主張するところの、「柔をもって剛に勝つ」、「礼儀を尽くしから実力行使する」、「古きを引き継ぎ新しきを切り拓く」、「延々と息づく」ことは、どれも水と関係ないものはない。
> 　黄河は中華民族の母であり、中華民族を産み育み、中国式管理をも形作った。水は船を浮かせることもできるが、船をひっくり返すこともできるように、中国式管理は有効かどうかは、我々が合理的に運用できるかどうかによって決まる。合理的に用いれば、自然と効果は良くなる。

第二節　二から三を見出してこそ二分法のわなから抜け出せる

　現代人の思考法則は、西洋の影響を受け、「二分法」を採りたがる。一つの物事に分析を加え、二つの異なる部分に「分」け、その中から一つを選び、解答とする。はっきりと、明確なように見え、是非は非常に明白で、その上簡単明瞭であるかのような気にさせてくれる。

　例えば、唯心と唯物の論争は、物事の存在意義という事象を分析に分析を重ね、結果として「唯心」と「唯物」という二つの異なる主張が生じる（図11）。哲学者は二つの中から一つを選べば、唯心論者でなければ、唯物論者になる。

図11 二分法の思考

　西洋の管理は、このような思考法則を踏襲し、人を管理者と被管理者に「分」け、管理の雰囲

気を人治と法治に「分」けた
（図12）。
　中国人の思考法則は、本来こうであるはずがない。太極の啓発により、中国人は「一を二に分ける」分析の後で、「二から三を見出す」ことに長けている。相対する両極の間に、中間のグレーゾーンを見つけ出す。すなわち二つを一つに「合」わせるように、二つの対極的な概念を統合して、第三の概念を形成することである（図13）。

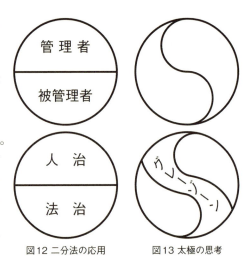

図12 二分法の応用　　図13 太極の思考

　例えば、唯心と唯物は二つの対極的な概念であるが、中国人は二つ以外に第三の概念を見出し、「心物合一」と称する。ゆえに、唯心と唯物が統合され、心物合一論となる。
　中国式管理は、太極の思考法則を踏襲し、人は三種類存在すると考える。社長は管理者、従業員は被管理者である。そして社長と従業員の間に介在する幹部は、一方では管理者であり、もう一方では被管理者である。
　管理の雰囲気に関しては、中国式管理は人治と法治の中から一つを選ぶことを主張するのではなく、非常に実際に即して「人治を法治に含ませる」ことを主張する。法治を実施すると言うが、運用時は非常に濃厚な人治の色合いを持つ（図14）。
　二分法は必要悪であることは、長い間、西洋学術界がよく用いてきた言い訳である。西洋人は「分」けることを重視し、分析法を用いたがり、一つを二つに分け、二つを四つに分ける。このように繰り返し分析しつづけて行き、全てを支離滅裂にさせてしまう。専門化の結果、全体的な解決プランを見つけることは非常に難しくなる。まさに荘子がかつて言った、「世の中

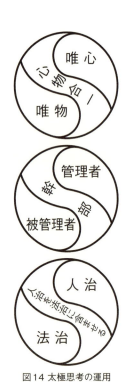

図14 太極思考の運用

の人の多くは、一察（一つの考え方）をもって自ら誇示する」の通りになっている。一察とは一つの極端であり、一つの部分を見ただけで、偏った考え方で全体を説明しようとしている。耳、目、鼻、口のように、それぞれに機能を持っているが、互いに共通化して使うことはできない。

中国人本来の考え方からすると、二分法は一種の悪ならば、どうして方法を考えて防止しようとしないのか？　一つのものを二つに分けた後、当然二つを一つに合わせることができる。中国人は分析法に反対するわけではない。ただ分析した後、必ず総合しなければならないと考える。中国人は「合」わせることを重視し、総合法で分析を経たものを統合し、「全面的な観点」と称する。

中国式管理も、同じく全面的を重んじる。荘子は、「万事分けるところがあれば、必ずや成るところがあり、成るところがあれば、必ずや壊れるところがある」と言った。しかし、全ての物事は、全体から見るのであれば、完成もなければ、破壊もなく、全てが一つの全体に再び戻るだけである。

二から三を見出すとは、二つに分析した後、二つの中から一つを選んではいけない。なぜなら、「二つから一つを選ぶ」結果は、往々にして極端に向かってしまうからである。梁漱溟（中国最後の儒家）は、「一つの道理を絶対的真理だと思い込んでしまうと、孔子が言った『可もなければ不可もない』のような柔軟な話は口に出して言えなくなってしまう。一つの道に決め込み、それに従いつづけて押し広めようとすると、すなわち極端になってしまい、中道に適合しない」と指摘する。彼は、「事実は円いものであり、もし一点に決め込んで、理智で押し広めて行くと、一本の直線になってしまい、円くなれずに、最終的な結果はうまく行かない」と考える（図15及び図16）。

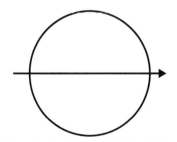
図15 正しくても一点で押し広めて行くと間違ってしまう

図16 物事は円いものである

孔子の「可もなければ不可もなく」の主張は、すなわち「可」と「不可」という二つの極端に異なる概念を、三つの考えと見なす。二から三を見出してこそ、

「可もなければ不可もなく」という一つの考えを見出すことができる。

　西洋の二分法の基準に従えば、可もなければ不可もないということは、全くもって、是非が明らかにならず、責任を負いたがらず、明言したがらない現れである。その影響を受け、現代中国人も「可もなければ不可もない」を理解せずに、なんと一緒になって軽蔑するようになってしまった。

　中国式管理は、可もなければ不可もない原則に従って、二つの概念があるものは全て、三つ目を見出すことができる。自然と実質的に選択肢が一つ多くなり、ゆえに融通性がさらに大きくなり、包容性がさらに強くなる（図17）。それらは実は「合」の効果にほかならないのである。

　例えば、西洋の労使対立は、従業員は労働者側で、資本家は使用者側である。双方は往々にしてそれぞれに自分たち側の言い分を主張し、合意に達することは非常に難しく、共通認識を築き上げることはさらに容易ではない。それぞれが異議を唱え、異なる立場に「分」け、それから駆け引きを行い、渋々と和解する。しかし、その間にある問題は依然として存在する。

図17 二から三を見出す

　中国式管理は二から三を見出し、労使両側以外に、「中介」側を見出す。すなわち媒介の意味である。普段社長と従業員の間の疎通は、極力間接方式を採り、幹部の受け渡しを通して行う。習慣として身につければ、一旦労使に異なる見方があれば、自然と幹部を通すようになる。社長に融通をきかす余地を持たせ、簡単に問題を解消させることができる。現在の西洋化の結果、労働者側は問題が発生すると、どんなことでも社長と面と向かって直接に疎通しなければならない。社長が社長の体をなさずに顔をつぶされ、腹立ち紛れにいっそのこと、会社を畳んで社長を辞めてしまう。結果は依然として従業員が割り損を食ってしまう。

　問題があれば、解決しなければならないと考えるのは、西洋式管理の心理状態である。西洋は一つのことを二つに分け、問題は「解決する」と「解決しない」の二種類の選択しかない（図18）。そこで、解決するのは、責任に忠実で、職責を尽くし、責任感があると見なされる。解決しないのは、責任に忠実でない、職責を尽くさない、責任感に欠けると見なされてしまう。中国式管理は、二から三を見出し、解決しなければならないことはよく分かっている。問題は持続しつづけていくと、結局のところいつかは悪化して、解決できなくなるか、あるいはもっとコストがかかってしまう結果となる。しかし、解決してもいけない。なぜなら、

この問題を解決してしまうと、必ずや他の問題を引き起こすに違いない。甚だしきは、より多く、より面倒な問題を勃発させてしまう。そのときになって、対応できずに責任を取らされては、悔やんでも悔やみきれないではないか？

解決すると解決しない道の間に、一つの「合」の道筋があり、「解消」と称する（図19）。中国人が好んでいる「大きな問題は縮小させ、小さな問題は解消させる」ことは、すなわち目に見えない形で「問題を解決」するだけでなく、同時に後遺症を避け、あるいはそれを最小限にまで減らすのある。「解消」の成せる業のすごさは、中国人の太極の機能である。何の動きもないように見えるのに、実際では全ての問題を解消させ、あたかも解決しなければならない問題はないかのようにまで解消させてしまうことである。これこそは二から三を見出すことの真の実力である。

図18 二つから一つを選ぶ

図19 二つを一つに合わせる

二分法と三分法の争い

　西洋人はずっと「二分法」をどうすることもできず、二分法のわなから抜け出せない。やむを得ずにそれを「必要悪」と称する。

　中国人は陰陽を重視する。とても簡単に「陰もあれば、陽もある。これ道という」考え方で、いとも気軽に二分法の思考障害を打ち破ってしまう。

　陰と陽は二つの全く別々のものを代表しているわけではなく、それは「一（いち）」の違った変化に過ぎない。陰は陽に変わることができ、陽もまた陰に変わることができ、全てはただ陰陽の増減の結果に過ぎない。陰陽増減のダイナミックな動きにより、森羅万象は刻々と変わらされている。それは中国人の脳裏にある「一定でない」という観点を助長させる。「一定でない」はもし「一定である」と相対立してしまっては、それは二分法の思考になってしまう。そのため、中国人の「一定でない」は、実際「一定である」を内に含む。そして、「一定である」ときも、「一定でない」可能性を持っている。このことからは、中国人の一定でないは、その性質も非常に一定でないものだということが分かる。

　ある社長が、筆者が新竹まで帰るのを、とても親切に自ら車を運転して送ってくれた。その日、私たちは車の中で多くの問題について語り合った。もうすぐ新竹に着きそうな頃、彼は、「一体、運が重要ですか、それとも努力が重要ですか？」と聞いた。

　筆者は、「もちろん運が重要ですよ」と答えた。

　彼は非常に喜んで、続けて「やっぱりそうですよね。運が良いときは、止めように

も止められない。運が良くないときは、どんなに努力しても役に立たない」と言った。
　筆者はまた、「しかし、努力しなかったら、どうやって運が良いか悪いかを分かるのですか？　だから、やはり努力の方が重要ですよ」と言った。
　彼は初めは少し戸惑ったが、すぐに笑い出し、「そうだ！　そうだ！　努力と運の両方とも重要ですね。努力しなければ、運が良いか悪いかは分からないし、運が良くなければ、どんなに努力しても無駄だ」。中国人の易経的素養は、やはりいつでも二分法の戸惑いを突破できる。
　目の前にある社会のありとあらゆる乱れた現象は、ずばり言うと、「二分法」と易経の「三分法」の争いに過ぎない。
　「二分法」の主張は、是非は明確でなければならず、全てが透明で、みんなはものをはっきりと言わなければならない。かつこれらのやり方を、現代化の指標と見なし、あたかもこのようでなければ現代化を論じるに足らずのようである。
　「三分法」は、「真理が往々にして二者のうちの一つにあらず」と考え、是非は当然明確でなければならないが、人間は全てを見通す仙人ではないので、どうして全く正確にわきまえることができるだろうか。一切の是非は自分の説のつじつまを合わせているに過ぎず、しばしば時間の検証に耐えられないものである。一時の「是」は、すぐに「非」に変わり、どうして軽率に決めることができるだろうか？　「真理は二者の間にある」となればなおさらであり、是非の間に大きなグレーゾーンがあり、是でもなければ非でもない。是もあれば、非もある。まさか簡単に見落とすことができるとでも言うのだろうか？
　是非は明らかになり難いということは、是非は明らかにならないことを表しているわけではない。是非は明確になる前に、またどうしてなりふりかまわずに透明化にできようか？　みんなが話をはっきりと言うつもりだとしても、現実の複雑さや、言葉の限界に配慮しなければならない。そもそもはっきりと言えないのであれば、どうしたらいいのだろうか？
　実際は、現代化された西洋も、多くの解決し難い難題をかかげている。彼らも今まさに努めて後現代主義を提唱し、硬直した二分法を三分法で取って代わることを望んでいる。残念なことに、多くの人は後現代主義が易経の三分法と非常に近いことを知らない。さもなければ、そんなに苦心と労力を費やして、無意味な抵抗をすることはないだろう。
　二分法はやはり簡単で学び易く、そして筋道は明らかで、結果は非常に明確である。大多数の頭を働かしたがらない、あるいは頭を働かせられない人たちに合っているので、擁護者は少なくない。
　三分法は複雑で理解しにくいだけでなく、円周式思考法を採り、結果も明確ではない。多くの人が頭を悩ませるのも仕方がないことである。それを好きになれないか、誤って用いてしまう。過ぎるにしても及ばざるにしても、正しくない結果を引き起こしてしまうものである。
　昔は、みんなが遠慮して、あるいは恐れて自己主張できず、独断すぎることもできなかった。同じく二分法と三分法が陰に陽にしのぎを削る局面であっても、表面的には平穏無事を維持することができた。現代の自由民主では、みんなが言いたいことがあれば大声で言い、自己主張するだけでなく、非常に独断になった。二分法と三分法がまだはっきりと区別できていないのに、マイクを握りしめ離さない。どのみち言い間違えても自分では分からないので、恥ずかしがって顔を赤らめることもない。
　現在も過去も、陰陽増減の移り変わりである。言い換えれば、どちらも公然と、または密かにしのぎを削っているのである。異なるのは、その割合に過ぎない。昔は公

然とすることは少なく、密かに行われることが多かった。現代は公然とする部分が多く、密かに行われる部分は少なくなった。

　三分法をはっきりと分かっている人は、物事に対して賛成もしなければ反対もしない。少し冷淡に見えるが、実際は非常に理智的である。二分法しか知らない人は、何事にもすぐに是非、正否、善悪をわきまえたがる。熱心であればあるほど感情的になり易く、とても正義感があるように見えるが、実際は非常に衝動的である。その他の三分法を理解できない人たちは、誤って三分法とは常に中間路線で歩むことだと思い込み、二股派の役を演じてしまう。必要性に応じていつでも都合よく左に寄ったり、右に寄ったりと、左右から助けを得られると考えるが、思いがけず機会を伺いうまく立ち回ろうとする小人になってしまう。

　社会全体が、この三種類の人に混沌とさせられてしまう。そのために、いかなる事も、公論を得られず、いかなるニュースも、相反する論証が現れ、一切の活動も、正反対な見方が存在するようになってしまう。美化して多元化と称するが、実際はひどく混乱した状態である。

中国人は道理をわきまえる？　わきまえない？

　中国人は世界で最も道理をわきまえる民族である。しかし、中国人は怒ったときは、いつもひどく道理をわきまえなくなる。甚だしきは、横暴で筋を通さない状態にまで劣悪になってしまう。あいにく中国人の感情の浮き沈みは非常に激しく、よく怒ってしまう。そのために道理をわきまえないのがよく目に映る。

　このように言うと、中国人は一体道理をわきまえるのか、それとも道理をわきまえないのかという疑問が湧いてくる。解答は中国人が最も得意とするところの「断言し難い」であるはず。

　断言し難いの意味は、「道理をわきまえる」と「道理をわきまえない」の両者の間で、その中から一つを選択しようとしない方がよいということである。さもなければ、どうして断言し難いのだろうか？　三分法の思考方式を採り、「道理をわきまえる」と「道理をわきまえない」の両者を合わせて考えれば、「感情が落ち着いているときは非常に道理をわきまえ、感情が落ち着いていないときは非常に道理をわきまえない」という第三の状況を形成する。このことから分かるように、感情が落ち着いているかどうかは、中国式管理にとっては非常に重要である。管理は「人を安心させる」ことを目的としているのも、みんなの感情を安定させると解釈してもよいではないだろうか？　先に感情を落ち着かせてから、管理の関連活動を行うことは、己を磨き人を安心させることの、一層深く内側に隠れている真相だと言える。感情の管理は、中国人に対しては非常に重要であり、無視することはできない。

第三節　法があるのに法はなく、法がないのに法はある

　中国式管理は最も人に非難されるのは、法があるのに、法がほとんどなきに等しいことだろう。どんな事を処理しても、まるで全てが「個別ケース処理」のようである。同じ（原）「因」から、なんと異なる（結）「果」を導き出すことができてしまう。

外国人、特に西洋人は、このような観察結果に基づいて、「中国人は全く原則がない」という推論を導き出す。不幸なことに、一部の中国人たちも、なんと物事の道理を理解せず、「中国人は原則がないことを最高の原則と見なしている」のだと追従してしまう。そこで、「原則のない原則」は一人歩きし、甚だしきは老子の精神、及孔子の「可もなければ不可もない」主張までも疑ってしまう。これらがまさしく中華文化に対する誤った認識をもたらした原因にほかならない。

どの中国人でもよいので、「あなたは原則がありますか？」と聞いてみるとよい。解答は決まって、「私は原則以外に、何があると言うのか？」である。中国人の血液型は、O型が多数を占め、頑固すぎるほど頑固である。どうして原則がないことが有り得るだろうか？

孔子はみんなに「三十にして立つ」と教え導くのは、実はみんなにあまり早く原則を確立しすぎないことを望んでいたからである。道理の真相をはっきりと理解できていないうちに、原則を確立してしまい、人を害し自分も害してしまうことがないようにしてほしいのである。学習の目的は、より多くの参考にでき、選択できる代替プランを発見し、自分を一つの考えに固執させないことにある。人は15歳で学問を志すことができ、「学べば学ぶほど、頭が硬くならない」態度をしっかり抱き、30歳になるまで、広く学び多く聞き、その上「大意をつかむだけで、徹底的に理解しようとはしない」という罠に気をつけて、初めて原則を確立してこそ、「善きを選んで、こだわる」効果を収めることができる。「固執しない」から「こだわる」へ至ることは、個人的な素養育成の避けて通ることができない過程となる（図20）。この間の時間的、空間的な要素は、注意深くコントロールしなければならない。なぜなら、いかなる原則も、時によって、場所によって変わることがあるからである。そのため、毎回毎回の現れ方は異なっているように見える。

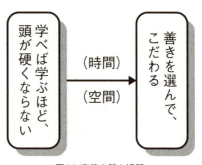

図20 素養を積む過程

原則を持って変化に対応することは、「変わらないことで全ての変化に対応する」と呼ぶ。どんなに変わっても原則から離反することなく、「全ての変化はその根本から離れない」と称する。一旦、自分が持っている原則から逸脱すると、「自分の原則から離れ、自分の道に背く」ことになってしまい、君子がなすべきことではない。ゆえに中国人は「原則を持ちながら変化することに到達し」なけ

ればならないのであって、どんなことがあっても無原則に、むやみやたらと変わってはいけない。

中国の「経（原則）」は四角いものであり、規則正しく、確かで、きちんとしている。中国の「権（変化）」はすなわち「変わること」であり、円満に変わってこそ、「融通をきかす」と言う資格がある。だから円いものである。円いゆえに、どんなに変化しても、うまく解け合い、うまく融通を効かし、円満にできる。「あらゆる面において周到」になるように変わり、「みんなが面子が立つ」ようにさせる。

このような「内に四角いが、外は円い」ものは、四角い穴が開いている円い「銅銭」に非常によく似ている。なるほど中国人がよく好むわけである。四角い原則は、円い変化の中に隠れて、西洋人と相反するパッケージ哲学を形成する。彼らが求めているのは、「ひどく入り乱れているものを、規則正しく包むこと」であるのに、我々は長けているのは、「きちんとしているものを、わざとめちゃくちゃに包んでしまう」ことである（図21）。

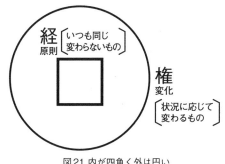

図21 内が四角く外は円い

中国人が哲理をわきまえ身を守るためには、「君子は自分の原則にかなう方法であれば簡単に騙される」状況に陥らないように、常に注意を払う必要がある。原則は一旦明確に意思表示して、他人にその原則の抜け道を見破られてしまうと、他人にコントロールされ易く、自分に非常に不利であることをよく知っているからである。我々は自分の原則を隠すことに長け、明言することを好まない。実は「自分に余地を残す」ことであり、「蚕がまゆを作って自分をその中に閉じ込める」ようなことをして、自分をきつく縛り上げ、動きが取れなくなるようにさせたくないからである。中国人が明言した原則の大半は融通性が高く、言ったとしてもまるで言わなかったに等しく、人が聞いても曖昧で、簡単には理解できないのも、このような訳である。

我々は「透明化」、「公開化」、「明確化」を非常に歓迎するが、これは他の人に求めることである。なぜなら、他の人が透明になればなるほど、一切が公開され、我々は知り易くコントロールし易くなるからである。そして、他の人が明確になればなるほど、自分に有利になるからである。言うなれば、このような期待は、

多かれ少なかれ下心を持っている。他の人の透明化、公開化と明確化にかこつけて、自分の勝算を増やし、自分のリスクを減らしたいのだから、当然このようになることを望むのである。

現代は「経」を「法」で取って代わろうとしたので、法律の条項はみんなが違反してはいけない原則になった（図22）。しかし、中国人の観念は、依然として「理は法より大きい」、「理は法よりも階層は高い」であり、「法律が許される範囲内で事情や道理で判断する」ことを好む。従って、現れるのは依然として円満な情のこもった理であり、人情味のない法ではない。

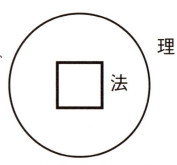

図22 法に従って理を論じる

注意深く中国人の習性を観察すれば、次のことを発見するのは難しくない。中国人は自分の方に道理があるときは、道理を説くことを好み、法律の条項に言及しない。中国人は自分の方に何の道理もないと感じるときは、法律条項を引用し始め、合法で自分の理不尽、あるいは不合理を隠そうとくらむ。中国人は自分が不合理の上に、不合法でもあると分かったときは、いい加減に人を罵り、じゃじゃ馬が聞こえよがしに罵り散らすやり方で、同情を獲得するか、あるいは周りを偽善的な原則のない妥協主義で丸め込むかで、自分を守ろうとする。

昔からずっと、我々はこのような行為は、全く「現代化」の要求にそぐわず、西洋の先進国と異なるのだから、急いで変えるべきだと考えてきた。経済が発展し、自信を回復している今、我々は改めて自分たちの伝統を考えてみるべきではないだろうか？

法があるのに法がない状況は、二種類の明らかに異なる結果があり得る。一つは、「変化は原則と相反する」ことであり、原則から逸脱してしまうように変わり、すでに道理に背くものである。もう一つは、「変化は原則から離れない」ことであり、少しも枠から外れないで、非常に合理的である。前者は「機会を伺いうまく立ち回る」と称し、後者は「臨機応変」と称する。中国人は「臨機応変」すべきだが、絶対に「機会を伺いうまく立ち回る」ようにしてはいけない。不幸なことに、現代中国人は両者の関係をはっきりとわきまえられずに、一途に自分の「法があるのに法がない」を「臨機応変」と見なし、他の人の「法があるのに法がない」を一律に「機会を伺いうまく立ち回る」と見なし、そのために憤懣やるかたなく、自らがひどい仕打ちを受けたと考える（図23）。

変化は原則から離れないことは、内に四角く外が円いに限っているわけではない。状況によっては、外が四角く内に円いである必要もある。四つの接点があれば、枠から外れたなどととがめることはできない（図24）。

同じ道理で、変化は原則と相反することも、必ずしも変化が原則と全く正反対しているとは限らない。時には、原則から大きく逸脱した場合、たとえ正反対ではないにしても、すでに十分に枠からはずれて、形は無原則に変わってしまったのと同じである（図25）。

法があるから、全てを法に従う。もし不合理であれば、みんなが納得できるだろうか？　いくらかの融通性があって、もっと情や理にかなうことを望まないものだろうか？　どうして少し変動するだけで、特権だの、法があるのに法がないと非難するのだろうか？

人は生きているが、法は死んでいる。死んだ法律の条項は、生きている人に執行してもらう必要がある。なぜなら、生きている人だけが考える頭脳があり、事情や道理を判断することができるからである。型通りに、頭を働かさずに、規則通りに法律の条項を頑なに死守するのではない。

台湾の立法府は毎日喧嘩ばかりして、立法しなかったら、まさか行政府はひたすらに法が出来上がるのを待ってから執行すると言うのか？　行政府は拠るべき法がないことや、既存の法令はすでに時節にそぐわないことを承知の上で、依然として毎日出勤し、多くの仕事を処理している。行っているのはすなわち「法があるのに法がない」ことにほかならない。これには何が間違っているのだろうか？　そうでなければ、我々はどうすればよいだろうか？　このことから、中国

図23 変化は原則と相反する

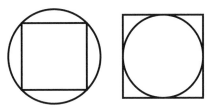

図24 変化は原則から離れない

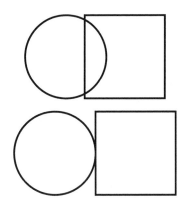

図25 枠から外れるように変わってしまった

人は「臨機応変」の精神をしっかり把握し、全力で「機会を伺いうまく立ち回る」意識を根絶すれば、「法があるのに法がない」ことを恐れる必要はないことが分かる。

第四節 相互主義を哲学の基礎とする

　アメリカ式管理の哲学基礎は、「個人主義」(Individualism) であり、組織メンバーの一人ひとりを、一つひとつの独立した個体と見なす。それぞれに権限と責任を授け、権限と責任が明らかだと称する。個別に報酬を与え、そして同一の労働に対して同一の報酬を与えるシステムを打ち立てた。そうすることで、メンバーの誰に対しても、平等に待遇し、平等な地位を与えようとした。個人と個人の間は、契約によって約束し、規定に従って運営する。同時に極力文字を通して説明し、全てを具体的に、透明で明確にさせ、何事も法に従って行おうとする。

　中国人の観点から考えると、真っ先に思い起こすのは、なんと言っても人は親から生まれ、石の隙間から飛び出てきたわけではないことだろう。結局のところその人の一生は、少なくとも親と関係があるのに、どうして個人主義だけに重きを置くことができるだろうか？　もし人の子たる者が、幼いころは親を頼るのに、大きくなったら親をほうっておいて面倒を見ようとせず、自分のことしか気にかけないようであれば、親はどうして全身全霊を傾けて子供の面倒を見る必要があるだろうか？　まさかそんな状況であっても、親は自分の老後のために考え、ゆとりを残して自分の面倒を見ることを考えてはいけないと言うのだろうか？　もし人の親たる者が自分のために考え、子供の面倒に対して全力を尽くさないならば、子供は大きくなった後、どうして親に孝行する必要があるだろうか？　どのみちそれぞれが自分の面倒を見て、それぞれが自分の道を歩むなら、子供にしても負担は軽くなる。このように親が誠心誠意に子供の面倒を見ず、子供も親に孝行しないならば、どこに倫理を論じることができるだろうか、どうして胸を張って中国人の道理と称することができるだろうか？

　権限と責任をはっきりさせることは、さらに危険なことである。一般に、人はいつも責任より権限の方をよりはっきりと覚えていて、そして少し膨らんだ形で考える。そのため権限を持つ結果、権限を濫用するのでなければ、権限を超越してしまう。このような「濫用」、「越権」の現象は、中国人に恐れをなさせ、気軽に「権限を授ける」ことができないようにさせてしまう。反対に、責任をはっきりと理解している人であればあるほど、恐れて責任を負うことができなくなる。

そこで断ることができれば、断ってしまい、引き延ばすことができれば、引き延ばしてしまう。なるべく自分の微力でこんなにも重大な責任を引き受けない方がよいと考えてしまう。

　同一の労働に対して同一の報酬を与えることは、特に儒教の道理に違反する。なぜなら、儒教の最も貴ぶ精神は、「才はまた不才を養う」にある。人材を分けると、「才（人材）」と「不才（人材でない人）」の二種類の人間がいる。前者は「能力が優れている人」であり、後者は「能力が不足している人」である。「才はまた不才を養う」の意味は、「能力が優れている人は、能力が不足している人のために奉仕すべき」である。儒教において、人生は奉仕を目的とするならば、奉仕の機会があるだけで感謝してもし尽くせないはずだ。どうして同一の労働に対して同一の報酬などとこだわっていられるだろうか？　中国社会は、一般的に「有能な者ほどより多く働く」ことを正常な現象だと考える。その上また大方は「不才」と自称する。もし同一の労働に対して同一の報酬を与えるならば、誰がより多く働きたがり、またどんな人が自分を不才だとへりくだるのだろうか？

　平等に待遇するなどは、さらに聞こえのよい話である。我々は「差別的な愛」を主張する。自分の行いを人に押し広め、自分の親や子供の面倒をきちんと見てから、人の親や子供に親切にする。先と後の順序があり、親しきと疎きの仲がある。その上、平等に待遇することは、「善人、悪人を見分けることができない」意味を帯び、それでは是非が明らかにならず、人を納得させるのに不十分である。中国人は比較的に「人を区別して見る」ことを偏愛し、一律に待遇することは非常に難しい。

　個人と個人の間では、契約は効果が少なく、規定もしばしば名ばかり同然になってしまう。なぜなら、この「世知辛い世の中」で、わざと守ろうとしない人に遭うと、契約と規定は永遠に効力を発揮しないようである。結局は善人を拘束できるだけで、悪人が法の網をかいくぐるのを放任してしまい、何の管理効果も生じることができない。

　全てを具体化、透明化、明確化、明文化すると、隠れた最大の危険は、やはり融通をきかす空間が全くなくなるように自分を縛り上げてしまうことである。動きが取れずに、自分の信用に問題が出てしまうのでなければ、人に「朝の約束は夕方には変わってしまう」と皮肉られてしまう。

　このように見ると、アメリカ式管理は確かに非常に多くのところが、中国人の風土人情にそぐわないのである。そのために、実施してみると、かみ合わない結果となり、大きな効果を収めることは難しい。

中国式管理の哲学基礎は、人によっては「集団主義」（Collectivism）と考える人もいるが、実はそうではない。集団主義の信仰者は日本人であるはず。その証拠に、集団主義は日本式管理の哲学基礎となっている。
　それでは、中国式管理の哲学基礎は何になるだろうか？　言ってみると非常に面白い。我々がよく口にする「お互い様」である。旧い言葉で表現すると、「人を敬う者は、人みんなに敬われる」と称する。学術の観点から言うと、「相互主義」（Mutualism）となる。最も明らかな行動は、「全てにおいて見ながら処理する」ことである。
　見ながら処理する。何を見るのか？　勢いはどうであるかを見るのである。それから「水が来ては土で塞き止め」、「兵が来ては将で食い止める」方式で、時によって、場所によって、人によって、事によって適切な処置を取るのである。「一定でない」という気持ちで、この時点の「一定」の解答を探す。一定でないから一定へ、これが中国式管理の戦略決定の過程である。
　中国人も時には、非常に個人主義になる。なぜなら、「自分の行いを人に推し広める」ことは、結局のところ自分を中心に置くからである。「他人の身になって考える」のも、実際は他人の境遇の中に自分を置くに過ぎないからである。同じく人の親から生まれていても、我が子の可愛さに、他人の子供をありふれていると決め付けることで、自分の子供は他とは異なり抜きん出ていることを、際立たせようとすることは避けられない。しかし、中国人は時には、非常に集団主義にもなる。小さな自我を犠牲して大いなる自我を完成させる事績は、どこにでも見ることができる。
　権限を授けることは、不可能ではない。しかし、前提条件は、幹部はどの程度まで責任を負えるかによるのである。幹部は責任を負えれば負えるほど、責任者はますます安心して権限を授けることができる。一旦部下は恐れて責任を負えないと分かれば、責任者はすぐに権限を撤回する。権限と責任の間は、元々はっきりしないものである。少し人聞きが悪いように言えば、責任者は責任を全て部下に押し付けたいときにのみ、はっきりと権限を授けるのである。
　我々も時には、自分の能力を隠すのに長けている。拙いところを隠す以外に、巧みなところを隠すこともある。有能な者は多く働かなければならなくなり、巧者は拙者の奴隷になってしまわないようにする。我々は同一の労働に対して同一の報酬にはこだわらないが、自分が他の人よりも手厚い給料を受け取ることには異議はない。「不才」は自分だけが言ってもよいが、他の人が私を不才などと大胆にも言いようものなら、力の限りを尽くして、行動でこのような話を言った人

間は、実際は自分より優れていないことを示そうとするに決まっている。

　平等に待遇するという言葉もまた、我々が好んで使う口癖である。なぜなら、中国人が話すときは、「妥当性は真実性よりも大きい」ことを重んじる。妥当に聞こえるように話を言うことは、これらの話自身の真実性よりも遥かに重要である。

　個人と個人の間では、「あなたは私によくしてくれるのに、私はあなたによくしない理由はない」という相互関係に基づく。心と心の響き合いが、最も強力な拘束力となる。彼を気にかけることは、彼の心を引きとめることに等しく、効果は最も大きい。

　具体性の中に曖昧さがあり、透明の中に不透明な部分を包み隠し、明確さは不明確な境地にまで至る。言葉自体の融通性は非常に大きく、どのように解釈することもできる。これらのことは、相互主義の真髄である。

　ある側面から見れば、アメリカ式管理でも非常に多くのところが、中国人が運用して思い通りの結果を出すことができる。このような状況は、日本式管理に対しても言えることである。

　中国人は相互主義に従って行動し、アメリカ経営者のリーダーシップの下では、極力アメリカ式管理に従って行動する。日本経営者の管理の下では、十分に日本式管理に従って反応する。中国経営者の会社に戻ると、すぐに中国式管理に基づいて互いに響き合う。中国人は郷に入りては郷に従うことに長け、適応能力は極めて強く、足並み調整は非常に速い。全ては相互主義の賜物であるはず。全てを情勢の移り変わりを見て変えていく。

　人聞きがよいように言えば、中国人は臨機応変に長けている。人聞きが悪いように言えば、中国人は風向きを見て舵を取ることに精通している。つきつめると、中国人は相互主義に従って行動するのだから、当然「顔色が違うと見れば、すぐに変わる」のである。合理的に言葉や顔色から人の心を探ることに、合理的に変化に対応することを加えれば、我々がよく言うところの「中庸の道」になる。

中庸は合理である

　朱子はかつて、「一つも合理的でないことがない状態こそが、中庸である。」と言った。しかし、後に「偏らないことを中と言い、変わらないことを庸と言う」という言葉に埋もれてしまい、多くの人が中庸に対して誤解を生じるようにさせてしまった。

　中庸主義はもし合理主義と称するならば、もっと簡単に本当の意図を理解できるではないだろうか？　合理的な反応は、我々がよく言うところの中庸の道である。ころころ変わっても、目的は合理を求めることにあれば、無原則に、むやみやたらと変わ

> ることではない。
> 　合理であるか、それとも不合理であるか？　解答は、説明するのは非常に難しいということである。中国人はよく「説明するのは非常に難しい」という言葉を口にする。意味は、合理かどうかは、簡単には論じ判断することはできない。ことのほか慎重に用心しなければ、判明できないということである。
> 　お互い様という気持ちから、一つの合理的な解決方法を相談することは、中国式管理の歩調を合わせる中心的な過程となる。合理であれば、みんなうまく納まる。

第五節 合理的に円満を追求する

　組織メンバーの行為や、行為の特徴から、管理の基本的な性質を見出すことができる。

　一般的に言うと、西洋人はより「理性」的な思考を重視する。彼らは「是非に従って判断する」ことに慣れている。そして、「正しいことは正しい、間違っていることは間違っている」という二分法の概念を受け入れる。「是」である行為を行えば、互いに「正しい」と考えて容認する。

　西洋社会の是非は、比較的に単純なようである。法律の規範に、専門家の評価、及び大多数の意見を加えて、わきまえ出した是非は、みんなの判断根拠となる。

　法律人材は非常に多く、法律に関わる業務手続に忙しく、多くの管理コストを占める。政府は法律条項を用いて大衆の行為を制限し、規範とする。専門家は専門知識を運用して人々の行為をコントロールする。法律と知識は足りないとき、多数決の表決方式を採る。このような管理で、一体理性の要求にかなっているのだろうか？　西洋人も心の中では疑うことはあるけれど、大多数の西洋人は、みんな規範に従い、このような「法治」生活に甘んじている。

　中国人の理想は比較的に高尚で遠大である。法律、契約と様々な規定の束縛に満足することはできない。

　中国人の実際体験からすると、法律の条項は永遠に全てをカバーするのに足りず、どんなに厳密であっても、一条に欠けてしまう。しかも、ちょうど自分が探し求めている一条が足りないのである。必要とする条項を見つけたとしても、すぐに中国の言語は実に奥深く微妙であることを発見する。同じ条項なのに、あなたがどのように解釈しても、理にかなうことができる。中国語の言葉は融通性が大きく、文法構成も非常に緩く締りがない。法律の条項を定めるのに用いると、往々にして解釈するのに非常に多くの論争を引き起こしてしまう。

　契約の草案は、必然と持ち出した側に有利になる。さもなければ議論の台に載

ることすらできない。締結を求められた側は、往々にしていつも弱い立場にある。彼らにとって契約の締結においては、機会を得ることが、内容よりも重要である。どうして推考、思考、疑問提起などして時間をかけ、調印を遅らせることができるだろうか？

　よく見かける状況は、契約を受け取ったとき、共通版であるかどうか、みんなが同じであるかどうかを見る。もし同じであれば、比較的に安心できる。どうせみんながサインできるのだから、私が何を心配することはあるだろうかと考える。

　共通版であり、そしてそんなに多くの人がサインするのだから、私は厚かましくも余計に時間を費やし、条項を逐次に念入りに見ることはできない。なぜなら、どんなに注意深く見ても、正直のところそれの本当の意味をはっきりと理解できないし、その上ながく会議を止めて注意深く見入ってしまうと、提出した人に対して信頼が足りないと見られ、いたずらに互いの間に不愉快を増やしてしまう。将来本当に確執が生じた場合、必然的に激しい仕返しを採られては、自分に非常に不利になってしまう。

　中国人が契約を締結するのに、大半は「そのときになったら、白を切る」心理に立って考える。「どうしてこのような条項があるのか？　もっと早くこのような規定があることを知っていたら、サインするわけがないよ」と口にしてしまう。中国人はわざと言い逃れをしているわけではない。我々の道理は非常に簡単である。合理的な約束は、必然と従う。合理的でない条項は、サインしたとしても、有効とは認められない。このような態度で、契約を持ち出した人を制約し、常に努めて合理的を追求するようにさせる。このことは結局のところ非常に有効である。

　反対に、中国人は契約を作成するときは、やや厳しくして、持ち出した人に比較的に有利にさせ、将来執行するときは少し緩めて、持ち出された人が少し破っても、大目に見てやり、堂々と逆襲して噛み付くことのないようにさせる。

　中国人は契約を持ち出したときは、大方「執行する時は一歩譲って、持ち出された人に少し得したと感じさせる」という先見的な考え方に立って、円満な結果を獲得しようとする。

　条項はどのように定め、契約はどのように書いても、中国人に対して言えば、そんなに重要ではない。我々が求めているのは、「過程は合理でなければならない。結果は円満でなければならない」ことである。

　甲と乙の二つの会社は、互いに提携して久しくなり、いくらか意見の相違はあっても、毎回毎回円満に解決してきた。その後、急に契約を締結した方が現代的

であることを思い出した。そこで数度協議したが、意外にも、「契約がなければ、みんなはそれぞれ良心を拠りどころにし、問題があれば相談し易い。今ごろ契約を締結してしまうと、自分たちの安全を確保しようとして、全てを最悪な状況まで考えてしまう。しかも契約があると、法に従って処理し、良心を拠りどころにできなくなってしまう」という話題を巻き起こしてしまった。このことは、中国人の「理は法よりも大きい」という精神を十分に際立たせたものである。

全てにおいて合理的を追求し、法があってもなくても同じである。このような「人治は法治よりも大きい」やり方は、今もなお「合理的に円満を追求する」ことの重要な根拠である。

中国人は「感情」の感じ方を重視し、完全に理性的でもなければ、全てを感性に訴えるわけでもない。「情」は中華文化の至宝であり、意味は「心が安らかであれば、合理だということ」を示している。我々は「心の中が気分よいかどうかに基づいて判断する」ことに慣れている。非常に早くから、「正しいことは正しい、間違っていることは間違っている」という二分法のわなから脱却し、「正しくても、役に立たない」というレベルに到達している。「円満」の境地に到達してこそ、心が安らかでいることができる。

孔子は遠の昔から、「情治」の概念を提唱している。彼の言うところの「徳治」は、実は「情で感化させる」ことにほかならない。もし組織メンバーの間に、あうんの呼吸があれば、まだどのような疎通ができないことはあるだろうか？

合理は変動するものであり、この時点の合理は、あの時点になれば必ずしも合理とは限らない。円満も変動するものであり、ある人たちに対しては、非常に円満でも、他の人たちに換われば、円満でないかもしれない。感情も当然変動するものであり、情治の管理は、中国式管理のイメージを、西洋式管理とは大きく異ならせた。

情治の管理は法律、契約の重要性を否定しているわけではない。それは同様に参考基準として、法律、あるいは契約が必要である。多くの人は、「法律条項を参考とする」という見解に非常に驚き、また非常に心配になる。ただただ「法治」から遠ざければ遠ざかるほど、管理の効果は劣ってしまうではないかのみを恐れる。

その実、法治は情治の確固たる基礎であり、全てが「法律許可の範囲内」で進行しなければならない。そうすることこそは純真な情であり、情の濫用や、私情、邪悪な情欲などではない。

多数の人の意見だからと言って、必ずしも正しいとは限らない。なぜなら、情

の素養は、相当な経験と鍛錬が必要で、簡単に普及できるものではない。

　法、理、情を全面的に配慮しともに重視した上で、情を指導原則とし、全てを合理のうちに円満を求めてこそ、中国人の高い水準の要求にかなうのである。

　そのため、合理的に円満を追求することは、中国人の行動の特徴となる。法律、規定は全て参考として用いる。一切の物事を、「法令を参考に、合理的に解決する」内に進行させる。人それぞれ、胸に手を当てて自問すれば、当然この解答に対して納得し、にやりとできるはず。

　多くの人は意見を示すとき、未だ結果が見えていないため、大半は理性的な思考に基づいている。人の身の上に起こった結果を見るようになると、情理が高まり、すぐに「どうしてこんなことになってしまうのか」と感じ、最初の考えを変えてしまう。学校の先生が試験監督をするとき、カンニングする生徒を捕まえて生徒指導室につき出すが、それから処罰は非常に厳しいと分かったとき、再び出頭してカンニングする生徒のために情状酌量をお願いするのは、最もよい証明にほかならない。

　結果は円満であってこそ、みんなは喜んで受け入れることができる。さもなければ、正しいのは正しくても、何となくしっくり来ないように思える。それは間違っていると言う人はいないが、しかし、いつも少しおかしい感じを受け、少し合理的でないようで、人の気分を悪くさせてしまう。

第六節 解消で解決を代替する

　中国人の二から三を見出す智恵は、我々に「解決する」と「解決しない」の間に、二合法的な道筋を見つけ出させた。すなわち「解消」である（すでに以前に述べたように、図19を再度ご覧下さい）。

　問題に遭遇すると、すぐに頭を働かし、方法を考えて解決しようとする。聞いた途端だと、非常に道理にかない、積極的なように思える。ところが、一層深く考えてみると、次のことを発見することは難しくない。一つの問題を解決すると、しばしばより多くの問題を誘発してしまい、ますますみんなを忙しくさせ、管理が求める「省力化」に合致しない。後遺症の深刻さは、考えてみると非常に恐ろしいものである。

　道路は広く作れば作るほど、渋滞の状況はひどくなる。なぜなら、みんなは道が広ければ、必然と渋滞がなく通行し易いと思い込み、どっとそこに押し寄せてしまう。そこで当然渋滞になってしまう。加えて大きな車両も、小さな車両もや

って来るので、さらに入り組んでひどく込み合ってしまう。
　ゴミは早く片付ければ片付けるほど、みんなは安心してゴミを作り出してしまい、ゴミの撤去、処理がさらに困難で、骨折りになってしまう。
　資料のコピーは非常に便利になると、みんなはタイトルだけを見て、内容を見なくなってしまう。どのみちコピーしてから、ゆっくり読めばよい。結局はコピーするだけで読まず、ファイリングするのに運用せず、情報の氾濫をもたらして、いたずらにコピーとファイリングのコストを増やし、実際の効果はない。コピーにいそしんでも、読み、理解し、応用する作業の過程を省くことはできず、かえって非常に深刻な、取っておくが見ないという後遺症を造り出してしまう。
　問題を発見したとき、先に「解決しなくともよいか？」を考えてみるとよい。もし解決しない方がより良く、みんなの注意をこの問題に集中させた方が、全ての仕事が運び易いならば、「明らかに解決できるとしても、しらばくれて、極力引き延ばす」べきである。中国人は「前例を開き、その後手が付けられなくなる」ことを慎重に防がなければならないと、常々自分に注意を促す。だから、「前例を作らない」方策を採り、極力自分が真っ先に悪い前例を作らないようにコントロールする。その実は、最大の意図は後遺症が生じないように防ぐためにある。
　実際、数十人の社長を訪ね、インタビューした結果は、次の事実を実証している。彼らが部下の注意を集中させるために、みんなを一時的にある焦点にくぎ付けさせ、往々にして問題を解決できるのに、わざと放置している。心の中では事情をよくのみ込んで、機が熟するのを待ってから、きっぱりと快刀乱麻を断つごとく手際よく処理する。いかにもより智恵があり、迫力があるように見える。このような方式は、「従業員の信頼を強める」効果を生じさせることができる。みんなは、「いざになったら、社長は当然対処できる方法がある。どうして心配する必要があるか！」ということを、はっきりと心の中で分かっている。
　解決しなければならないときであっても、大急ぎで方法を考えて解決しようとするものではない。このときは先に問題を摘み出して、次の階層の責任者に投げて智恵を絞ってもらう。同時に次の階層の責任者に、さらに下の階層の人員に投げて方法を考えてもらうようにする。問題は上の方から提起してこそ、みんなは重視することができる。下の方に渡して智恵を絞ってもらってこそ、理想的すぎることはない。問題の解答にあまりにも高すぎる期待を寄せ、そのために非常にがっかりするほどの失望を招くことはない。
　上司は解決のための解答があって当然だが、言い出してしまうと、すぐにみん

なの不満を誘発してしまう。なぜなら、値引き交渉はすでに取引が成立する前の必要なアクションとなっているからである。みんなは不満を示すことでより手厚い条件を勝ち取る方式で、上司にさらに大きな利益を放出させ、みんなが操り易いようにさせることを期待している。

　解答を持っているが言い出さずに、ただ問題を次の階層の人員に投げかけ検討してもらう。一方では、責任者が部下を重視し、部下の能力を高く評価していることを表し、もう一方では、部下はどのように反応するか、公正で合理であるかどうか、上司の立場に立って、上司のために考えることはできるかどうかを試す。

　中国人の相互主義は、全てにおいてお互いに相手の身になって考える。上司は部下を尊重するならば、部下も上司のために配慮すべきである。このように上から下へ、下から上への気遣いだけで、問題の大半はすでに解消済みである。

　上司は問題を提起し、部下は解答を探す。探し当てた解答は上司の立場に合うならば、上司は同意することができる。上司の期待に添わなければ、さらに問題を提起し、部下に調整させることができる。

　このような解消の方式は、「合理」的な境地にまで行ってこそ、持続して効果を発揮することができる。さもなければ、部下に上司は「刀を借りて人を殺す」策略を弄して、罪をなすり付けようとしていると思われてしまう。上司は明らかに腹案があるのに、わざと言い出さずに、部下の口と筆を借りて、自分の意思を白い紙の上に黒い文字として明記させる。そのためみんなが不満で部下を罵り、部下をとがめるようになる。甚だしきは、部下をごますり、専ら上司の意図に迎合していると見なしてさげすむ。

　上司は問題を投げかけ、部下に方法を考えて解決させる。それに対して、部下は広く同僚の意見を募る必要がある。そうすることで、家に閉じこもって車を造った挙句、上司も喜ばず、同僚からも理解を得られないようなことがないようにしなければならない。だから、上司は問題を提起したら、すぐに解答を求めてはいけない。そのようにすると、部下をその場の機転で解答せざるを得ない状況に追い込み、後から後悔してやまないことにさせてしまう。上司は問題を提起した場合、部下にどのぐらいの時間で、解答を提供できるかを聞いてみるべきである。そうすれば、部下は自分で十分に疎通するために、おおよそどれだけの時間を費やさなければならないかを考えることができる。部下に合理的な調整時間を与えられることは、まさに上司が豊かな実務経験を持っている最良な証拠であり、部下を最も納得させることができる。

　解消の働きは、「大きな問題は縮小させ、小さな問題は解消させる」ことにあ

り、すなわち「問題を目に見えない形で解決させる」ことである。なぜなら、目に見える形での解決は、非常に後遺症を生じ易く、みんなをもっと悩ませるからである。目に見えない形での解決は、みんなが攻撃を続ける理由、あるいは他の問題を連想する着目点を見つけられず、後遺症は少ない。

　責任者は自分で解答を提起すると、往々にして問題を大きくしてしまう。役職が高ければ高いほど、みんなはその人の解答を重要視してしまう。衆人の目にさらされた結果、いかなる手落ちも見抜かれてしまう。加えて様々な角度から見られるので、さらに目もあてられないほど惨めになってしまう。たくさんの関連問題を誘発してしまい、自業を自得することになるではないだろうか？

　部下に解答を提起させ、責任者は冷静に傍観する。一方では、解答を提起した人は、心理状態はどうであるかを観察する。一方では、どの人たちがわざと中傷し、悪意を持って批判するかを見る。悪い下心を持ち、観念が正しくない人を一気に摘み出すのも、解答を得る以外に、「人」的な面においても多くの障害を解消できるのではないだろうか？

　部下が解答を見つけ、上司も同意した。このときになってから、部下に「解答の実施を確実にできる何かの方法はないか？」と問う。

　部下は尊重を受けたので、腹を割って分析を進め、最も突破しにくい難関はどこにあるか、どのように処理すれば半分の労力で倍の成果を挙げることができるかを指摘するしかない。解答の実施過程も非常に順調になるように、問題を「解消」させてしまい、また発生し得る後遺症も減少させることができる。解答が適切で、実施が簡単になり、解消の効果もさらに増加させることができる。

　問題は大きいから小さいに変わり、小さいからなくなるに変わる。みんなが予防的な思考、解消的な考慮に時間を多く費やせば、頭が痛ければ頭を治療し、足が痛ければ足を治療し、絶えず命令や催促を受けて奔走し、疲れ果てるも往々にして骨折り損のくたびれ儲けになってしまうことに、時間を浪費することが少なくなる。

　解消は功績のないものであり、全てを目に見えない形に帰すのだから、どこに功績があるのだろうか？　解決しないで解消させる運用に協力して、組織は以下に記述した三点を行うべきである。

　（1）専ら問題を解決する人を重視するのではなく、問題を発見する能力を重視する。問題を見つけただけで、奨励すべきである。みんながひたすら解答を待ち、解答を得られたらすぐに不満を示すのではなく、みんなが喜んで問題を提起できるようにさせるべきである。

（2）小さな功績を奨励することで、大きな功績を避ける。なぜなら、大きな功績はしばしば大きな災いに由来し、奨励すればするほど、わざと大きな災いを引き起こして、功績を得ようとする人が多くなり、組織に非常に不利になるからである。大きな問題は縮小させ、小さな問題は解消させることは、楽々なように見え、小さな功績に属する。このときはすぐに奨励し、風潮として創り出すべきである。

（3）およそ問題に遭遇したときは、時間が差し迫って、事態が非常に緊急でなければ、必ず「上司が問題を提起し、部下が解答を探す」原則を守るべきである。このように上から下へ、下から上へを経て、十分に疎通し、専ら方法を考えて解決しようとするのではなく、解消の道を模索すべきである。解消は流れる水のごとく、決まった形態はなく、決まった方向もない。だから、中国式管理は「見て処理する」ことを主張する。

中国人は第三の選択を好む

イギリスでは、老紳士老婦人は店の前に来て、まずは営業時間を見る。何時に営業を始めるか？ 10時。今は何時？ 9時35分。イギリス人には二つの選択しかない。一つは「待つ」、10時に営業開始するまで待つ。一つは「去る」、先に他の用事を済まし、それから戻ってくるか、あるいはいっそのこと買わずに去っていってしまうかである。「待つ」のでなければ「去る」、「去る」のでなければ「待つ」。全部で二種類の選択しかなく、簡単明瞭である。

中国人はどうでしょう？ 10時に営業開始、今は9時35分にしかなっていない。彼は「待つ」こともしなければ、「去る」こともしない。「待つ」、そんなに長く待たなければならないなんて、時間の無駄ではないか。そして最も恐ろしいのは、万一10時まで待って、今日は一時的な都合で、臨時休業となっては、無駄損ではないか？「去る」、どこへ行くというのか？ 結局戻ってこなくてはいけないではないか、同じく時間の無駄である。そして、もっと恐ろしいのは、万一今日は早く営業を開始し、物は全部売り切れてしまったら、損ではないか？

我々は待つのでもなく、去ることもしない。第三の選択を採る。門をたたいてみる。何を見るか？ 中に人はいるかどうかを見る。人がいたらどうする？ 彼と相談して、私に先に物を買わせてくれないか？ もし良ければ、先に買って先に帰る。多くの時間を節約できる。万一、今日は臨時休業ならば、他の店に行ってみることでもできる。

おかしなことに、第三の選択は往々にして有効である。なぜなら、規定があれば、当然例外はあるからだ。数分早まったところで、他の人の邪魔にはならないし、どのような理由があって、頑なに拒絶しなければならないだろうか？

「お尋ねしますが、長官、一体関税はあるのですか、ないのですか？」、台湾はかつてこのようなケースが発生したことがある。しかも前後二人の「長官」に質問したことがあり、みんなの記憶にも新しいと思われる。

その中の一人はしばらく考えて、「ない」と答えた。

中国人は何でも信じられるが、「ない」だけは信じられないとは思いもよらなかった。ない、それこそどうかしている。まだ人をだまそうとしているのか？ この「長

官」はこうやって不幸にも失脚した。
　後を継いだ「長官」は、関税があるかどうかについて問われたとき、先に「ない」と答えたため失脚した長官を思い出し、時代はすでに変わり、みんなは透明化、公開化、明確化を好むようになったと考え、そのためはっきりと、「ある」と返答した。
　すると関係者に緊張を引き起こしてしまい、そのため全力で反撃し、この「長官」を失脚せざるを得なくさせた。
　もしこの二人の「長官」は、そんなに西洋化（現在は現代化と称する）しないで、中国人が好む第三の選択を採ることを承知で、「多少」（福建南部方言では「加減」という）と答えれば、いとも簡単に大衆の同意を獲得し、順調にその場を切り抜けられたに違いない。中国人は「程度上の差」を信じようとしても、「ある」や「ない」というような極端な事実を受け入れることはできない。
　西洋人に、「コーヒーにしますか？　それとも紅茶にしますか？」と聞くと、解答は「コーヒー」でなければ、「紅茶」になる。
　あいにく中国人は「コーヒー」、あるいは「紅茶」と答えるのを好まない。なぜなら、「一体ここのコーヒーはおいしいのか、それとも紅茶がおいしいのか」がはっきりする前には、第三の選択を採った方がだまされずにすむからである。そのため、「適当に」、あるいは「何でもいい」と答える。ただし、ここで言うところの「適当に」は「適当ではない」という意味があり、「なんでもいい」は「おいしいものであればよい」という意味を指している。聞く人はくれぐれも本当に適当にどれでもよいと、間違っても理解してはいけない。なぜなら、結果的には、我々はよくこのような話を口にする人は、最も適当ではなく、必ずしも本当に何でもいいわけではないということを、分からされるからである。
「要りますか？」
「大丈夫」
　意味は、「大丈夫ではない。ただ今は明言するのに都合が悪い」、あるいは「もしあなたに誠意があれば、私の代わりに決めてくれ、私を困らせないで下さい」のである。
「このように処理することに賛成しますか？　それとも反対ですか？」
「まあ、いい」。意味は、「私にどう言わせたいの？」である。
　第三の選択は、中国人の「哲理をわきまえ身を守る」最もよい振る舞いである。コーヒーあるいは紅茶を飲むような些細なことは、少し損をしても重要ではないかもしれない。いるいらないの決定のように、往々にして口を開くと多くの面倒を招いてしまう。賛成と反対は、さらに後遺症が山ほど残り、どうしてあらかじめ防がないでいられようか！
　身を守る哲学は、自分の安全を第一に優先する。我々はよく保身に走るのは良くないと考えるのは、他の人がそのように振る舞うときである。我々はよく保身に走るのは、自分の安全に配慮するからである。人に対して、自分に対して別々の二重基準を設けるのは、身を守る必要性に基づいているように思える。このように考えると、我々はまだ何かを批判することがあるだろうか？　話をよすしかない。
　ある人たちは哲理をわきまえ身を守ることに非常に反感を持っており、そんなに死ぬのが怖くては、全く気迫と言えるものがなく、情けないと考える。我々はこのような異なる価値観を尊重する。しかし、口では批判するのに、実際の行動では翻し片時も哲理をわきまえ身を守ることを忘れない現象を好まない。最も合理的な態度は、人それぞれ自分の意思で決めるべきであり、厳しく要求すべきではない。なぜなら、選択した結果、人はみんな自業を自得しなければならないのであり、余計に気を遣う必要がないからである。

第 3 章
管理の三つの軸

> 傅説：殷の高宗に見出され、殷王朝の復興に尽力した名宰相。　　訳者より
> 姜子牙：周の文王に見出され、周王朝の建国に尽力した名軍師。
>
> 　中国では、「三顧の礼」という言葉があるように、劉備が諸葛亮孔明に対して礼儀を尽くし、招聘して活躍してもらった例は非常に有名である。その他にも、傅説や姜子牙などのように、人材として登用され活躍した人物として永く語り継がれている人物が実に多い。
>
> 　その文化的背景を理解して、この章を読むと、さらに理解を深められると思われる。

　1970年代より以前、日本人は日本式管理を語ることができなかった。なぜなら、第二次世界大戦の敗戦は、日本人に大きな挫折感をもたらし、自分たちの文化に対する自信を喪失させてしまったからである。実際に運用しているのは、アメリカ式管理とは非常に異なる管理であっても、公然とそれが日本式管理だと主張することができなかった。明確に語ったとしても、人様の冷ややかな目と、嘲笑を招くしかなかった。

　日本の経済復興は世界を驚かせ、みんなは興味津々に日本人が一体どのように管理しているのかを探求し始めた。ところが、日本人の中で、英語の造詣が深い人は、すでに日本文化があまり分からなくなり、少数の内容を理解し説明できる人は、十分な語学力がなく、英語でそれを表現することができずにいる。その上、西洋人の方々は今でも白色人種の優越感を捨て切れないために、日本式管理に関する英語版の書籍はすでに少なくないとは言え、本当にその中から日本式管理の奥義を見出せる西洋人は、さすがに多くない。

　19世紀末期、アメリカでは反形而上学的な思考ブームが興り、管理哲学を軽視し、管理科学を重視するようになった。あいにく日本人はずっと管理哲学の重要性を提唱してきている。中国の管理哲学と西洋の管理科学を融合して運用してきた。アメリカ人は管理科学の側面から見て、日本式管理はアメリカ式管理が日本においてローカライズされた結果に過ぎないと考えている。日本人は当然その管理哲学は中国に起源していること、茶道・囲碁・柔道など古い文化の考え方の積み重ねであるとは認めるはずもなく、ただ日本式管理は全世界に広めることができると宣伝するだけである。

日本人は欧米に対して、東アジア諸国は、今まさに自分たちの管理方式を学んでいる最中にあり、そして非常に効果が現れていると称している。マレーシアを例に取ると、彼らの東に対する学習（Look East）は、いったい誰に学んでいるかは、おそらくマレーシアの少数の指導者層にしか分からないだろう。だが、間違いなく言えるのは、一旦マレーシアは経済が高度に発展した国家に成長して、マライ文化に強い自信を持つようになると、マレーシア式管理の存在と価値を主張するに違いない。

　その実、管理科学の側面から見れば、管理は管理以外の何者でもない。有効かどうかが最も肝心である。アメリカ式管理、日本式管理などに分ける意味はどこにあるだろうか？　全く余計なお世話である。管理哲学の側面から見れば、各民族は長い間、すでに異なる文化を形成してきたのだから、当然異なる管理があってしかるべきである。我々が日本式管理を認めるも認めないも、日本人がいつごろになって日本式管理を認められるようになるかにかかわらず、日本式管理はとっくの昔から日本人の生活の中に脈々と生き続けている。中国において、漢王朝や唐王朝のころに、すでに中国式管理が出現していたのと同じである。

　台湾は日本の統治を受けて40年、日本人はあれこれと工夫を凝らして台湾を植民地化しようとしたが、結果として40年が過ぎ、日本人が撤退するとともに、日本式管理の大部分もそれに従って消滅した。たとえ日本の教育を受けた年輩の人たちが、時たま「私は日本の教育を受けた者だ」とことさらに言って、自分が「正直にして誠実」であり、日本の教育を受けたことがない戦後の人とは違うのだと、暗に主張することがあるにしても、ほとんどは跡形もなく消えてしまっている。日本は敗戦国であり、自分たちは日本的精神を持っていると言うのは、やはり光栄なことではない。だから、自分たちが施行しているのは、まさしく日本式管理だと称したがる人はほとんどいない。

　思い返すと、第二次世界大戦以降、中国式管理がもらしたのは、汚職賄賂や不正行為、邪道に走ることのようである。ひどく混乱しているだけでなく、人を惑わせどうしてよいか分からなくさせた。このとき我々ははたと気がつく。なんだ第二次世界大戦で勝利したのは、中国人ではなく、アメリカ人なのかと。戦後、アメリカ経済が輝かしく発展し、科学技術は世界をリードするようになったため、アメリカ式管理は、自ずと現代化の旗印となった。

　40年の努力を経て、台湾も経済的奇跡を創造しているはずだが、残念なことに、我々は日本人のように、自分たちは一通りの管理方法があると主張することができない。

それでは、我々の成果は、アメリカ式管理から来ているのだろうか？　正直に言うと、ほとんど多くの経営者は、完全に昔ながらの方法をアレンジして活用している。それでもなお金を稼ぎ出し、事業を創出した。彼にどのようにして管理のやり方を、築き上げてきたかと聞くと、彼はきっと「ほとんどはあっちこっちでやり方を聞いて、自分の考えを加え、寄せ集めてできたものだよ」と答えるだろう。

　このような解答は我々に、中国式管理は基本的には一種の寄せ集めで成り立ったものであることを教えてくれている。なぜなら、我々の文化の特質は、包容力が極めて強いことにあり、様々な見たもの、思ったもの、聞いたものを、一つに寄せ集めて融合させることができるからである。

　冷静かつ公平に言うならば、中国式管理は当然存在する。ただ我々はそれを実行して日が久しくなり慣れきってしまい、かえってうまく説明できなくなったのである。かつ久しく整理しておらず、もはやごちゃごちゃして論理的に筋が通らなくなっている。最も重要なのは、自分たちの文化に自信が欠け、互いの面子に気兼ねして、敢えてそれを説こうとしていないからである。我々は今、中国式管理の三つの軸を、以下のように分けて記述し、参考として提供したいと思う。

　1.以人為主（人を中心とする）──人がいて仕事があり、事の成功と失敗は人のやり方次第で決まり、人を中心とすることこそ、仕事をうまく処理できると主張する。中国式管理は、人間性に沿った人間的な管理であるということができる。

　2.因道結合（信念によって結び合う）──制度化管理というものは、理念で結び合い、志と信念を一つにする人たちが、みんなで共通認識の下に行動することに及ばないと考える。そうすることで、心を一つにして協力し、ばらばらになっている砂を凝集させ巨大な力を発揮できる。

　3.依理而変（理に従って変化する）──合理的に解決することは、一貫して法律に従って処理することよりも、道理にかなっていると考えられてきた。中国式管理は、合理的な管理であるということもできる。

第一節　人を中心とする、信念によって結び合う、そして理に従って変化する

　西洋の管理は、「仕事」を中心とすることを主張している。仕事を適切に分析し、それぞれを部門とタイプに分け、明確な分業原則を採る。各部門に分け、必要とする役職を企画する。その後、各役職の実際の必要性に従って、必要とする

人材の規格を立案し、業務説明書を書き上げる。かつ決まった規格に従って、適合する人員を選抜し招聘する。

このような「仕事によって人を見つける」方式では、「人」は「仕事」の必要性に合わさなければならない。明らかに仕事を中心とする一種の管理方法である。

中国式管理は、今でも依然として「人」を中心としている。仕事の分析は同じようにしても差し支えないが、組み合わせるときは、「体のサイズを測りオーダーメイドする」方式を採る。大方は現有の人員に従い、役職を企画し、部門に分ける。「現有の人員は完全に業務説明書が求める規格を満たしているわけではない」ために、業務職責書の最後に、「その他」という一項目を付け加える。その項目により、融通して対応し、人員と照らし合わせながら適切に調整できるようにする。

このような「人によって仕事を設ける」やり方は、「仕事」を現有の「人」に合わせる。必要なときは、外から人を見つけ、現有の人員を補う。人を中心とすることは、中国式管理の第一の特色である。

通常、創業したてのころ、我々は「みんなで一緒にやろう」という政策を採り、分担もなく、いかなる役職も設けない。このようなあいまいな局面の中において、人それぞれの特性は最も容易に見出すことができる。その結果を受けて、現有人員について判断し、人によって仕事を設け、初期段階の組織を築き上げる。二人の人が責任者に適しているとき、我々はまず二つの部門に分ける。再び誰かが、責任者に成らなければならないとき、あるいは責任者を担当する能力が育ってきたとき、三つの部門に分ける。我々の組織はしばしば変更される。しかし、その変更は完全に「人」の必要性に従っていることを、みんな心の中で分かり切っている。ただ口では、絶対に「仕事」の必要性に基づいていると言わなければならないだけである。

中国人は、「事の成功と失敗は、人のやり方次第で決まる」と信じている。全ての事は人が成し遂げてきたのだから、管理は、当然人を中心とすべきである。

人を中心とすると言うが、どんな人が必要だろうか？　分担が不明確な状況は、責任者にも従業員にも自主的に「その他」という項目を使って、より多く仕事したり、仕事を回避したりすることができるようにさせた。そのため、「志と信念を一つにする」人を見つけなければならない。そうしてこそはじめて、相手の身になって思いやり、心をこめて協力し、共に歩んでいく「道」という共通認識の下、互いに連携できるようになる。

西洋の管理は仕事を中心とする。人は仕事の要求に応えられなければ、人を入

れ替えるべきである。したがって、自発的辞職、あるいは受身的に解雇されることが、日常茶飯事となっている。

同じく人を中心とする日本式管理は、大方「長期雇用」の方式を採る。終身雇用の結果、人に変動はないが、仕事は絶えず代わりばんこに異動する。人が動かずに仕事が動くことは、近来日本でも、次第に流れとしては衰えてきている。なぜなら、長期雇用は実にコストが高く、もはや耐え切れなくなってきているからである。

中国式管理は、「短期雇用」と「長期雇用」の中間に位置し、「合えば留まり、合わなければ去る」原則を採る。長くすることもでも、短くすることもでき、もっと融通性がある。合うか合わないかは、「道」によって決まる。すなわち今日ではよく言うところの「信念」である。みんな互いに信念が合えば、苦楽を共にすることができる。それでは愉快に留まり、一緒に理想のために努力しよう。信念が異なれば、ずるずると先延ばしして、命を浪費するぐらいなら、快刀乱麻を断つがごとく、きっぱりと辞職して去った方がよい。

信念によって結び合うことは、人を中心とすることの対となる重要な考え方である。互いに信念が同じでなければ、人を中心にして密接に協力することは非常に難しい。だから、中国式管理は、第一に「信念が異なれば、ともに物事を図らない」ことを重んじる。事業を開拓しようとすれば、まずは数人の志と信念を一つにする親類や友人を見つけてから、どうするかを考える。そうでなければ、無理やり開業したとしても、まもなく「互いに違いを分かり合えなかったから、結び合う。互いに違いを分かり合えたから、分かれてしまう」ことになり、無駄に終わってしまう。

中国式管理はもう一つ「変動性」という特色がある。それはすなわち「理に従って変化する」ということである。全てがころころと変わり、合理的な状況にまで変わる。

組織の変動が、いつでも見かけることができる事実である。毎回会社に入社するとき、「部門組織表はありますか？」と聞くが、回答は必然と「あります」である。もちろんある、ないわけがない。「見せて頂けますか？」と聞くと、回答は「いいですよ」だが、持ってきたときは、「これは古いものです。新しいのは今印刷しているところです」と、説明を忘れずに付け加えておく。このことから、組織の変革は中国人に関して言えば、日常茶飯事であることは見て取れる。

計画の変動は、みんながよく取る行動である。計画が確定すると、すぐに執行する人はいかに変更を加えるか、頭を働かせ始める。このような「上に政策あり、

下に対策あり」のやり方は、数千年来変わっていない。全てを計画通りに執行するなどというのは、体裁のよい言葉に過ぎず、実際では全てが変動する。かつ変動しなければならない。なぜなら、計画が確定した後、必ずやいくらかのパラメータがまた生じるに違いない。計画を変動しなければ、どうして対応することができるだろうか、またどうして順調に執行することができるだろうか？

　人員の変動も、避けられないことである。元々は、志と信念を一つにする同士の集まりであっても、人の心は変わり易いものである。やがて、志が異なり、信念が合わなくなることもある。このときは、「人はそれぞれに志がある」という一言に基づいて、きびすを返し去っていくことができる。人員の動きは、人事流動率と称し、中国式組織の中では、日本よりは高く、アメリカよりは低い。言い換えれば、合理的な程度にまで流動することは、最も理想的である。

　仕事の変動は、中国人が「一つの専門分野を持つ」よりも「多才な能力」を評価する事実に現れている。一つの専門分野を持つことは当然必要だが、いくつかの専門分野を持った方がもっと良いではないか？　中国人は「多分野で通用する才能」を好む。なぜなら融通性が高く、仕事を変動するときも、うってつけであり、本人も楽しくできるからだ。

　制度の変動は、大方「形式」は変わらないが、「実際」を変える方式を採る。同じ制度、同じ組織、同じ人員であっても、責任者が変われば、全てがそれに従って変更がある。口では決まって「前任者の規則をそのまま踏襲する」と言い、反抗や批判を引き起こされないようにする。実際では決まって「絶えずに変えていく」、行動をもって「新しい責任者、新しい政策」を証明する。みんなに新任責任者が本当に自分のやり方があり、実行する迫力があることを知らせる。みんなが自分の身に害が及ぼされない限り、どのように変動しても逆らわないようにさせる。

　事実上、中国人は「このように決定しましょう」と言ったとき、「変動はすでに始まろうとしている」ことを我々は分からなければいけない。

　中国人の「変動性」は最も強く、しかも「持続性」も最高である。これは簡単には理解できない部分である。「変動の中に持続があり、持続の中に変動があり」という状態は、中国人の得意の中庸の道に最もかなっている。

　合理的であれば、どのように変動してもかまわない。これは中国式管理の基本的特性である。合理的に変動するには、必ず道理に従って変わらなければならない。絶対にでたらめに変わってはいけない。

　中国式管理は、アメリカ式管理、日本式管理と比較して言えば、上述した「人

を中心とする」、「信念によって結び合う」、「理に従って変化する」の三つの特色がある。この三つの特色は、全て「人」を中心としている。人を管理の主体とし、人の理念に基づいて集まり、人が受け入れられる道理に従って変化に対応する。だから中国式管理は、最も人間性に沿った人間的なものだと言える。

中国社会において、人治の色合いは永遠に法治よりも濃い。みんなは口々に法治と言うが、心の中では「法があるだけでは、実行することはできない」ということを知らない人はいない。人が法治を推進すると、結局のところやはり人を中心とするしかないのである。

共通認識を持っているかどうかは最も大事なことである。共通認識が足りないときは、仲間内が先に論争してやまず、内部は紛争が絶えず、力が分散されてしまう。いたずらに組織という名があるだけで、本当の有効な組織力を生み出せない。

人の理念も、行動も変動し得る。だから、制度も、共通認識も、態度も変わらないでいることはできない。「全てが合理的に変わる」ことは、合理的に変化に対応する方法であると、中国式管理は主張している。まとめてみると、中国式管理の最高智恵は、いやというほど一般人に誤解されている「不変をもって全ての変化に対応する」ことにある。

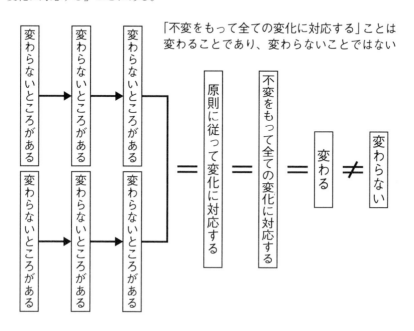

第二節 人の倫理関係は非常に重要である

　管理は己を磨き、人を安心させるプロセスであり、人を中心とするので、人と人の関係も中国式管理の中では、特に重要に見える。関係があるか、関係がないかといったことは、中国人には、特別な響きがある。

　我々には根深く容易に動揺しない三つの観念があり、簡単には変えることができない。

　第一、法は死んでいる、人は生きている。死んでいる法律は生きている人が合理的に運用すべきで、何も考えずに法律や規則をひたすらに守るべきではない。

　特に中国人・中国文字・中国語は、全くこの上なく小回りが効きすぎて、いつでもころころと変わってしまう。中国文字を用いて制定した法律は、十人がいれば十通りの異なる解釈があり、最後には解説者の身分、地位、権力によって決定しなければならない。だから、法律があるだけでは実行できず、依然として人を中心とする。

　第二、世の中には融通がきかないことはないようである。融通がきかないなら、大方は頼み込む人を間違えているせいである。頼み込むべき人を見つけていれば、融通をきかすことは問題にならないはずである。この観念は、我々に法律の公共における信用力を疑わせてしまう。しかし、事実が証明するように、非合法なことであっても、頼み込むべき人を見つけてお願いすれば、往々にしてその場で合法になってしまう。古より言い伝えられるこの類の噂は、本当にその通りだと信じずにはいられなくなってしまう。

　その場で処刑されることが、その場で合法になることができるのだから、世の中のどのようなことが融通をきかすことができないのだろうか？　誠意の問題は、中国社会では、永遠にそれぞれが自分の意見を主張し、終始として真相が明らかになりがたい。誰もが法律に違反せず、みんなが融通をきかすことができる。だから、人という要素は、明らかに法よりも重要である。人治は法治よりも大きいということは、法律はあるが、しばしば人によって融通をきかしているところに現れている。その上、大多数の人は不服を申し立てることはない。不服を申し立てたとしても、無駄である。犬が汽車に吠えるようなもので、少しも効果がない。

　第三、法は少数の人によって制定されるが、一人の人によって修正される。このような現象は、中国社会が古より今までの一貫とした精神である。少数の国をコントロールできる人は権力の中枢を占め、少しでも意見があると恐喝し、脅かしたりする。それでも服従しないと、一人を殺して大勢の見せしめとして、処罰

を与える。このようにして定めた法律は、みんなが非常に不満なものでも、自らは素晴らしい法律、素晴らしい考えと称することができる。その理由としては、「少数の賢者の観点は、多数の愚かで無知な人の考え方よりも勝る」、易経の「賢は多数よりも大きい」、「少数の賢明な意見は多数よりも優れている」などの観念がある。ちょうど言い訳としての使い道がある。

　実際状況の必要性に遭遇したとき、最高指導者は一人で、法律や規定を修正することができる。明文化された事項であっても、最高指導者の一言で、それを実施させないことができる。私が保証すれば、皆さんどうぞご安心ください。指導者としての英明さを全ての人に示すことができる。

　これらの様々な例は、全て人の重要性を明確に示している。また組織全体の人間関係の影響力は非常に大きいことを浮かび上がらせている。中国社会では、人がいれば派閥ができ、人に会うとコネをつける。人と人の間の複雑な呼び方も、十分に個人間の人間関係が錯綜して入り組んでいることを表している。他の民族ではめったにない現象である。

　個人間の人間関係も、組織全体の人間関係も、実際中国人の求めているところのものを説明するのに十分ではない。我々が本当に必要としているのは、人の倫理関係であり、すなわち個人間や組織全体の人間関係を倫理と一つに合わせて、一種の「差別性」の関係を築き上げることである。

　倫理は年上と年下の順序を求め、基本的に一種の不公平である。父は父たる、子は子たる本来の役割通りに振る舞わなければならない。君主は君主たる、臣下は臣下たる、現代的な言葉で言えば、上司と部下は各自の異なる役割を演じなければならない。しかし、お互いの間では、「対等に振る舞う」という「不合理にして公平」な関係ではなく、「差別的」な「合理にして不公平」な関係を維持しなければならない。この両者の間の差異は、慎重に推考しなければならない。そうすることで、過ちを犯すことなく、「公平」の災いをわけも分からずに受けるようなことがないようにできる。

　中国式管理と倫理は非常に密接な関係を持っている。ある人の人柄は、往々にして有効に管理できるか否かの鍵である。人の品格は生まれつきあるいは運命付けられているものではなく、後天的な修行から得られたものである。基本的人権は生まれつき持つもので、人は生まれながらにして平等だということは本当だとしても、後天的な素養は養わなければならないものである。公正であっても公平になれないという心理状態をもって、「我々は倫理的に人様と比べる権利がない」という不公平な事実を受け入れなければならない。不公平も合理的な境地に至れ

ば、すなわち公正となる。

　西洋人が倫理を論じるとき、個体に偏るのでなければ、全体に偏ってしまう。前者は個人主義に発展し、後者は集団主義に発展する。どちらも偏った考え方である。中国人は一貫して「二合法」的な態度を堅持し、「個人主義」と「集団主義」という二つの極端な考え方を一つに合わせて、「相互主義」を形成する。個人に偏るのでもなく、集団に偏るのでもなく、「集団の中で個人を完成させる」ことを重んじ、一種の中道主義である。

　中国人に関して言えば、仏教の主張している「人は全て仏心を持っている」ということは、我が国固有の「人はみな堯舜（聖人）に成れる」ということとは、基本的に同じことではない。仏教が説いているのは人の先天性であり、人が生まれながら仏心を持っている。人はみな聖人に成れるということは、後天性の修行した結果であり、強靭な意志を持ち、聖人の価値を身に沁みて理解してこそ、聖人のような人に成れるのである。

　キリスト教の神の元では、無差別にみんなが平等だという「民主」観念は、西洋の管理に多大な影響を及ぼしている。管理の民主化もまた、我が国の「民衆全体が倫理に合っていると納得すれば、自ずと民衆の一人ひとりは従う」ということとは異なる。これは実際管理活動に携わる人が、慎重に考えなければならないところである。

　みんな心の中ではっきりと分かっている。中国人の倫理は、どの民族よりも起源が早く、そして最も妥当である。我々は、実際徹底的に実践したことがないからと言って、この事実を否定してはいけない。我々は決意すべきである。我々の世代の手で、我々の倫理と西洋現代が開発した管理の科学技術を融合させ、現代的な中国式管理を形成し、そして大いに発展させることを決意すべきである。このようにしてこそ、21世紀は20世紀と違い、斬新で愛すべき局面を呈し、人々はみんな楽しく思い通りに生きることができるのである。

　人の倫理関係は、倫理の観点によって築き上げた合理的な人間関係である。上司はいつまで経っても上司であり、礼儀として彼に譲らなければならない。我々は実際の行動で、この譲る度合いをしっかり守り、行き過ぎのないようにしてもよいが、「上司は譲られるべき度を過ぎている。行き過ぎている」と口に出して言ってはいけないのである。

　君臣・父子・夫婦・兄弟・友人の五つの倫理の中では、夫婦は基礎となる。《家人卦》なる書物では「君子の道は、何処から始まるか？　夫婦から始まる」と、はっきりと記している。夫婦の間の付き合いまでも問題が発生するとしたら、

管理などと論じる必要もないだろう。

　一人の人間の人柄はどうであるかは、人間関係の中でその人の道徳、素養を試さなければならない。ところが、人間関係の中で、夫婦の関係は最も密接であり、この関係さえもうまく対処できないとしたら、他は論じるまでもないだろう。斉家（家をうまくまとめる）の重要性は、修身・斉家・治国・平天下という人間のライフワークの四つのステップのうち、修身の次に位置し、個人の管理を団体の管理にまでレベルアップさせるところからも窺い知ることができる。夫婦仲がうまく行ってこそ、事業・治国は合理にして有効でいられる。組織文化は、管理者の家庭まで気にかけ、夫婦関係からその人の管理を考察できるとしたら、必ずや思わぬ利点があると思われる。家庭が仲睦まじく暮らしてこそ、仕事を楽しむ余裕が出てくるものである。

　人の倫理関係の重点は、「公正」にして「不公平」なところにある。古代ギリシアと我が国とでは同じように、「公正は全ての美徳の中枢である」（Justice is summary of all virtues）と主張しているが、注釈では明らかに差異がある。アリストテレスは、公正は合法にして公平でなければならないと考えているのに対して、我々は、公正は合理にして公平になるのが実に難しいと考えている。我々は理が法よりも大きいと考えている。

　上に対して礼儀を尽くさなければならないが、媚びたり、機嫌を取ってはいけない。下に対してはあまり厳しくすべきではないが、寛容、放任し過ぎてもいけない。同レベルの同僚に対しては、礼儀にこだわりすぎる必要はないが、親しすぎて礼儀をわきまえなくなってもいけない。この間の度合いは、人によって、時間によって、場所によって、事によって適度に判断しなければならない。このようにしてこそ、公正と称することができる。大きな融通性を持つことにより、非常に高い難度をもたらされてしまう。心をこめて経験し、絶えずに改善しなければ、とても良好な人の倫理関係を達成することはできない。

第三節　多元化社会では共通認識はもっと必要となる

　世界は統一することができなければ、人類は滅亡に向かうだろう（One world, or none）。地球村の形成は、もともと人類が自ら幸福を追求する唯一の道である。生存したいのであれば、みんながみんなのために考え、国家も階級もなく人々が平等にして自由な大同の世界を創らなければならない。

　大同は決して同一ではない。世界統一は、世界一同が一つの文化の洗礼を受け、

人類全体がみんな同じ生活を過ごすようになることではない。大同は必ず細かい点が異なる小異を包容しなければならない。すなわち様々の異なる文化を尊重し、色々な生活方式を認め、共存共栄し、互いに良さを認め合うようになることである。

かつて昔、交通は不便で、情報伝達が発達しない鎖国時代では、自国の文化を保ち、他の文化に影響されないようにするため、大方は国を閉ざし自らを守る政策を取る。自分たちの文化と異なるものを、全て異端邪説としてとがめ、極力排除を加える。それによって自分たちの単純性と一致性を確保しようとした。

かつての世界を全体で見ると、異なる民族は、異なるスタイルを持ち、各自異なる文化を形成するのに対して、同じ民族は、言語・文字・血統・生活方式・風俗習慣及び、意識形態は、かなり一致している。言ってみれば、相異なる文化は、別々に離れた地域に存在し、努めて互いにいざこざがなく仲よく暮らせるように、適度に交流を制限していた。

アメリカ、元ソビエト連邦の二大陣営の冷戦状態が解消されて以来、交通は便利になり、情報伝達も発達する上に、ますます情報の制限ができなくなった。もともとそれぞれ一方の地域に割拠していた異文化を、至る所で交流させ、互いに衝突させ、多元化社会を形成させてきた。同じ地域であっても、数多くの異なるスタイルが出現する可能性が高まった。もともと十分に求心力のあった血統・言語・文字・生活方式・風俗習慣、甚だしきは意識形態までも、急にエネルギーを失い、もはや人々の行為を拘束できなくなり、みんなの思考の模範になれなくなった。

ものの考え方は非常に一致していた鎖国時代、企業の経営管理は、企業文化を強調する必要はない。社会全体として、みんなの考え方は非常に近い。どの会社でも、社会慣習の許される方式に従って、経営管理を行わなければならない。社員はどこからやって来たとしても、互いの意識は非常に似通っている。おかしな言行があれば、すぐに同僚に察知され、制止される。

現代の多元化社会では、企業の経営管理は企業文化を重視しなければならない。なぜなら、同じ地域であっても、みんなの考え方はあまりにも一致していないからである。人それぞれに主張があり、かつ言うことは道理にかなっている。このような状況は、道理を論じることが好きで、どのように論じても道理にかなわせる中国人に関して言えば、なおさら十人十色、百家争鳴である。意見の相違が激しく、整合させることが非常に難しい。中国人の民主化の結果は、ますますの混乱であり、管理民主化は、法律や社会規範から外れた行為を行っても規制がない

に等しい。どのみちそれぞれ自分が正しいと主張し、どんな無責任なことを言っても、無責任な行動を取っても、それなりの理由を見つけることができる。「私が好きであれば、いけないことなどない」という身勝手で、倫理に反し、不道徳的な局面を形成してしまい、人の心を悲しませてやまない。ある人たちはその状況を見て、中国人は民主化管理を実施するのに適さないと決め込んでしまう。

　このような見解は、明らかにまた「民主」・「不民主」の二分法のわなに陥っており、中国人の思考方式に合わない。我々は民主と不民主を一つに合わせて考えた方が最も良い。そうしてこそ、現代の「口では民主と言い、心の中で考えるのは西洋的な民主ではない」という中国社会において、順調に合理的な企業文化を築き上げることができるのである。

　一般的にいうと、会社の平均寿命は7年しかない。設立して7年に満たない会社は、企業文化などと論じるまでに全く至らないのである。なぜなら、いつ会社がつぶれるか、誰にも分からないからである。存続期間は7年を超えると、企業文化の構築に真剣に取り組む必要が出てくる。そうすることで、絶えず成長し、永続的な経営を実現していかなければならない。

　事実上、会社は創立したばかりのころは、企業文化の制約は必要ない。初期のハネムーン期間にある間は、みんなが自ずと全力を尽くし、権利や義務に対してあまりこだわらない。そのころは、市場開拓に忙しく、物が売れるかどうかがみんなの関心の的であり、他のことを考える余裕はない。市場が拓けてくると、財務が続けて頭を悩ませてくる。往々にして、売れれば売れるほど、財務は圧迫される。なぜなら資金の運転が非常に厳しくなるからである。みんなは経営者がコートをはおって、ハンドバックをつかみ、いつも資金のために忙しく走り回っているのを見ると、あまり多くの不平を持たなくなる。市場、財務が相ついて軌道に乗ると、人事の問題が必然と本格的に登場してくる。もともと意見のないところが、今では不平を持つようになり、もともとどうでもいいと思っていることが、今ではこだわり始まってくる。そこで、企業文化は、従業員が自身を高め、安心して働くための行動基準となり、有効に管理する基礎ともなる。

　企業文化が多元化してきている社会の中では、組織内部において共通認識を形成することは非常に重要である。企業が存続したければ、上も下も全員が心を一つにして、メンバー全員が同じ考え方を持たなければならないことを意味する。それによって、歩調を一致させ、心を一つに合わせて協力する効果を生み出さなければならない。

　中国式管理の特色の一つに、従業員を信念によって結合させ組織することがあ

る。みんな信念が合えば留まり、合わなければ去っていく。多元化社会の中で、少数の志と信念を一つにする人と結び合い、同一の目標を達成するためにともに努力する。

　企業は政府とは異なる。政府は人民を選択する権利はない。国民として生まれれば、政府は必ず受け入れなければならない。せいぜい犯罪を犯した確かな証拠があるとき、あるいは罪状をでっち上げて、その人を監禁するか、甚だしきは殺してしまうぐらいしかない。そうでなければ、組織の一員として認めなければならない。その人を排除する方法はない。企業はこの類ではない。組織メンバーを選択する権利があり、選考・面接・試用を通過した少数の志と信念を一つにする人たちだけを会社に入れ、組織の一員に成らせることができる。もし企業はメンバーを選択する権利を放棄して、志と信念を一つにしない人たち、悪だくみをする人たちを会社に入れ勤めさせるようになれば、門があるのに閉めることを知らず、人がいても全体のことを考えず各自に身勝手に行動することに等しくなってしまう。管理するのが難しいばかりでなく、存続させることも難しくなる。

　社会は一元化されていたころ、企業のやり方が少し違っても、隔たりはそんなに大きくはない。社会が日々多元化に向かっている時代、企業文化の差異はどんどん大きくなる。一層注意を払って、合理的に調整していく必要がある。

　管理者の中心的な役割は戦略決定である。もし組織の中で決定できる人間が居らず、何事も公聴、公証しなければならない状況で、その上に意見が紛糾し、まとまらないようであれば、お尋ねしますが、どうしたら有効に管理できるというのだろうか？　民主国家の経済発展は、通常専制国家よりもゆっくりである。このことこそが誰の目にも明らかな実証であるはず。

　独裁に賛成する人はいない。なぜなら、どんなに智恵と能力がある人でも、絶対に全てに精通する境地に到達することができないからである。どんなに気をつけていても、少しの過ちがあれば、独裁の結果は想像もつかないものである。しかし、民主主義の歴史も、この200年間において多くの弊害が現れている。資本家に支配されるのでなければ、裏社会に操られ、裏金による民主主義も、全ての人が非常に嫌っているところのものである。中国人は民主と独裁を一つに合わせて考え、二合法的な形態を見つけ

図26 民主と独裁を一つに合わせると専制となる

出す術を知っている。すなわち専制である（図26）。全てのことは決定される前は、非常に民主的であり、意見があれば、遠慮なく発言でき、誰も恐れる必要はない。しかし、一旦決定されると、非常に独裁的になり、全てが決定の通りであり、意見があっても制止され、違反があれば必ず処罰される。このような中国式の民主は、実際は専制であり、あるいは開明的な専制と呼ぶことができる。時代の趨勢に合わせるために、みんなはそれを民主と称している。このような形態で、我々の企業文化を構築し、我々の共通認識を形成すれば、実際の需要に即しているはずである。さらには同じ考えを凝集させ、相互協力を生み出すことに役に立つはずである。

第四節 理に従って変化に対応することで、常に合理的であることを求む

　先に述べたように、中国式管理の三つの特色は、人を中心とする、信念によって結び合う、理に従って変化に対応することである。この三つの特色はその実、ひとつながりになっている。目的は、理に従って変化に対応し、そうすることで適切に物事に対応しようとすることである。変動する環境の中では、特に適用できる。

　どうして法に従って変化に対応すると言わずに、理に従って変化に対応すると言うのだろうか？　なぜなら、時間の観点から見ると、「法」は「過去」の産物であり、「情」は「未来」への伏線であるが、ただ「理」だけが「現在」の指標なのだからである。

　全ての法令規定は、「過去」の経験に基づいている。「過去」という時点において想定し、制定されたものである。往々にして時が移り場所が変わると、執行するのに障害が生じ運用しにくいと感じてしまう。もし強制的に執行すると、必ずや反発を招くであろう。

　人の情は、「未来」のために考慮し、「未来」という時点において、何らかの利益を獲得することを期待している。しかし、一旦危険が発生し、「未来」に対する自信を喪失して、大きな災いが降りかかったとき、各自散り散りに逃げる状況は、一緒に災難を引き受ける状況よりも遥かに簡単で、世の中に多く見受けることができる。当てにはできないものであろう。

　目前に直面している「現在」は、完全に過去に基づいて制定された法律によって対応することはできないだけでなく、未来の情がすぐさま効果を発揮すること

も期待できない。完全に法によって処理すると、しっくり行かないものを押し付け、難癖をつけていると見られるのでなければ、心がこもっていないか責任感がないと見なされてしまう。未来の情に期待するとなると、喉が渇いてから井戸を掘るようなものにほかならず、または苦しいときの神頼みのようなもので、いずれにせよ間に合わないのである。

現在における状況は、「理」に従って変化に対応した方が最もよい。なぜなら道理は変動することができ、融通性を備わっているからである。そうすることで、その時々の状況に応じて適切に対応し、合理的な効果を生み出すことができる。

中国式管理の全体の目標は、「時中」を求めることである。つまり「常に合理的」という意味である。時間が経つと、道理もそれに従って変化する。だから臨機応変は、「時間に従って、合理的に変化に対応する」と解釈することができ、中国式管理の特色となっている。

理に従って変化に対応するには、以下に述べる三つの要点を把握しなければならない。

第一、理に従って変化に対応することは、絶対に新しいこと、変わることを求めているわけではない。 中国人は易経の道理の中から、「変化の結果は、80％が悪くなり、20％しか良くならない」ことを発見している。我々はよく「人生に思い通りにならないことは、常に十中八九」と言う。人生は「変」から離れることができず、そして「変」の結果は十中八九に悪くなり、そのためよく思い通りにならないことを意味している。新しいこと、変わることを求めるのは、「変」わる一面に偏って重きを置いていて、実際は一種の偏った考え方である。我々は「変」と「不変」を一つに合わせて考えなければならない。ひたすらに新しいこと、変わることのみを求め、結局はでたらめに変わってしまった状況を引き起こしてはいけないのである。二つの考えを一つに合わせ、三つ目の「変わらなければならないが、でたらめに変わってはいけない」という、合理的に変化に対応する道を見つけなければならない。

第二、理に従って変化に対応することは「不変」を根本的な考え方としなければならない。 本来あるべき立場に立ってこそ道が生まれる。「不変」の立場に立って「変」の可能性を考えてこそ、合理的な状態にまで変わることができる。何事も、先に「変」を考えるのではなく、先に「不変」を考えるのである。変わらなくとも良ければ、お尋ねしますがどうして変わる必要があるのだろうか？　変わらなくともよい状況の中で、どうしても変わろうとするのは、でたらめに変わることではないだろうか？　変わらなければよくないときは、当然変わらなけれ

ばならない。このときになって初めて、どのように変わるかを考慮すればよい。通常、この方が簡単に築き上げてきた原則を維持しながら変わることができる。すなわち変わらないという原則に従って、その時その場に沿って合理的に変化に対応することである。変わらない立場に立って変わり、変わらないことを根本的な考え方とする。この考え方とは、変わらなくともよい部分であれば変わらない、変わらなければならない部分であれば、合理的に変わる方法を探していくことである。こうでなければ、おそらくでたらめに変わる悪い結果を引き起こすだろう。

第三、理そのものは変化するので、変化に対応するときは、前例に従って処理するのではなく、必ず先に現在の理を探し出さなければならない。理に従って変化に対応すると誰でも言えるが、問題はどの「理」に従うかが、重要である。夫婦喧嘩のように、それぞれに自分が正しいと主張して紛糾してしまっては、一体誰に道理があるのだろうか？　ましてや道理は時間や空間に従って変化するものである。時間が異なれば、道理もまたそれに従って相異なってくる。一般に人は理を捨てて法に従い、むしろ全てを法律に従って処理したがるものである。それは頭を働かせることを好まず、また責任を負うことを恐れ、あるいは思考することに長けていないからである。そのため道理を見つけ間違うことをただただ恐れるあまりに、呈するどうしようもない現象である。ある人たちは、前例に従って処理すること、前例をそっくりそのまま模倣することに慣れている。これも実際はその時その場所での合理点を見つけられずに、以前の案例に従わざるを得ず、そうすることで自分の責任を回避しようとしているからである。

　人を中心としてこそ、理に従って変化に対応することができる。もし事を中心としたら、法律に従って処理するしかなくなる。なぜなら、人には頭脳があり、考え判断することができるが、事は一旦人から離れてしまうと、型通りで機転がきかなくなり、変化が乏しくなる。実はそこがまさにアメリカ式管理は変化に弱く、中国式管理は変化に強い主な原因である。同時に、アメリカ式管理では法治は人治より大きく、中国式管理では人治は法治より大きい、根本的な差異の所在である。

　人を中心とするには、また信念によって結び合うことが必要である。そうすれば理に従って変化に対応し易くなる。人を中心とするのに、中心とされる人が、それぞれの理念を持ち、全く交流が足りず、かつ相容れないとすれば、お尋ねしますが、どうして共通の理を見つけ出すことができるのだろうか？　いかにしてみんなに受け入れてもらえる対応案を見つけ出すことができるのだろうか？

　理念が同じく、見解は似通い、互いに共通認識を持ち、その上で大枠が同じで

細かい点が異なっている意見の中で、みんなの「時中」（常に合理的）を打ち立ててこそ、順調に理に従って変化に対応することができ、みんなが受け入れられる境地にまで処理できる。
　厳格に言えば、合理か不合理かは、ある種の理想的な仮定に過ぎない。なぜなら、理自身はかなりの矛盾性を含んでいるからである。世の中、矛盾を含まない物事は極めて少ない。陰があって陽があってこそ、陰陽道が成り立つのである。矛盾の増大は、表面化する前では、はっきりと見て取ることは難しく、はっきりと考えつくことも難しい。しかし、一旦表面化すると、時としてすでに凍り固まって、解消させることは難しい。同じ物事でも、各人によって見方がそれぞれ異なるので、矛盾の潜在性を見出せる人もいれば、全く見出せない人もいる。陰の部分を見出せる人もいれば、陽の部分しか見出せない人もいる。そのために言い争って譲らず、それぞれに一長一短がある。最も面倒なのは、往々にしてあまり知らない人であればあるほど、自分の意見に固執する。独りよがりなのに、自分では最善な選択をして固執していると、思い込んでいる。
　中国式管理の管理と倫理を一つに結びつけるゆえんは、理に従って変化に対応するには、倫理を重視しなければ、合理的な効果を収められないと考えているからである。今の世の中の民主主義の流れは、倫理の存在を軽視している。若い人は物事が分かっていないのに、反対に声が大きい。じっくり考えると、浅はかなだけでなく低俗で、魚の片鱗の一片のみを見ていて見方は狭い。若い大学教授はなんと公然とマスメディアで、道徳や良心はすでに役に立たなくなったと主張するのに、司会者は報道の公平性の立場から、再三その人を招待し登場させ、拙い論点を披露させる。これはすなわち理は簡単に明らかにならないことによる悪い結果である。
　組織は倫理を重視してこそ、みんなが問題に直面するとき、問題の表面だけで反応することはない。落ち着いて互いに尊重し、深く掘り下げて観察、分析し、問題の真実を把握することができる。物事がよく見える人は、往々にして見識は高く、他人が唱和しにくい少数派であり、発言したとしても、はっきりと理解でき、なおかつすぐに共鳴できる人は決して多くない。そのため相当な尊重を受けない限り、大方ははっきりと言い出したがらない結果になってしまう。民主主義の最大の欠点は、すなわち物事が分かる人がものを言わず、ものを言う人は物事が分からないところにある。多くの資源を浪費して、役に立たない無駄話ばかり言って、自らはいつも意見交換が盛んで、成果があり、貢献しているとまで思い込んでいる。実際はコストを増加させ、進歩の阻害を作り出し、管理の効力を失

わせているのにも、自らは知らないでいる。

　民主には倫理というスパイスを加えなければならない。民主法治を民主倫理で取って代わってこそ、激しく変化する環境の中で、良心に基づいて理に従って変化に対応することができ、その時その場所での合理を手に入れることができる。これは管理を比較、研究するとき、明確に認識しておくべき重要な項目である。この前提条件を確立できなければ、理に従って変化に対応することを空論しても、せいぜい品質が悪く、多数決によった方策しか手に入れられない。有識者の一笑にすら値せず、本当の意味で管理を合理化することもできない。

第五節　志と信念を一つにしてこそ合理的に変化に対応できる

　企業の規模はどんなに大きいと言えども、少数の人間の結合体に過ぎない。管理組織はどんなに巨大であっても、真に大局を左右できるのはごく少数のトップレベルの人間だけである。合理的に変化への対応を求めるならば、実は一つの非常に簡単な秘訣しかない。時間や空間の制限を超越して、どの世界においても通用すると言ってよいと思われる。それは、我々がよく口にする、「賢臣に親しみ、小人を遠ざける」ということである。すなわち古より今に言い伝えられ、各世代の人々が再三繰り返し強調してきた「親賢遠佞」なる言葉である。

　諸葛亮孔明は、劉備の跡を継いで皇帝になった劉禅に対する具申書《出師表》の中で、「賢臣に親しみ、小人を遠ざけ、これ前漢の興隆のゆえんなり、小人に親しみ、賢臣を遠ざけ、これ後漢の傾頽のゆえんなり」とはっきりと述べている。賢臣を重く用い、小人を遠ざけることは、前漢が隆盛に向かった原因であり、小人を重く用い、賢臣を遠ざけることは、後漢が衰退に傾いた原因である。

　唐王朝の名宰相魏徴曰く、「一君子を用いれば、すなわち君子はみな進む、小人は退き尽くす」、君子を一人重用すれば、君子はみんな進んで集まってくる、小人はみんな引き下がっていく。国がまさに滅びようとしているときに、悪党が政治を牛耳り、君子は排斥の目に遭い、忠臣が全て讒言を蒙るとすれば、どうして滅びない道理があるのだろうか？

　志と信念を一つにすることは、組織の一番重要な条件である。烏合の衆は、人が黒山だかりのように見えると言えども、それぞれが悪だくみを抱き、異なる利害基準を持っている。少しでも風が吹き草がなびく異変があれば、脱兎のごとく散っていく、組織とは言えない。

　組織メンバーは信念という「道」を頼りに集まってきている。組織文化は、す

なわち「道」が具体化されたある種の独特なスタイルである。それぞれの組織には、それぞれの異なる道がある。故に道を同じくすると言ったとき、正道に限定したものではない。邪道の結合もまた、道を同じくすることであるが、明らかに正道とは、相反するものである。

　ここで言っている道は、当然正道だけを指している。正道とは何であろうか？全てを道理や良心に従って歩んできた道であり、全てを道理や良心に従って下してきた決断であり、及び全てを道理や良心に従って頑なに徹底して守ってきた成果である。

　孔子の基準によると、「郷人の善きは、これを好み。その善くなきは、これを嫌う」。おおよそ善良な人はみんな好み、歓迎するもの。しかし、悪事の限りを働く悪党はみんな好まず、嫌悪するもの。これこそは正道である。特に注意を加えなければならないことは、善良な人の多くは、比較的に謙虚で、遠慮しがちである。我さきと争って自分の意見を述べることを良しとしない。時機が適切で、相当の尊重を得ていなければ、彼らの声を聞くことは非常に難しい。それに対して、人の顔色を伺いながら言葉巧みな小人は、意地汚い忠誠心、信用、悪智恵をもって自分をひけらかすことに最も長けている。機会と見ればすぐに自分を見せびらかしショーをしたくなる。よく徒党を組み、虚勢を張り、もって私服を肥やす目的を達成しようとする。公開討論や、視聴者の電話による参加型番組は、実に「賢臣に親しみ、小人を遠ざける」ことと逆行している。特に司会者は全体としてレベルが低い社会では、賢者は手をこまねいて傍観し、非賢者は延々と意見を述べていくことは、さらに改めるのが難しく、おかしな事実である。かつて、殷の高宗は傅説を捜し求め、周の文王が姜子牙を訪ね、劉備が孔明に対して三顧の礼を尽くしたのは、全て現代の民主主義のやり方では達成し得ることではない。

　時として万人が賛同する意見よりも、一人が堂々と主張する意見の方が良い場合がある。人が多ければ、必ずしも良い意見が出るとは限らない。世の中で流行っている道は必ずしも正道とは限らない。それに対して伝統は古臭くて捨てなければならないものというわけでもない。このことからは、民主は政界人の一種のどうしようもないスローガンに過ぎず、企業管理民主化は口で言ってはよいものだが、実際はうまく行かないものであることが見て取れる。

　創業当初は、志と信念を一つにする少数の人を仲間とする。組織が拡大する際、組織文化によって、うわさを聞きつけてやってくる、信念を同じくする人を引き付ける。このような組織は、必ずや活気に満ち溢れ繁栄に向かい、絶えずたくましく成長する。

劉備は孔明を招聘する以前、すでに関羽と張飛という天下無敵の武将を二人も擁している。しかし、半生を奔走しても、依然として創業の願いが叶えられず、方々を流浪して、全く立脚する領地を持てない。彼はこのような順調ならざる境遇を天意に帰結し、「生涯に幾多の挫折をする運命にあり、そのためにこのような境遇に至っている」と言っている。水鏡先生の教えを経て、はたと気がついた。なんと本当の原因は、適切な人材を得ず、世の中を治め運営する決断を下せる人材に、欠けているためだと気がついた。ここにやっと強烈な人材を追い求める意欲が引き出された。誠心誠意に三顧の礼を尽くし、孔明の助力を乞い招聘し、ついに三国鼎立の偉業を完成させた。三国の一つに名を連ね、かつ人材を追い求める逸話を残している。

　志と信念を一つにすることの積極的な成果は、みんなが折り合って一致した合意に達し、合理的に変化への対応策を見つけることができるところにある。

　水鏡先生の示唆により、劉備は戦略決定ができる人材は、様々なタイプの人材の中で最も重要な人物であることを敏感に感じ取った。彼は孔明に対して三顧の礼を取り、実際の行動により自分が有能な人材を招聘する決心を世に示そうとした。しかし、志と信念を一つにする関羽と張飛は、同じように目覚めていたわけではなかった。そのため、一回目の訪問には、二人が少しうんざりし、二回目の訪問には、張飛が怒り始め、三回目に至っては、関羽までも不機嫌をあらわにした。劉備がすぐに制止しなかったら、あるいは制止することができなかったら、ひいては民主主義の多数決の方法を採用していたら、この人材を招聘する逸話はおそらく中途に潰えただろう。諸葛亮孔明が献身的に力を尽くし、死ぬまで蜀を盛り立てるに及ばなかっただろう。天下を三分する故事もまた、始まらなかったであろう。さすがに劉備は長兄としての威信を具えており、そして関羽と張飛の二人とも倫理の素養をきちんと持っていた。ついに三人が一致して、孔明の心を動かし快諾させた。

　劉備、関羽と張飛の桃園三兄弟は、最高の組織形態である。三人は力を合わせて組織文化を作り出した。だからこそ、趙雲・黄忠などの人材は引き付けられ、喜んでこれに参加した。これらの志と信念を一つにする人々が、蜀を建国させ、三国の一つに名を連ねさせ、当時の大変革を創り出した。この大変革は、これらの志と信念を一つにする人々が、時機に合わせて合理的に変化に対応して、創り出した実り多い成果である。

　しかし、孔明への三顧の礼の過程から、我々は桃園三兄弟であっても、一つの出来事に対する考え方に大きな相違があることを見出すことができる。劉備の心

の中では、孔明は天下を平定させることができる奇才であるのに対して、関羽の心の中では、孔明は見かけ倒しに過ぎず、張飛に至っては孔明を一介の農夫と見なした。このように、従業員が管理者の考えを理解できず、管理者は経営者の考えを理解できないことは、よく見かける事実である。

　管理には倫理の助けが必要であることは、このような状況では、際立ってはっきりと見て取れる。劉備は兄として、適切に二人の弟の理不尽な振る舞いを止め、合理的に変化に対応し、順調に尋常ならざる求人行動を成功させた。

　組織の中で、決断できる人間が居てこそ、初めて戦略決定云々を言うことができる。もし、入り乱れて議論噴出で、多くの人が方々から口を出し、今日の決定であっても明日になれば覆されることができるようなら、どこに変化に対応する力があるのだろうか？　決断できる戦略決定者は最終決裁権を持ち、志と信念を一つにする組織メンバーの中では欠くことができないリーダーである。

　経営者は自らが戦略決定者を担当することもできるが、他人に戦略決定を委託することもできる。劉備が孔明を招聘して以来、自らは魚が水を得たような思いで、一切の決定権を彼に任せた。曹操はと言うとそうではなかった。彼は常に他人の手を借りることなく、自ら決定を下した。郭嘉、程昱のような、彼が信頼している人であっても、彼の有力な助手を務めるに過ぎず、決定権を持ったことはなかった。

　曹操の個人独断主義と、劉備の集団参加型方式は、両方とも志と信念を一つにする組織が取ることができる変化への対応方法である。しかし、一般の人々の目には、劉備の方が知力、武力ともに優れていないのに、多くの人材の力を借りて、真の知力、武力を実現でき、より有能なように映る。お高く留まり傲慢な曹操でさえ、劉備の非常に不運な日々に、「今の世の中では、英雄はあなたと私二人しかいない」と見抜いている。

　志と信念を一つにすることは、合理的に変化に対応することの基礎に過ぎない。その上で倫理を重視し、共通認識を作り上げてこそ、変化に遭遇したときに、合理的なバランスを見つけ出すことができる。

　中国式管理の三つの特色は、人を中心とする、信念によって結び合う、理に従って変化に対応することである。人によって、信念によって変えることができるだけでなく、同じ人員と理念であっても、時期と場所によって合理的に調整することができる。そうすることで、適切に物事を処理する。

　組織はこの通りであるが、組織メンバー個人も例外ではない。これは、もう一つの重大な連携の問題に影響する。ダイナミックな動きの中でバランスを取り、

上に政策あり、下に対策あるということである。

第六節 人々はみんな合理的に裏と表を使い分ける

　上司と部下の間では、「和気藹々」は必要だが、それでも仲良しクラブで「何事も成し遂げられない」ことを警戒しなければならない。上司と部下は和やかに相対するが、何事も冗談ばかり言って、意見があっても手前が悪く言い出せず、問題にぶつかると、避けられれば避け、避けられなければ互いに押し付けたり、引き延ばしたりしてしまう。どんな状態に処理したとしても、「満足ではないが、まあまあ受け入れられる」という心持ちを抱き、典型的な原則のない妥協主義になってしまう。これは中国式管理の悪性腫瘍であり、適切に予防するか、あるいは早いうちに除去しなければならない。

　部下は何事も逆らわずに言いなりになり、全てを上司の決めた通りに従って処理することは、完璧な奴隷である。遅かれ早かれ管理者を巻き添えにし、組織に害を及ぼし、皆の仲を傷つけてしまう。故にお利口さん、聞き分けがよく、意見がない部下は、上司に重く用いられないものである。

　意見があると、すぐに表に出してしまうことは、たてつくと言う。上司にたてつくことを好む部下は、将来を占うまでもなく、死の一字しかない。遅かれ早かれ非業の死を遂げる運命である。しかも遠くはないだろう。なぜなら上司はたてつかれることに耐え切れず、面子まるつぶれになるために、終には冷酷にも掌を翻し、ひどい仕打ちを下すからである。上司の役職が高ければ高いほど、このような可能性が高くなる。

　中国式管理の特色の一つは、人を中心とすることである。そこで、上司と部下の人間関係は特に重要になってくる。直属の上司とうまく付き合えないと、たとえどんなにすごい能力を持っていても、発揮することはできない。上司は、「彼にやらせるべき仕事を、わざと彼にやらせない」冷凍作戦を用いれば、すぐに部下を何もできない「冷凍人間」にしてしまう。全ての能力を冷凍されては、どんな成果を上げることはできるだろうか？　さらに業務説明書（職務規定）の最後の「その他」という一項目により、「彼にやらせるべきではない仕事を彼にやらせる」、彼をやってもいけないし、やらなくてもいけない状況に追い込む。自分で辞職しなければ、苦しみを耐え忍ばなければならない。気楽に部下を追い出すか、にっちもさっちも行かない状況に追い込んでしまう。

　上司に対して従順この上ない部下の運命も過酷なものである。上司は彼を手下

と見なすだけでなく、好きなように指図し、気の向くままに色々なことをやらせる。部下が少しでも拒否すれば、上司は厳しく責め立て、少しも容赦しない。もっとも、手下に対してどうして礼儀を重んじる必要があるだろうか？　彼の身になって考えたり、彼のために考えることなどさらさらする必要がない。

　このとき、中国人は「二から三を見出す」智恵を遺憾なく発揮させることができる。部下は「たてつく」ことによってもたらされる「反逆」の罪と、「聞き分けがよい」ことによって形成される「手下」の運命の間に、第三の道を歩むべきである。

　反逆者にも、手下にもなりたくなければ、それではどのようにすればよいだろうか？　口に出して言っては可笑しくて吹き出してしまいそうだが、合理的に裏と表を使い分ける。これが中庸の道（中道）ではないだろうか？

　上司は常に正しい。意見を提起すると、反逆者と見なされる可能性は非常に高い。曹操はかつて自ら軍を率いて孫権を討伐したとき、ある日天気が良く、風が静まり波も穏やかで、曹操は船の上で諸侯を宴席でもてなした。喜びのあまり、曹操は「酒に向かいては歌うべし、人生はあっという間ではないか」と詩を詠んだ。揚州長官の劉馥は、「大軍が相対峙し、将兵が命を張って戦っているときに、丞相はどうしてそのような不吉なことを言い出すのですか？」と諫めた。曹操は大いに怒り、その場で劉馥を刺し殺した。次の日に後悔してやまなかったけれども、一人の命はすでに失われてしまった。似たような状況は、古から今までずっと変わったことはない。今は人を殺すことはできないが、ところが人をつるし上げる方法が数多くあり、人を死ぬよりもつらい思いをさせる。どうして自分の身をもって試すことができよう！　哲理をわきまえ自らを守り、しっかりとこの一つの原則を覚えた方がよい。たとえ経営者が私に死ねと言ったとしても、私は「はい」と答えなければならない。どうせ死ななくとも、彼は私をどうすることもできない。どうして口上に強情を張り、経営者に強がる必要があろう！

　しかし、上司は正しいと言っても、完全に上司の命令に従って実施しなければならないというわけではない。なぜなら、中国人の慣例では、上司が求めているのは成果であり、服従ではないからである。服従しなくてはいけないが、成果が悪ければもっと許されない。このように考えると、我々はやっと理解することができる。なぜ部下が100％決まったことに従って実施しても成果が上がらない場合、上司はよくさげすんで、「決定は死んだものだが、人間は生きているもの。少し変えることもできないなんて、一体考える脳みそを持っているのか？」とからかうのかを理解できる。特に人を泣きに泣けず、笑いに笑えずにさせるのは、

「私はあなたにこのように指示したら、あなたは本当にこのようにするのか？もし私があなたに死ねと言ったら、あなたは死ねるのか？」と、このような言葉である。このことから経営者の指示というものは、厳格に部下に徹底的に遵守することを求めているわけではないことは明白である。

　上司の指示は正しく、実施可能なものであれば、部下はもちろん変更を加える理由はない。このときは、上司は常に正しい。部下は、「すぐに真剣に上司の指示を実施に移す」ことを付け加えなければならない。上司の指示は正しくなく、実施不可能なものであれば、部下は盲目的に上司の指示に従って実施すべきではない。なぜなら、指示通りに実施しても、悪い結果が生じればやはり部下が自分で引き受けなければならないからである。中国社会では、「実施努力不十分」があるのみで、「決定間違い」はないのである。これはみんなが警戒を強めなければならないことである。上司の決定に誤差があったり、重大な間違いを引き起こし得るものだとしても、部下は実施の段階で、心をこめて調整を加え、その決定が「怪我の功名」になるようにすべきである。こうしてこそ上司が安心でき、部下が褒められる。

　古より、「上に政策あり、下に対策あり」ということは、すでに衆人がみんな知るところの事実である。政策が有効に実施されることを求めるのであれば、いくらかの対策を採らなければ、実施できるのだろうか？　その実、合理的な調整こそは、上司の指示を有効に実施できるようにするための保証にほかならないのである。ただし、このような行為は、上司の面子を立てるという観点から、通常は「実行してもよいが、口に出してはいけない」のである。口では必ず「法律に従って処理する」と言わなければならないが、実際ではよく「情勢に応じて適切に処理する」のであり、「融通をきかす」と称する。目的はいつも同じで、合理的で有効であることを求めている。

　このような行為は、裏と表を使い分けることにならないだろうか？　当然違うのである。なぜならみんながこのような言い方を好まないからである。とても恐ろしすぎるし、危険すぎる。お尋ねしますが、誰か自らが裏と表を使い分けていることを認める度胸があるのだろうか？　誰もがみんな筋が通っているかのように威勢よく自分は指示に従って処理したと公言するのではないか？　上司の面子は非常に重要である。そうではないか？

　中庸の道は、言ってみれば「合理主義」のことである。中国人の事柄は、正しいのか間違っているのかを明言するのは非常に難しい。多くは「合理的であれば良し」とする。

裏と表を使い分け過ぎたり、あるいは自分の利益を求めるために、自分の欲望を満足させるために裏と表を使い分けることは、当然罪であり許されないものである。しかし、裏と表を使い分ける幅が小さすぎて、時として調整が足りず、素早く方向転換できなかった場合、同様に「心をこめていない」という罪名を負わなければならない。何に心をこめていないのだろう、裏と表を使い分けることに十分に心をこめていなかっただけだろう。

　過ぎることも、及ばざることも、中庸の道とは合致しない。合理的に裏と表を使い分けてこそ、合理主義の要求と合致する。

　人を中心とする中国式管理は、人の密接な連携を重んじる。人々はみんな自主の欲求を持っており、また非常に自発を好むものである。そのため中国式管理では、上司の決定は、品質要求の範囲を示すだけで、部下は上司の決定範囲内において、自主の精神を発揮し、自発的な態度を取り、自ら事情や道理を判断し、心をこめて仕事を合理的な状況になるまで処理すべきである。

　中国人は常々「努力して仕事しても役に立たない」という言葉をよく口にする。努力して仕事するとき、多くは上司の決定に従って処理し、自分では頭を働かさず、結果としてよく上司を失望させてしまう。そのため、役に立たないと感じてしまう。我々は「心をこめて仕事することこそが大事」であると考える。内外の環境は常に変動しており、上司が決心し、決定を下した後でも、多くの変化が続々と生じている。このとき、盲目的に上司の指示に従って処理すると、上司をわなに陥れてしまうではないか？　責任を蹴り返して、上司に決定ミスの責任を引き受けさせてしまう。上司は当然甘んじられず、恨みを抱き、部下が責任を果たさなかったことをとがめる。これも合理的な反応である。

　部下は仕事の指示を受けたあと、絶えず発生する変化に常に注意を払い、心をこめて調整を行うべきである。上司の指示に違反しないという大原則の下、自発的に方法を考え、自主的に行動を決定し、仕事が合理的になるように処理すべきである。上司が期待し、好む、賞賛する部下は、まさしくこのような合理的に対策を取ることができ、有効に上司の政策を確実に実施しようとする人材であるに違いない。

第 4 章
樹木状の組織精神

　管理とは何だろうか？ 事態が発展する過程から見れば、管理とは「現状から未来へ向かう道程」である（図27）。

　単独一人で未来に向かおうとすることは、生涯計画と呼ぶ。自分の未来は、自分で計画し、自分で創造し、自分で完成させることを意味する。

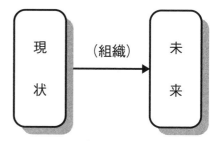

図27 管理は現状から未来へ向かう道程

　団体の未来は、個人の力に頼ってはいけない。さもなければ、全員で智恵を出し合い、全員で力を合わせる効果を発揮させることができない。このとき、全員の力を凝集させるためには、全員を組織しなければならない。

　世の中で最も巨大、最も優秀、最も俊敏に対応でき、最も有効な組織は、「天地自然」よりほかないだろう。最も偉大な経営者は、自然を営む「天」であるに違いない。指導者は天を敬い、天に習い、天に仕えてこそ、組織は天地自然のように豊かで盛大に、そして持続して無限に発展できる。

　それと比較して、小さいながらも全ての機能を持つ実物は樹木である。その組織精神は、我々が見習うのに十分な価値がある。まずは上司が部下の職務を侵すことを避けなければならない。部下は力があっても発揮できないのに、上司が疲れ果てているという、人的資源の浪費を引き起こさないようにする。反対に、部下は具体的な行動で、上司を安心させ、手を離して思い切って部下に仕事を任せられるようにさせなければならない。部下はまた上司を信頼し、特権と見なし制限しようとするのではなく、役職がより高い上司に、より大きな融通性を持たせるべきである。組織内部は、もちろん樹木のように互いに信頼し合う。対外的な同盟戦略もまた、大局を考えて折り合ってまるくおさめる心理状態を抱き、協力の中に分担があり、分担の中に協力がある関係を造り上げなければならない。組織を人員と仕事の結合と見なし、すなわち人と事の協力である。人を中心とするのだから、当然人によって事を設けなければならない。西洋人が事によって人を見つけることを重視するからと言って、忌み嫌う必要はない。

樹木という組織の中からは、我々が心配し恐れる自己中心主義は全く見出せない。分担もすれば協力もする。樹木をすくすくと成長させる。各部分の間は、完全に協力の立場に立って分担し、全体の目標に従ってそれぞれが自分の力を尽くし、かつ十分に協力する。

雲は雨と露を施し、葉に思う存分に水分を吸収させる。地下水源は水分を提供し、根に下から上へ供給できるようにさせる。それぞれが必要とするものを取り、それぞれが持っている能力を尽くす。

組織があっても、さらに一歩進んで有効な組織力を産み出さなければならない。ただ組織の形式を擁するだけで、メンバーの力を結集できず、実際の組織機能を発揮できないことのないようにしなければならない。

第一節 樹木状の有機的なシステム

一般に組織の形態は、協議制、独裁制、その混合制であろうとも、事業部門制、ライン&スタッフ制、その混合制であろうとも、「形」の角度から分析すれば、全ては同じ「ピラミッド」型である（図28）。階層において、何階層があるかの違いがあるに過ぎない。このようなピラミッド型は、上から下まで、直線（しばる縄を象徴）で結ぶと、何に見えるだろうか？

何に見えるだろうか？　ひとつながりのちまきのように見える（図29）。社長が高々とトップに君臨し、手で引き上げると、このとき全ての従業員が、縄でしっかりと縛り上げられたちまきにそっくりである。身動きが取れないばかりでなく、それ

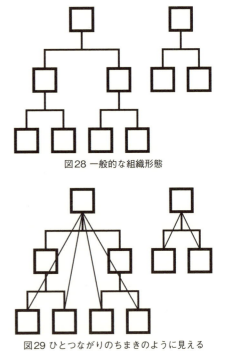

図28 一般的な組織形態

図29 ひとつながりのちまきのように見える

ぞれの潜在能力を発揮することもできない。その上に全く融通の余地もなく、おとなしく言うことを聞くしかない。主がどこに手さげて行こうと意のままである。

このような状況の下で、従業員に自発的な行動を求めるにも、万一縄が切れると、逆に地に落ちてしまう。落ちて壊れてはどうしたものか？　従業員はどうしておとなしく自分を指示された位置に「置」いておこうと思わないだろうか。厄介ごとを起こさない限り、楽なものである。

　顧客は社長と接触する機会が少ない。大方は第一線の従業員と相対する。するとこのような組織形態では顧客は、末端の従業員よりも下に位置づけられ、全く「顧客至上」とは言えない（図30）。しっかりと縛り付けられている末端の従業員では、自分でも身動きが取れないのに、どうして顧客のために何かのサービスをすることができるのだろうか？　しまいには、口で叫んでみることしかできなくなってしまう。

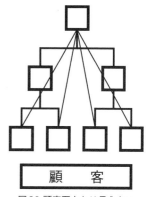

図30 顧客至上とは言えない

　中国式管理の組織形態は、古より、樹木状のような有機的なシステムを成してきた（図31）。我々は「幹部」から着手して考えてみよう。どうして「幹」部と呼ぶのだろうか？　なぜなら、彼らは樹木の幹のようであり、ちょうど幹の部分の役割を果たすからである。社長は樹木の頭で、だからトップと呼ぶ。全く姿を現さないか、あるいは半分現れ半分隠れて、樹木の根の部分のようである。

図31 樹木状の有機的組織

　樹木状の組織は西洋の言うところの「逆ピラミッド構造」（invested pyra-mid structure）ではない。なぜなら、そのように単調で型通りではないからである。どんなに逆さまになっても、ピラミッドの形を維持しなければならないことはない（図32）。

　樹木の成長は、外的環境の移り変わりに従って、不揃いで様々な発展状態を呈し、茂るべきところは自然と茂り、枯れるべきときは自然と枯れる。樹木状の組織は同様に目標の変革に反応し、実際の需要にかなうように、発展すべき部門は極力拡張して伸ばしていく。合併、廃止しなければならない部門は、衰退させ、閉鎖させていく。

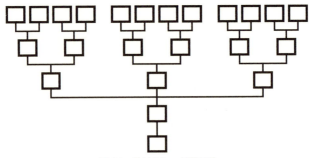

図 32　逆ピラミッド型組織

　根の部分は水分を吸収し、延々と絶え間なく幹に提供する。幹も少しも保留せずに枝葉に取りたいだけ取らせる。このような精神は、中国人の「私はあなたを信頼しているから、あなたは思い切ってやって下さい」という民族性にぴったりと一致する。上司はただ「あなたがやることに、私は安心できる」の心理状態を抱いてこそ、部下は全身全霊を尽くそうとする。もし事の大小に関わらず、指示を仰がなければならず、全ての事に、けん制しようとするならば、部下は「規則通りに処理する」という指示通りに実施する態度で返し、消極的でいい加減にごまかし、進歩を求めようとしない。上司がどうしたら信頼する部下に騙されることなく、安心することができるかに関しては、上司の工夫であり、本文章の検討する範疇ではない。
　花を咲かせ、実を結ぶのは枝葉の役割である。幹は一貫として枝葉と緑やあでやかさを競おうとしない。このことからは、幹部の第一の素養は、「従業員と手柄を争わない」ことであるのが見て取れる。幹部は権力が大きく役職が高いので、当然部下の手柄を奪う能力があり、機会がある。しかし、一回、二回とこのようなことが続くと、部下は頑張らなくなってしまう。なぜなら、彼はどんなに努力しても、自分に手柄はないのだから、どうして一生懸命に上司の面目のために必死になる必要があるのだろうか？
　業績を部下に譲ってこそ、部下の積極的に関わりたいという意欲を引き出すことができる。従業員が熱心に参加してこそ、幹部は組織が達成しようとしている任務を思い通りに遂行し、順調に期待目標を達成することができる。
　樹木は、根から幹へ、幹から枝葉へ、全体が互いに頼り合い、互いに伸ばし合い、発展していく。各部分が互いに切っても切れないほど密接に関係する。分担はあるが、好き勝手な自己中心主義になることはない。樹木状の組織で最も重要なのは、役員会（根）から各階層の幹部、末端の従業員に至るまで、全員を組織

の互いに頼り合うネットワークの中に納めることである。メンバーの一人ひとりは、組織の中の規律もなく群がっている一つひとつの個体ではなく、団体の中でどれも欠けると団体が成り立たなくなってしまうほど、重要な団体を構成する個体である。みんなは髪の毛を一つ引っ張ると、全身がぴくっと動くように、ごく小さな部分を動かしても、全体の局面に影響が及ぼしてしまうことを深く感じる。自分の全力の協力がなければ、組織全体が重大な損失を蒙ってしまう。そのため、よく「私一人が努力しなかったために、みんなに迷惑をかけてはいけない」と自分を諫める。樹木の自然な生態は、すくすくと成長することを常の原則とする。樹木状の組織もまた、みんなが互いに助け協力し、個人が努めて団体の中で自我を完成させようとすることから、盛んに発展し、みんなが望む見渡す限りの繁栄する光景を呈するだろう。

中国人はピラミッド型組織形態の中で、最もよく見かけるのは、互いに足を引っ張り、互いに妨害し、それぞれがけん制し合うという欠点である。樹木状組織形態の中では、互いに信頼し合っているため、自己中心を生じることなく、これらの欠点は削減、解消することができる。

枝葉ができることは、幹はしてはいけない。幹ができることは根もするはずがない。「部下ができる仕事は、上司は争ってしようとしてはいけない」ことを象徴する。非常に管理の「例外原則」にかなっている。上司は例外的な仕事を処理し、部下は日常的なルーチンワークを処理する。互いに分担しながら協力してこそ、我さきと争って仕事してしまうために、全体が考えられなくなってしまうことがないようにできる。

幹は枝葉と比較すれば、遥かに丈夫にできている。そのため、根は幹が非常に頼れると感じ、数多くの枝葉を支えることができると信頼して疑わない。たとえ枝葉が風になびいて揺れ動くとしても、依然として非常に安心していられる。このことからは、幹部は能力ある上にも、非常に頼れるように振る舞わなければならないことが見て取れる。そうしてこそ、社長が安心できる。さもなければ、社長は安心できずに、幹部に多く妨害しては、枝葉はまたどうして幹を信頼できるのだろうか？　従業員は幹部を信頼できるかどうかは、事実上社長が幹部を信頼しているかどうかと、非常に密接な関係がある。しかし、社長が幹部を信頼しているかどうかはまた、幹部自身は頼れるように振る舞っているかどうかと、切っても切れないほど密接な関係がある。頼れる幹部であれば、社長は自然と安心し、従業員もそのために熱心になり、信頼することができるようになる。だから、幹部の素養と行動は、組織全体が密接に協力できるかどうかのキーポイントにほか

ならない。

　根は芽が出たばかりのころ、極力その面倒を見て、それが健やかに成長できるように助ける。社長は慎重に幹部を選抜し、心をこめて指導、訓練すべきことを象徴している。「訓練してから権限を授ける」方式を採り、思い切って幹部に自分で振る舞わせる。幹は枝葉に対しても、このように面倒を見る。各階層の幹部は、心をこめて適切な部下を選抜し、彼らを指導し、助けるべきことを示している。それから適材適所に、合理的な仕事を任命し、思い切って彼らに自分で振る舞わせる。かつ業績を彼らに譲り、彼らに貢献があれば花を咲かせ、実を結ぶことができ、ふさわしい奨励を獲得できるようにさせる。全ての階層の上司は、思い切って部下を自発的に振る舞わせてこそ、自分は時間と精力があって、自分の上司の前で自発的に振る舞うことができるのである。

　中国人はよく「万商が雲のように集まる」、「顧客の往来は雲のごとし」と言う。樹木状の有機的な組織だけがそれを達成できる。根は役員会を代表し、全ての成長の根源である。根さえ生きて、正当な経営理念を持っていれば、春が到来すればまたよみがえり、景気が良くなればすぐに谷底から登り詰めることができる。顧客と直接に接触する従業員が、枝葉が木の頂上にそびえ立つように高々と位置する。顧客は雲のように、末端の従業員の頭上に漂う。末端の従業員はよくよく顧客の表情を観察し、その需要を探究し、顧客に歓迎される商品や、サービスを作り出さなければならないことを象徴している。このようにしてこそ、顧客は本当に至上となる（図33）。

図33 顧客が本当に至上となる

第二節 上司が部下の職務を侵すことを避ける

　中国のことわざに、「上と下が心を一つにすれば、黄色い土も黄金に変えることができる」という言葉がある。上司と部下の間は、互いに理解し、互いに思いやることができるかどうかは、管理が効果を発揮できるかどうかの決定的な要素の一つである。上司と部下の以心伝心は、「上司が部下の職務を侵すことを避け

る」ことから始めれば、必然と部下は仕事に対する自信が付き、上司は求心力を深めることができる。

　いわゆる上司が部下の職務を侵すというのは、その意味は「上司が部下のやるべきことを先に急いでやってしまい、掌を返して部下が怠け者、無責任だと非難する」ことである。

　管理において元々一つの法則があり、「例外の法則」と称する。部下ができることは、手を離して思い切って部下にやらせるべきで、上司は処理してはいけない。なぜなら、上司の職責は部下ができないことを処理することにある。甚だしきは部下がやり方が分からないことであっても、上司は教え導き、協力する心情で、部下がマスターし、十分にできるようになるのを助けなければならない。部下はやり方が分かるのに、恐れをなしてできず、意欲的にしようとせず、分担以上に多くしようとしない場合、上司は一層原因を見つけ、是正し改善していかなければならない。部下ができると同時に、大胆にし、意欲的にし、分担以上に多くするようにさせ、より多くの力を総動員できるようにしていく。

　実際では大多数の上司は暇でいることを好むようである。彼らはよく「我々は生まれつきの苦労性ではない。どうしても自分で苦しまなければ、気がすまないというわけではない。部下ができることであれば、私は当然彼らにやらせる。しかし、部下ができないこと、うまくできないことは、そんなにたくさんの時間を費やして、彼らに教えなければならないなんてとんでもない。自分でやった方が速いし、少なくとも嫌味を言われなくてすむ」と言う。

　これ以外にもさらに多くの理由があり、上司に部下が仕事をやり遂げるように指導し、協力し、監督するのではなく、自分で手を動かして処理させてしまう。

　1.部下の不器用な様子が目障りで、自分がちょっと手を動かせば解決してしまう、軽快で素早い手法は、部下はどうしたって追いつけるわけがないといつも感じてしまう。

　2.部下ののろのろとした歩調に耐えられず、自分のように軽快で素早く、すぐに決定、すぐに手をつけ、すぐに片付けてしまうのに及ばない。

　3.部下のしようがしまいと勝手だろうという、わざと人を困らせようとする態度に耐えられず、いっそのこと自分で手を動かし、「あなたがしなくても、私はやれるさ」と、自分を困らせられないことを示そうとする。

　4.部下のいい加減な態度に安心できず、部下がだめにしてから、自分が収拾すると、さらに面倒になることを深く恐れる。そこで自分で手を動かし、安心することを求めようとする。

5.部下が「自分でなければできない」と思い込み、まるで上司が全く能力がなく、自分に頼り切っていると考えることを望まない。そのため、部下にやって見せ、私も一通りのやり方を持っていることを見せつけようとする。

6.自分の上司が、自分を怠けている、あるいは能力不足だと思い込むのを恐れるため、常にいくらかの仕事を残しておき、自分を守ろうとする。

7.部下に知られてはいけないこと、関わらせてはいけないことがあるはず。そういったことは全く部下にやらせるべきではない。自分で手を動かしてこそ、秘密を守ることができると考える。

中国人はやはり言い訳のプロである。少し頭を働かせるだけで、こんなにもたくさんの言い訳を見つけ、自分の「上司が部下の職務を侵す」ことを正当化し、そして全ての責任を部下に押し付けることができる。上司はやむを得ずにこのように追い込まれてしまうので、上司をとがめるわけには行かない。それに対して、部下は往々にしてまともなことができず、上司に仕事を奪われてしまうのも仕方のないことである。そうではないか？

しかし、注意深く追究していけば、これらの言い訳は全く理屈が通らず、理由とならず、上司の間違いを隠すために言い訳として持ち出すべきではないことが分かる。

1.部下の不器用な様子が目障りならば、上司は自分が、部下にプレッシャーをかけ過ぎたため、彼はこのようになったのではないかと反省した方がよい。上司が部下を見ていないとき、彼はのびのびとしている。どこが不器用なものだろうか？　部下をじっと見ているから、彼を死にそうなほどに緊張させてしまう。その上に彼を不器用だととがめるのは、合理的なのだろうか？　彼を見ない方がよい。彼自身に適切に調整させれば、彼は自然とますます軽快で器用になり、時には上司を超えるかもしれない。信じられないのであれば、試してみるとよい。

2.部下ののろのろとした歩調に耐えられないのは、上司の忍耐力が弱く、部下の立場を思いやることができないことを証明している。部下は上司の前では、永遠に半歩遅れているように見えるものである。なぜなら、彼は上司に対して配慮する必要があり、時間をかけて上司が取り得る反応を考えておかなければならないからである。上司は部下の目の前では、通常迫力があり、すぐに決定し、直ちに行動することができる。これは上司が優位に立っているからそうなるのであって、必ずしも本当に実力で部下より勝るとは限らない。部下は決定と行動の前に、自分の対応に上司がどのような見方を持つかを先に考えなければならない。そのために、少しのろくなったとしても人の常である。

もし部下は心の中で全く上司の存在がなく、決定と行動の前に少しも上司の反応に考慮しないならば、上司にもっと不利である。上司はもっと慎重になって、深刻な問題が発生しないように防がなければならない。

　3.部下のしようがしまいと勝手だろうという、わざと人を困らせようとする態度に耐えられないのもまた、上司に自己反省が足りないことの現れである。上司は部下がしようがしまいと勝手だろうという態度に非難する以前に自分を反省すべきである。どうして部下をしようがしまいと勝手だろうという状態にまでさせてしまったのだろうか？　いっそのこと自分で手を動かすのではなく、できるだけ早く方法を考えて状況を改善すべきである。部下と意地を張ることは、上司が取るべき態度ではない。

　4.部下のいい加減な態度に安心できないのは、上司が部下を信頼していない結果である可能性が高い。通常上司は部下を信頼できなければできないほど、部下に対して安心できないと感じてしまうものである。そのため、部下がどんなに真面目でも、上司の目には全てがいい加減に映ってしまう。このような主観的な偏見は、上司自身から改めなければならない。ほんの少しの信頼からはじめ、絶えず部下に試練を経験させてから、部下にさらに大きな信頼を授ければ、部下は自然といい加減にできなくなり、少なくとも恥ずかしくていい加減にできない。上司は安心できないから、少し安心できるへ、さらには安心できるに到達することこそ、上司が自ら幸多からんことを求めるに有利な道筋である。

　5.部下が「自分でなければできない」と思い込むことを望まないのは、本当は上司が自分に対して自信に欠けることが原因である。自分に自信を持っている上司にとって、部下全員が「自分でなければできない」と思い込み、喜び勇んで仕事を担当しようとすることは、願ってもないことである。本当に仕事がきちんとできるのであれば、「自分でなければできない」と思い込むのも決して悪いことではない。部下はこのような思い込みを持ったとしても、上司はわざと挫折させるべきではない。士気をくじくことのないようにしなければならない。

　当然、我々は部下が「自分でなければできない」と思い込むのが、「自分の値段をつり上げようとする」状況にまで発展することを望んでいない。しかし、あらかじめ部下の独占、独断を防ぐだけで十分、部下の前で強がり、上司自分でもやれる能力があることを示す必要はない。

　6.自分の上司が、自分を怠けている、あるいは能力不足だと思い込むことを恐れるのは、さらに必要のない心配である。もし本当にそのような上司に出くわしたとして、互いの関係を一日でも早く終わらせたところで、少しも悔いはないは

ずである。しかし、我々はよく自分の上司を見くびり、上司の人を見る目を見誤ったがために、結果として自分を害してしまうものである。

　7.部下に知られ、関わらせてはいけないことは、実に少ない上に少なく、微々たるものである。なぜなら、本当の機密なら、組織は必ず一通りの厳重な情報保護規定があるはずで、個人で機密を守るべきかどうか、どのようにしてスパイを防止するかを、決定させるはずがない。

　特別な指示がなければ、普通上司はこれらの心配をする必要はない。上司と部下の間にこのような警戒心があると、おそらく高度な以心伝心の協力関係を築き上げることは難しくなってしまうであろう。

　上司が部下の職務を侵すことと、上司が生まれつきの苦労性であるかどうかとも、何ら関係ない。部下のあるべき仕事空間を部下に返し、部下に自分が擁する仕事空間の中で、学び、鍛え、そして達成感を獲得させることは、上司のあるべき素質に過ぎないのである。部下ができることは、部下にさせ、上司はなるべく口出ししない方がよい。そうしてこそ、部下は取るべき責任を自分で引き受け、「自分の行為の結果は自分で受けるしかない」という認識を身をもって体験することができる。上司は「例外原則」に従い、依然としてしなければならないことが非常に多い。合理的に仕事を指示し配分すること、全面的に部下の動きを把握すること、タイムリーに指導と協力を与えること、部下の期日通りの使命達成を確保すること等々が含まれる。実に気楽ではない上、怠けるなどとはさらさら言えない。

　上司が部下の職務を侵すことは、部下の正常な学習、成長を妨げるだけでなく、上司と部下の間の合理的な関係まで壊してしまうので、早急に改善しなければならない。

第三節 部下は上司を安心させるべき

　中国人ならば、当然「上司に対する管理」の奥深い絶妙な極意は、「行うことができるが言ってはいけない」ことにあるのを、よく知っているはず。我々は西洋の友人のように、公然と上司に対する管理などと言うことはない。いたずらに上司を不愉快な気分にさせては、自分が非常に不利になる。

　部下に対する管理も明言してはいけないものなのに、上司に対する管理はなおさら言ってはいけないものではないか？　上司は可笑しく思い、「私はあなたを管理したくないのに、あなたは私を管理したいとは思わなかった！」。先手を打

った方の勝ちで、あなたを懲らしめてみて、私を管理する気になれるかどうか見てやろうじゃないかと、決心せずにはいられない。心の中では「俺様が虎の威を張って見せないと、部下には病んだ猫と見なされてしまう」と思い、いっそのこと威勢を発散してみて、誰が上司に対して管理する気になるかを見てやろうじゃないか？

　中国人の人として生き、物事を対処する第一の原則は、「潜んでいる龍は用いるなかれ」である。分かり易く言えば、「腕を揮える立場になるまでは、まずは意志を固く持ち、行動せずにじっと耐えている」ことであり、自分を隠すことに長けている。

　「あなたは上司に対する管理という考え方に賛成しますか？」と尋ねてみるとよい。解答はおそらく、「ご冗談でしょう？　上司は私にかまわないだけでも十分に有り難いのに、上司に対する管理などあるわけがないよ」である。心の中で非常に腑に落ちず、「あなたはこのように質問するのは、私に何を言わせたいとしているの？」と思う。

　上司に対する管理の基礎は、上司を安心させることにある。ただ上司が安心してこそ、上司に対する管理ができる可能性が出てくる。もし最初から上司を騒がせ、上司の疑いと不満を引き起こすようなら、全く上司に対する管理ができる余地がなく、口先だけで、聞こえがよいように言ってみたに過ぎないのである。

　上司を安心させるのは、事実上非常に難しい。上司は部下に対して、もとより心配していないはずだが、よく気が気でなくなり、心を落ち着かせることができない。このような言い表せない気持ちは、自らその場を経験するのでなければ、往々にして理解し難い。心を落ち着かせることさえ簡単ではないのに、安心することはさらに難しい。上司を安心させたいならば、少なくとも三つのことを達成しなければならない。

　第一、確実に自分の職責内の仕事をきちんと行う。いかなる組織メンバーでも、その会社における職責がある。仕事がうまく行かないと、上司は心を落ち着かせることができず、当然安心することができない。仕事にとても努力しているのに、成果が上がらなければ、上司は同様に安心することができない。ただ「努力して仕事し、全力を尽くす」ことを、「心をこめて仕事し、成果を確保する」ことに替えてこそ、上司を安心させることができる。

　普通の人はよく努力して仕事すれば、すでに非常に素晴らしいと考える。仕事のどんなところに努力すべきか？　運用しているツールと方法は正しいか否か？達成している成果はどうであるか？　及びもたらされる後遺症はどうであるか？

実はこれらのことを知らずにいる。これらのことは努力して仕事するよりも遥かに重要である。全力を尽くすことに至っては、「恐れをなして仕事の成果を保証できない」意味を含んでおり、確かに人を安心させることはできない。

　心をこめて仕事するということは、自分の心と事を結び合わせ、自分の心をしようとしている事の中に沁み込ませる。自然と「成果を確保する」決心と自信を持てるようになる。そうしてこそ、上司は、心配で乱れる心を落ち着かせることができ、当然安心できるようになる。

　第二、適切な時に上司に仕事の進捗と予測結果を報告すべきである。人は心をこめて仕事しても、難しい問題にぶつかったり、あるいは外部からの妨害を受けないとは限らない。期日通りに完成できるかどうか？　結果は良好であるかどうか？　よく上司が不安を覚え、「聞いてもいけないが、聞かなくてもいけない」という矛盾を生じさせることがある。

　部下は適切な時に上司に対して報告した方がよい。仕事はどのように進行しているか？　何らかの困難に遭遇しているかいないか？　すでに解決したかどうか？　これからの進捗予定はどのようになっているか？　期日通りに完成できるかどうか？　円満に達成する自信はあるかどうか？

　上司は聞くのに都合が悪いのは、主に部下の面子を心配しているからである、部下は自発的に上司に報告すれば、一方では自分の面子が立つが、もう一方では上司を安心させることができる。上司は最も心配し恐れるのは、ずっと順調で問題はないと思っているものが、検査して引き取ろうとしているときに、完成できない、あるいは品質が悪すぎると分かったことである。そうなったときには、釈明のしようがなく、そして時間を無駄にしてしまい、埋め合わせが難しい。部下はどんなに間違いを認めたとしても、責任を負う意思があったとしても、上司は安心することができない。

　第三、どこにでも上司の立場と面子に気を配り、彼を困らさない。能力がある部下であればあるほど、上司の面子の問題に注意する必要がある。なぜなら、普段から上司に与えるプレッシャーはすでに相当に大きいのに、少しでも気をつけないと、「功績は高く、主を脅かす」可能性が出てきてしまう。上司を面子が立たないと感じさせて、恨めしさと恥ずかしさで怒りださせてしまう。

　上司はどんなに部下を重く見ても、自分の立場にしっかりと立つ必要がある。明らかに二つ返事で同意しようとすることでも、他の同僚の反応に気遣いためらうことがある。慣例を破って許可しようと思ったことでも、一旦明るみに出ると、きっぱりと拒絶することがある。部下はただ常に上司の立場を気遣ってこそ、上

司の全力を尽くしての支持を獲得することができる。ただ上司の面子を無事に保ってこそ、上司は安心してこのような部下に実力を発揮させることができる。

　上司が安心して、心を落ち着かせることができれば、自然と「あなたがやることに、私は安心できる」態度を保つことができる。部下の提案に対して、大半は聞き入れることができ、また喜んで採用する。どんな問題にぶつかっても、進んで部下と相談し、関わる機会を提供できる。このようにすると、上司に対する管理の実際行動は、すでに黙々と展開されている。簡単に「上司を騒がせて警戒されてしまうことのない」状況の下で、良い効果を獲得することができる。

　上司に対する管理は、持続して進行させることができるかどうか、効果は絶えず強めることができるかどうかは、主に部下が以下の三つのことを達成できるかどうかを見なければならない。

　第一、功績を上司に譲り、上司と功績を奪い合わない。部下は心をこめて仕事し、成果を確保し、さらに一歩進んで功績と栄誉を上司のものとする。上司は、喜んで安心する上、自然とさらに部下を信頼し、さらに自信を持って部下の意見を受け入れ、さらに喜んで部下の影響を受けるようになる。

　上司と功績を奪い合っても、上司から奪い取れないだけでなく、容易にその他の同僚から包囲非難を引き起こしてしまい、上司と功績を争い悲しませる結果よりもさらに恐ろしいものである。

　第二、積極的に上司に未来に関する予測と対策を提起する。普通の人は、ただ目の前の仕事にかまうだけで、目の前の問題に対処するだけで手一杯になり、当然上司に未来への提案を提出することができない。しかし、上司が関心を持っているのは、未来は現在よりも比重がさらに高いものである。そのため、未来の動向を予測でき、そして問題が起こる前に対策を考えられる部下の方が、しばしばより上司の重宝を獲得し易い。

　上司に対する管理は、上司の未来前途に影響を及ぼせるほどのものである。その力が非常に大きく、生じる効果が非常に深くて遠い。

　第三、他の同僚、友人に自分がどれだけの影響力があるかを知られずにいてこそ、上司に対する管理の効果は持続して強化できる。同僚の陰口、友人の間に伝え合う何気ないうわさは、上司に警戒を強めさせるのに十分である。部下を信じ過ぎることができないようにさせ、甚だしきはわざと遠ざけるようになってしまう。何と言っても世間の口は恐ろしいものであり、いくらかの不平不満を聞きつけると、どうしても自分をコントロールしてしまう。自分を守り、部下の影響を受けないようにする。

同僚、友人は一旦上司の前での自分の影響力をはっきり知ると、頭を働かせ、利用しようとするのは言うまでもない。あれこれと頼んでくるのでなければ、お陰を被ろう、うまい汁を吸おうと望むものである。人様に自分が上司に影響を及ぼす能力があることを分からせることは、無論少し面目は立つが、必然と多くの面倒を増加させる。もっと気をつけなければならないのは、上司はこのために用心し自分の影響から逃れようとする可能性があり、マイナスの効果を生じ、自分に非常に不利になることである。
　上司に対する管理の本当の目的は、上司が事実をはっきりと認識し、実際の状況に基づいて正しい判断を行うのを助けることにある。そのため、上司が合理的な戦略決定を下す決意を固め、自分にもっと有効に任務を達成できるようにさせることである。
　「公益」を出発点とし、「上司のためになれば、自分のためにもなる」という気持ちで黙々と上司に対して管理する。人に褒め称えられたり、あるいは頼まれたりするときは、必ず自分が上司に影響を及ぼせることを否認しなければならない。反対に一切は上司が自分で決定していること、自分はせいぜい情報を伝達しているに過ぎないことを指し示さなければならない。このような上司に対する管理は、中国の人情と世間の事情にかない、自然と都合がよく有効である。

第四節　役職は高ければ高いほど、融通性は高くなるべき

　高官や役人の不正、横暴、勝手な振る舞いのたとえである、「州の長官が放火しても許されるのに、百姓が灯りをつけるのは許されない」という古い言葉は、中国式管理の臨機応変の体系の中では、ずっと一つの不変な真理である。その意味は、「役職が高ければ高いほど、臨機応変の融通性が高くなり、ますます法令の制限を受けない」のである。
　いかなる組織でも、基本的にその「階層（Organizational hierarchy）」を持つ。構成員に一方では、「階層に分けて責任を負わせる」。もう一方では、「管轄の範囲を知らせる」（図34）。
　中国式管理は、「階層に分けて責任を負わせる」ことを重んじるが、「階層に分けて権限を授ける」ことを主張しない。なぜなら、「責任は部下が負うべきものであり、権限は上級責任者が状況を見て与えるものである」。部下はただ責任を尽くす必要があるだけで、権限があるかどうかはあまり気にする必要はない。上司の心の中では、「部下がよく責任を尽くしたとき、責任者は実際ではすでに十

分に権限を授けている。部下がうまくできず、よく責任を尽くせないとき、責任者は当然権限を授けることができない」。

西洋人は「先に権限を授けてこそ、部下は責任を負うことができる」と主張するが、中国人は「部下は先に責任を負ってこそ、上司は権限を授けることができる」と考える。このような先と後の区別は、西洋式管理と中国式管理の大きな差異となる。中国人は「連座」の習慣があるため、権限を授けることにおいて、上司はより慎重に注意しなければならない。くれぐれも軽率に権限を授けると言うべきではない。

中国人の階層に分けて責任を負うことは、「自分の権限と責任の範囲に基づいて、自分が尽くすべき責任をよく尽くす」ことではない。我々の階層に分けて責任を負うことは、「上長の"経（きょう）"に従って、自分の"権"を判断する」ことであるはず。「経」は原則を表し、「権」は臨機応変を表す。部下は事を処理するとき、まずは上司の原則に従い、それから実際の状況を見て変化に対応した方がよい。

組織メンバーが責任を負う対象はトップである。なぜなら、全ての成功と失敗は、実際では全てトップのものとなってしまうからである。我々はよく、トップの理念が組織の成功と失敗に影響する比率は高く、75％以上に達すると言うのは、このような理由があるからである（図35）。

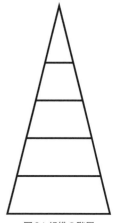

図34 組織の階層

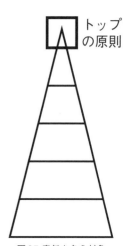

図35 責任を負う対象

トップの意志は、しばしば上級責任者に逆らってはいけない「経」と見なされる。往々にして、トップの「私はどうして知らないの？」という一言で、上級責任者はすぐに法令を修正し、トップに法に従って、彼が知りたいことを知ることができるようにさせる。しばらく経って、トップが意識的にか、無意識的にか、「このような案件はどうして私のところに送ってくるの？」という一言で、上級責任者は直ちに規定を修正し、これらの案件をトップの前から消失させる。中国人の「法治」は、長い間ずっと「トップの法に従って治める」ことだと思われて

きた。実にそれ相当の理由がある（図36）。

諸々の事実から判断して、トップはどんなに賢明でも、自分の好みに迎合する一部の幹部に害されることがある。なぜなら、これらの幹部は、「服従」の意味を曲がった解釈をし過ぎて、階層に分けて責任を負う本来の意図を理解できていないからである。

本当に忠実な上級責任者は、トップの意志を重視しなければならないが、完全に彼の意図に服従してはいけない。トップの意志、それを正方形の「経」と見なす。上級責任者は自分の実際状況の理解に基づいて、トップの経を自分の権に変えてから、下に渡し、次の階層の責任者に執行させる。

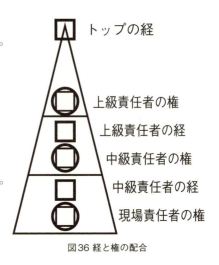

図36 経と権の配合

次の階層の責任者は、手本通りにひょうたんを描くようにそっくりそのまま模倣しなければならない。上級責任者が演繹し出した「権」を、「経」と見なして取り扱う。それから自分が理解している実際状況を詳しく見て、自分の臨機応変を演繹し出して、次の階層の担当者に渡して処理させる。

このような「階層ごとに割り引く」現象は、無論上層部の意図を、徐々にねじ曲げていく。甚だしきは絶えずに様変わりしていき、「上に政策あり、下に対策あり」の局面を形成する。あるときなどは、上層部の素晴らしい創意を、劣悪な政策に変えてしまう。しかし、「現場は変化するものであり、そして絶えずに変化している」。そのため「現場の状況に対する理解は、階層が高ければ高いほど、その真の姿が見えない」ようにさせてしまう。実に各階層の担当者が、自発的に上長の経を修正し、自分の権を演繹し出して、実際の動きに合わせようとすることをとがめることはできない。

中国式管理は、「州の長官が放火しても許されるのに、百姓が灯りをつけるのは許されない」と、「上に政策あり、下に対策あり」の二者の間で、推・拖・拉の方式で推し付けたり引き延ばしたりして、合理的なポイントを探し、適切な解決を獲得しようとする。

階層が高ければ高いほど、考えを出す自由があり、いつでも規定を変えること

ができ、そして全てが「公正無私」な先見性から来ている。人を逆らいようがないようにさせ、心の中で「州の長官が放火しても許されるのに、百姓が灯りをつけるのは許されない」とひそかに悪態をつくしかない。

　階層が低ければ低いほど、現場の状況を理解し、明らかに上長の命令が実行できないと知っているのに、「効果はどうであろうと構わずに、全力で上長の指示に従って執行し、どのみち全ての責任は上長が取ってくれる」というわけにも行かず、そのため再三つぶさに考え、「上に政策あり、下に対策あり」のように、上長の「経」に従って「臨機応変」するしかない。

　中国人は正式に権限を授けられる前であっても、「勝手に上司の命令を変える」ことができる。もし明確に権限を授けてしまっては、なお「職権を濫用する」、「権限を超越する」ことのないようにできる人は、どれだけいるかは分からない。

　昔から、「州の長官が放火しても許されるのに、百姓が灯りをつけるのは許されない」と不平をこぼす人は、言わずとも知れようが、全てが州の長官ではなく、百姓である。「上に政策あり、下に対策あり」と手酷く罵る人は、ちょっと考えるだけで分かるが、高い役職にある重要な人物である。この両者とも相当な道理があることが見て取れる。そのため、ずっと罵り合ってきているのに、全く少しも恥じ入ることなく継承されていくのである。

　上級階層の責任者は、大方見識が広く、そして経験が豊富である。彼らにより広い裁量権を持たせると、思うがままにこれを変更したり、それを修正したりすることができる。甚だしきは、現行の法令をかまわずにほっておき、素早く突破しようとする。現在のこのような激しく移り変わる環境の中では、当然十分にその必要性がある。

　現場の人員は、現場に非常に接近している。現場の実際の状況に対して、簡単に理解と把握をすることができる。彼らに現在の状況に従って臨機応変させる。法則や筋道からあまり外れていなければ、是認に値する行為であるはず。

　上長が、「やりたいようにやる」ことに対して、未来の需要にかなっていれば、我々は不平をこぼすべきでないだけでなく、彼らの先見力に対して感服の意を表し、全力を尽くして協力すべきである。

　現場が、「有効なように行動する」ことに対して、実際の需要にかなっていれば、将来の進展変化を現在の起点から築き上げることであり、もし判断が正しければ、いつか上長が求める境地に向かうであろう、命令に違反したと批判すべきではない。現場に関して言えば、成果は最も重要であることは、疑う余地がないようである。

「州の長官が放火しても許されるのに、百姓が灯りをつけるのは許されない」は、もし火は合理的に放てば、当然支持すべきである。もし灯りは非合理的につければ、また禁止すべきである。「上に政策あり、下に対策あり」は、仮に「政策」が善意的だとして、「対策」は善意的政策をタイムリーに確実に実施できるように促すものであれば、どんないけないことがあるだろうか？　万一「政策」が誤っていても、下に「対策」があるからこそ、誤った戦略決定がもたらす悪い結果を減少させることができるのだから、もっと喜んで安心に値する。

ただ上と下が合理を求め、互いに調整し合い、やり過ぎないようにしてこそ、我々の階層に分けて責任を負うことが、合理的な効果を生じさせる可能性がある。

第五節　折り合ってまるくおさめる同盟原則

かつて、台湾の中小企業は方法を考えて合併し、大企業を作り上げ、国際間における競争力を増強すべきだと、強力に主張する人がいた。しかし、事実が証明するように、21世紀のハイスピードに移り変わる環境に直面して、企業規模は大きければ、変化に対応する能力は却って小さくなり、環境に適応するために行う調整は、融通性が遥かに中小企業のように俊敏ではない。加えて合併前後の様々な問題は、非常に容易に克服できない。だから考えを変え、合併を改めて協力とした。すると一時の間に、水平協力、垂直協力、戦略同盟が、潮流のごとく呼応して湧き起こる。

これらの協力の概念は、非常に斬新なように見える。しかし、我々はかつての大家族を思い返すのならば、中国人がこの方面では、すでに豊富な経験を持っていることを発見することは難しくない。

大家族はいくつかの小家族で構成され、全ての小家族は半独立状態を保ち、それぞれに基本的な家族機能を果たしている。それを合併だと言えば、元々は一つの家族であり、協力だと言えば、これまでにこのような考え方がない。

大家族と、今日の企業の同盟協力の概念がどうして近いのだろうか？

第一、大家族と企業の同盟協力は、ともに易経の「分担の中に協力があり、協力の中に分担があり」の法則に合っている。大家族の仕組みとは、一つの大きな男系家族が、二つ、三つの、甚だしきはもっと数多くの小さな男系家族で構成される。これらの独立した基礎を持つ小家族は、「家を分ける」前には、共同して一種の「分担の中に協力があり、協力の中に分担があり」の関係を維持する。

戦略同盟する協力企業も、これと似ている。それぞれに独立できる条件を有し

ながら、あるいは元々独立していた企業が、今では同盟協力して、「分担の中に協力があり、協力の中に分担があり」の関係を作り上げて営む。

　第二、大家族の中の任意の小家族が、もし意識的に家を分けようとし、あるいは他の多数の小家族が、ある小家族が早く大家族を離脱して独立することを望むならば、この小家族はそのために大家族とただ形式的な結びつきを維持するだけで、実質的には自ら独立することができる。同盟を結成する協力企業も、同じく同盟を離脱し、元の独立した状態を回復することができ、あまり大きな制限があるわけではない。

　第三、大家族の一代目の老父母あるいは祖父母が亡くなった後や、大きなトラブルが発生した場合、この大家族は家を分けることになる。同盟の中心企業に、倒産や重大な事故が発生した場合、協力する小企業も次々と離れて行き、同じく「家を分ける」状況を招くことになる。

　両者に似ている共通点があるならば、我々は大家族の共同生活のモットーを見つけ、同盟の基本原則として用いてはどうだろうか。きっと中国の風土と人情にかなうことができるはずである。

　大家族の一つ目のモットーは、「**血縁関係**」であり、全員が一丸となって骨肉の情、家族の愛をもって関係を守り伝えて行く。

　同盟の第一の原則は、「**理念が非常に近い**」こととすべきである。中心企業の経営理念を核心とし、理念が近い協力企業を探し、ともに協力して行く。「理念」は「血縁」のごとくになってこそ、互いに慈しみ合い、互いに助けと恩恵を提供し合うことができる。

　大家族の二つ目のモットーは、「**家は仲むつまじくあれば、どんなことも成し遂げられる**」ことであり、家族全員が心を一つにして、家族全員のために努力して働く。血縁関係から、「血は水よりも濃い」観念が生じ、全員が一丸となって「親子が心を一つにすれば、黄色い土も黄金に変える」ことを願いとし、家族全体が経済的に裕福になるように力を尽くす。

　同盟協力の第二の原則は、「**心を一つにして協力する**」こととすべきである。中心企業の目標と基準に基づいて全力で協力し、一致団結の効果を発揮できるようにする。

　大家族の三つ目のモットーは「**共同消費**」であり、家族の適切でない、あるいは過度な消費を制限し、個人及び家族の家計が圧迫されないようにする。

　同盟協力の第三の原則は、「**歩調を統一する**」こととすべきである。一般的に言うと、協力企業は研究開発、戦略企画、原料調達、市場開拓等々の面で、行い

たくとも実力が伴わない感触がある。中心企業がこれらの仕事を引き受けるのが最も良い。それを元に協力企業の歩調を統一すべきである。

大家族の四つ目のモットーは、「**家族を守る**」ことであり、「父は子のために隠し、子は父のために隠す」という人の情で、家族全員の生命と自由を守る。大家族の家族に対する保護は、是と非を分けるものではない。是であれば当然守らなければならないが、非であっても「家族の恥は外に晒してはいけない」ものであり、なお極力守らなければならない。互いに落ち度をかばい合うこと、互いに間違いを繕い合うことこそ、家族全員の最大の保障である。

同盟協力の第四の原則は、「**協力企業に利益を獲得できるようにさせる**」こととすべきである。利益を獲得できるようになってから、現時点の対応不足に対する改善を求める。管理の水準を高め、品質が期待基準に到達するように確保することで、共通の利益を保障する。

大家族の五つ目のモットーは、「**老弱の面倒を見る**」ことである。年寄りに親孝行し、幼き子供や力のない者の面倒を見るだけでなく、謹んで死に水を取り、最後の最後まで責任を尽くさなければならない。

同盟協力の第五の原則は、「**協力企業が難関を乗り越えるのを助ける**」こととすべきである。協力企業や中心企業は日ごろから尽くすべき責務をよく尽くして、万一困難に遭遇したとき、みんなは放置して顧みないようにしてはいけない。反対に全力を尽くし協力を与え、その企業が順調に難関を乗り越えられるように助けるべきである。

以上に記述した原則は形があり、見えるものである。それらが効果を発揮させるには、おそらくまだ一種の形のない、見えないベースとなる共通原則が必要である。それはすなわち「折り合ってまるくおさめる」ことである。

「まるくおさめる」ことはすなわち「協力」である。一つの構成個体では力に限界があり、まるくおさめることができない。たくさんの構成個体が心を一つにして、一致協力して初めてまるくおさめることができる。

まるくおさめたいならば、心理的にはまず「折り合う」準備が必要である。家族であり、同じ血縁関係を持っているとしても、依然としてそれぞれに考えがあり、やり方がある。自分を抑え他の人に譲歩して、家族の雰囲気を保とうとしなければ、日ごろから付き合って行くと、小さな摩擦が積もりに積もって大きな衝突になってしまう。家族の調和を維持しようとするのは、本当に口で言うほど容易なことではない。

同盟協力の対象は、理念が非常に近いものだとしても、やはりそれぞれに立場

があり、苦衷がある。協調できない、協力できない現象が現れることは免れない。もし「折り合ってまるくおさめる」心情を保つことができなければ、どこに久しく協力できる可能性があるだろうか？ それぞれが一歩譲り、相手の立場に立って考える。何事も自分の心と相手の心を比べ、他人の身になって考える態度で、よくよく相談してこそ、折り合ってまるくおさめ、長期的に協力する状況に到達することができる。

中心企業は、智恵、慈しみの心と、忍耐の力で協力企業を啓発し、教育し、協力して行かなければならない。協力企業が、周りが自分に能力があり、担当するのにふさわしいと思われている責任を喜んで引き受けるようにさせる。これは実に簡単に達成できる任務ではない。何よりも、現有の仕事、発生しようとしている仕事、及び計画中に発生すると予測した仕事を、それぞれの部門やタイプごとに分け、全体的に各協力企業に仕事を分担させ、順調で有効に遂行できるようにさせなければならない。全ての協力企業を、「外部の家族」と見なし、「みんな家族だ」という心情で意見を求める。もし必要な変更、あるいは臨時の変化への対応があれば、公正無私にみんなの同意や、了承を獲得しなければならない。

同盟の調和が取れた協力は、その中心的な原則は、すなわち「折り合ってまるくおさめる」ことにある。中心企業は協力企業に対して、「大をもって小に仕える」。協力企業は中心企業に対して、「小をもって大を敬う」。それぞれが自分から折り合ってこそ、みんながまるくおさめることができる。中国人の「争うことを譲ることで代える」ことを上手に用いれば、柔の中に剛を帯びることができる。互いに共通の目標が達成できるように、各自機動的に調整し、臨機応変に行えば、自然と全体の協力を獲得できる。

第六節 人によって仕事を設ける組織原則

　組織は、一種の仕組みと見なすことができる。組織メンバーの仕事における適切な協力に重点を置いている。組織はまた、一種の状態と見なすことができる。組織メンバーが分担しながら協力する仕事状態と、一致協力する心理状態を含んでいる。

　何と言っても、組織は人員と仕事の結合であり、人と事の協力である。中国式管理の特色の一つは、人を中心とすることである。それならば、組織の原則は、当然人によって仕事を設けることであり、組織メンバーの特性に従って、合理的に組織することである。

中国社会の独特な人の倫理関係は、倫理の観点で合理的な人間関係を築き上げることを、特に重視している。倫という字は、人に従い侖（条理、筋道）に従う。侖という字はまた、不揃いでまちまちである様子を表している。だから、倫理は世の中の様々な関係を意味している。不揃いではあるけれども、乱れて秩序がないわけではない。

組織の観念は、より多くの動物を囲い、より多くの穀物を生産し、襲来する獣や見知らぬ人に有効に抵抗するために、多くの人が手を結び協力することから由来している。このような協力は、実に組織の最初の動機である。

どのような人が組織するのに最も簡単で、互いに協力できるのだろうか？ もちろん互いによく知っている人である。遥か昔の時代、人々の中で最も互いによく知っている人は、おそらく夫婦とその間に生まれた子供だけに限られていたのだろう。家庭は最古の生活組織となり、それから徐々に外に向かって拡大し発展してきた。血縁関係を持つ親族から、共通目標を持つ隣人へ、内在関係（intrinsic relation）である共存から、外在関係（extrinsic relation）である共動に至る。全てが親しきから疎きに達し、肉親の情から倫理に向かう。

家庭という組織は、夫婦の性生活を満足させ、子供を生み育てる以外に、生産と消費の機能を備わっている。家の中の一人ひとりが、知能指数、能力の優劣に関わらず、しきたり通りに収入の全額を家に納めなければならない。家長の権力はどんなに大きくとも、家族の誰をも除名することはできない。従って、「有能な者ほど多く働く」、「能力のある者は能力のない者の面倒を見なければならない」ことは、組織メンバーの共通認識となる。能力は非常に重要だと言うわけではなく、心をこめているかどうかは逆により重要な要素となる。「父子は心を一つにすれば、黄色い土も黄金に変える」という言葉は、家族全員が心を一つにして一致団結すれば、家庭は必然と豊かになることを意味している。父は父母を指し、子は子供全員を指し、決して女性を差別視し、母と娘を蔑視しているわけではない。今なお多くの企業組織では、依然として「努力して仕事しても役に立たない。心をこめて仕事をすることこそが大事である」という言葉が広く伝わる。すなわち、心をこめることは能力が優れていることよりも重要だという意味である。

企業組織の要素の一つには資金がある。資金の調達はまさしく企業組織を設立するときの必須条件にほかならない。しかし、出資のお願いは、企業の信用が未だ大衆に認知される前では、家族や親戚、及び十分によく知る間柄の友人にしか言い出せない。また、彼らからは信頼を獲得し易い。

家族経営の企業が高い割合を占める主な原因は、資金調達の対象がほとんど家

族メンバーを中心とするからである。金があれば金を出し、力があれば力を出す考えの下で、互いに共通の目標によって、緊密に組織される。金を出す人はもちろん力を出し、経営に参加することもできる。またよく知る知人を推薦し、代わりに経営に参加してもらうこともできる。このような人的な力の組み合わせは、能力の差が異なる人が混じり合うことを免れない。企業管理者は、当然極力受け入れ、とやかく言い過ぎることはできない。投資意欲に影響しないように、心を一つにして協力する空気を盛り下げないようにしなければならない。この場合は、人によって仕事を設けるやり方だけが、「人は使い方次第、使えない人などいない」という寛容な度量と気概を示すことができる。

どのようなメンバーがいれば、どのような役職を設置する。どのような権限を与えれば、どのような組織を構成する。これは現代の西洋が主張する仕事によって人を見つけるやり方、先に組織構成を定め、それぞれの部門やタイプに分け、異なる職責を決めてから、適切な人を探し求めることとは、自ずと大いに異なる。

仕事によって人を見つけることは、短絡的に「役に立つ人は残すが、役に立たない人は解雇すべき」というイメージを作り上げ、従業員に「割に合うか、良い行き先がなければ残る。割に合わず、良い選択があればずらかる」という反応を引き起こしてしまう。残ってもずらかっても大差はないので、残れれば残り、ずらかれればずらかる。このことは、個人に関しては、大したことはないが、組織に関しては、大きな不安定性をもたらし、多大な人事変動のコストを増やしてしまう。

人によって仕事を設けることの最も良いところは、「心をこめて仕事していれば、みんなは家族のようであり、首にされる心配は必要なくなる」。互いに助け合い、一致団結して対外することは、個人であろうと、組織であろうと、大いにメリットがある。

しかし、人によって仕事を設けることはまた、「解雇される心配はないので、ごまかせられればごまかし、平穏無事を保てばよし」というマイナス作用をもたらす可能性がある。全てのことにおいて恐れをなしてできず、分担以上に多くしようとせず、意欲的にしようとせず、そのため仕事全体の順調な進行に影響してしまう。

一般の人は、「人によって仕事を設けること」に対して非常多くの悪しき評価を持っている。主な原因はマイナス観点を採るためにあり、やってもやらなくてもお咎めなしという緊張感のない心理状態では、業績が明らかにならず、互いに足手まといになってしまう弊害をもたらし易いと考える。そのため転じて、「仕

事によって人を見つける考え方」を支持するようになる。

その実、西洋的な観点から見れば、倫理は「知識」であり、道徳は「行為」であり、両者は独立したものである。中国人の考え方はこの通りではない。知っていても行わなければ、全く知らないのと同じことである。だから倫理は日常生活の中で実践しなければならない。同時に、中国人特有の「相互主義」、互いに「状況を見ながら処理する」考えも、「上司が実行して、部下が見倣う」という行動に仕向けてくれる。人の倫理関係が一体プラスの効果、あるいはマイナス効果を発揮するのか、70％以上は企業管理者のリーダーシップによって決定される。リーダーシップが的を得て、従業員の内心からの賛同を獲得できれば、自ずと人心を得る者は栄え、プラスの効果を得る結果となる。

人によって仕事を設けることは、適切なリーダーシップ以外に、なお三つの考え方で相互補完する必要がある。ここに以下のように分けて記述し、参考として提供したい。

第一、給与制度の面で、完全に同じ仕事に同じ報酬を与えてはいけない。儒教の「才能のある人は、また才能がない人を教育し、良い影響を及ぼすことができる」という精神を、給与の構造に融合し、大いに効力を発揮し盛んにすべきである。単一の給料制を採らず、従業員を刺激し、給与という項目だけにこだわり過ぎることのないようにさせなければならない。言葉を変えれば、かつてのたくさんあった項目を復活し、かつ明と暗があれば、適切に処置できるはず。

特に精神面では、上司の礼遇、社長の心遣い、同僚の後押し、及び家族の励ましなどで、従業員を物的待遇以外に、会社にはない家族的な雰囲気を感じさせ、家族同士の互いに助け合う態度を取れるようにさせるべきである。

第二、役職設置の面で、機動的でなければならない。どれだけの人がどのような役職を必要としているのか？　このことは、組織調整における計画の重点となる。仕事分析の結果に従って、役職を設置するのではない。

役職の創出は、人の需要によって設置されるものである。主な役割は公平に処遇することにあり、より重要なのは人の受け止め方である。みんなが公平だと納得して、心をこめて行動しようとするならば、仕事は自然と順調に行く。これは人によって仕事を設けることの重要な原則である。上位に立つ人は、公正にして不公平にしていてこそ、この原則を実現できるのである。本当の公平は、表面的、形式的、虚偽的な公平などではない。このことは中国人に関して言えば、非常に重要な意味を持つ。

第三、公平に処遇する必要があるため、やむを得ずに役職と権限を別々にする

方法を採らざるを得ない。役職のある人は、必ずしも決まっている権限を獲得するとは限らない。職務規定に列挙されている権限は、その通りに与えることもできれば、変動的に加減することもできる。対応が理想的であれば、自然と実権限を増やす。対応が理想的でなければ、当然事情を考慮して権限を減らし、甚だしきは権限を取り上げたり、一時的に停止したりする。人は解雇するのには都合が悪く、異動も時には面子の問題を引き起こしてしまう。役職と権限を切り離す方法で調整することは、どちらの問題も引き起こさずにまるく収められる方式であるはず。

人によって仕事を設けることにおいては、重要なのは団体の名誉と個人の責任である。みんなが「自分一人の手落ちで、団体に重大な損失をもたらしてはいけない」という警戒心を持つことができれば、自然と利益は弊害より大きくなり、心をこめて実施するだけの価値が出てくる。

第 5 章
随時調整する計画方式

劉邦：漢王朝の建国者。
項羽：劉邦と争った西楚の覇王。

訳者より

劉邦は、自分自身の能力は高くないが、そのことを自覚しており、戦上手な部下や内政がうまい部下、様々なタイプの人材の力を遺憾なく発揮させ、項羽との漢楚戦争に勝ち、漢王朝を建国している。項羽は武術に優れ、そのため自分を天下無敵だと思い込み、頑固で独りよがり、智者や賢人を用いず、劉邦との争いに負け、烏江のほとりで自分で自分の首をはねた。劉邦と、項羽の二人は好対照で、よく物事の成功と失敗した際の例として挙げられる。

その文化的背景を理解して、この章を読むと、さらに理解を深められると思われる。

組織は明確な目標を持つようになると、それを達成するため、必ず一歩進んで具体的で実行可能な計画に立案すべきである。確実に現在のことを処理し、順調に期待通りの未来を創造できるようにしなければならない。

一般に人は目標を利用して管理を行う。目標管理（Management by Objectives, MBO）と称する。成果に基づいて評価するため、成果管理（Management by Results, MBR）とも呼ぶ。このことはすでに記述した通りである。全体の過程

は、目標設定から始め、計画を定め、進捗を配分し、有効に仕事を完成させるに至るまで、全てにおいて相当な人員の積極的な参加を必要とする。全てのメンバーは思想、情緒、感情において、仕事の決定と処理に対し、身をもって関わっているという実感と認識を持っている。そのため組織に対して一体感、従属感、責任感が生じ、自ら進んでその才能を貢献し、努めて円満に組織の目標を達成しようとする。この角度から見れば、参加管理（Management by Participation）と呼ぶこともできる（図37）。

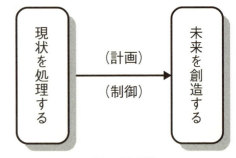

図37 参加管理

中国人は変わり易く、また変わることをよく知っている。計画を定めた後、依然としてやりながら修正して行く。だから、計画時大方は方向性を確立し、要点をつかみ、智恵型の戦略決定を行う。それから実際の状況を見て、徐々に細部を調整して、確実に実施することを求めようとする。全体の過程は、《大学》が説く止、定、静、安、慮、得を要領とする。全ての段階に、安心できない原因を見つけ出し、それから方法を考え合理的な調整を加える。考慮するときは、応急的な解決と根本的な解決をともに重視しなければならない。頭が痛ければ頭を治療し、足が痛ければ足を治療することに流されてしまい、局部にこだわるばかりに、逆に根本を害してしまうことがないようにしなければならない。

予測は必要なものであり、至誠であれば前知できる。退いてその次を求めれば、「人を安心させる」ことで推理することができる。計画を提出した人は、もし至誠あるいは責任感に基づいているならば、合理的に貫いて主張してこそ、みんながその計画の信用度を身をもって認識できる。

中国人は未来の変化に対して、大方は深く興味を持ち、また非常に気をつけて推測している。我々は心に思い描けば、事は実現するという道理に、極めて自信を持っている。

未来は我々が思い描き出したものであり、中国人は雨が降らないうちに窓や戸を修繕するというように、あらかじめ準備しておくことを重視し、全てのことに心をこめて見積もりしようとする。このことから、計画は中国式管理の管理過程で、非常に重要な位置を占めていることが見て取れる。

第一節 やりながら修正して行く

　計画はすなわち我々がよく言うところの胸算用であり、予見可能な未来に対して筋道があり、系統立てた打算である。中国人は雨が降らないうちに窓や戸を修繕することを好むので、事が発生する前に、早めによく見積もり、心をこめて考える。全てのことに慎重に始めることを求めるならば、周到で慎重な計画を重視しなければならない。

　組織に対して言えば、計画は、この組織が達成すべき目標に対し、組織の様々な関連活動を統合して、有効に連携協力させることである。そうすることで、人的、物的浪費を減少させ、そして業績を高め、効果と利益を増加させる。

　計画は戦略決定の具体化であり、執行のとき、行動の拠りどころとするものである。同時に執行の成果と計画の要求を比較すれば、両者の差異性を見つけ出し、途中調整を行うことができる。目標を達成した後も、最初に計画を立てた時の基準に基づいて、達成した業績を評価し、次回改善の参考とすることができる。

　計画の種類は、それぞれ特性、時間、組織、テーマと構成要素などの面から分けることができる。以下の通りに説明する。

　1.特性から分けると、メイン計画とサブ計画があり、融通的な計画と固定的な計画があり、また文書化される計画、文書化されない計画などがある。

　2.時間から分けると、1年以下の短期計画、3～5年の中期計画、10年以上の長期計画などがある。

　3.組織に基づいて分けると、個人計画、部門計画、及び団体計画などがある。

　4.テーマに基づいて分けると、人事計画、販売計画、生産計画と、財務計画などがある。

　5.構成要素に基づいて分けると、目標、政策、手順、方法などがある。

　計画を立案するとき、以下に記述する心理的障害を取り除いてこそ、期待する効果を達成できるのである。

　第一、組織の既定目標から逸脱してはいけない。一般的に言うと、組織の目標は正々堂々なものでなければならない。それは従業員に呼びかけ、大衆を欺くときに用いたり、口でうまいことを言ってみただけのきれい事ではない。なぜなら、こうでなければ、一旦経営業績は良くなり、営利所得は高くなったとき、経営者と従業員に程度の違いこそあれ、脱力感を感じてしまうからである。一方ではこんなに金を儲けて何の役に立つのか分からなくなる。もう一方では人生の目的は一体何なのか、人生の価値はどこにあるのかを疑ってしまう。中国人は一般に、

金儲けは企業を経営する唯一の目的ではないという考えを持っているので、そこであらかじめ正々堂々な目標を掲げるという防衛策を取り、自分にこのような苦悩に苛まされないようにする。目標は正々堂々なものであれば、金が儲かれば儲かるほど達成感が増していく。目標は金しかないなら、無論個人的な欲望を満たすことができるが、金が儲かれば儲かるほど、脱力感が生じ易くなる。計画を立てるとき、必ずこのような発生し得る弊害に対して、あらかじめ準備をしておかなければならない。

第二、下心を持って上司の好みに迎合してはいけない。 人は当然自分の計画が上司の同意と支持を獲得できることを望むものである。しかし、そのために下心を持って上司の機嫌を取ってはいけない。合理性と実行可能性への考慮をおろそかにすることのないようにしなければならない。我々は計画を提出する前に、方法を考えて上司と事前に意思疎通し、極力良好な雰囲気を作り上げ、上司が喜んで同意し、強力に支持するようにさせることができる。しかし、機嫌を取る方式を用いてはいけない。それでは上司が不合理的な決定を行うように誘導したことと等しくなってしまう。これは将来の計画の執行、及び計画執行の効果に対して悪い影響をもたらしてしまう。真実を発覚したとき、上司は必然と計画者に対して信頼を失い、その後は他の計画を提出しても、上司はもっと受け入れられなくなり、かえって自分に迷惑をかけてしまう。計画を立てるときは、依然として合理性と実行可能性を中心原則として計画し、それから様々な有効な方法を考えて、上司が受け入れ支持するように促すべきである。

第三、証拠を偽造し、あるいは情報を水増しして報告し、上司をだましてはいけない。 計画は各方面の有利な条件を巧みに組み立ててこそ、みんなの心を動かし、力を合わせ心をこめて執行してもらうことができる。しかし、そのため証拠を偽造したり、水増し情報を報告したり、事実とかけ離れて条件を有利に見せかけようとしてはいけない。最も良い方法は、積極的に関係する同僚と意思疎通し、各方面の現状を確実に調べあげる。その上でカードにそれぞれの条件をはっきりと記し、並べ替えて組み合わせ、適切な構想を求めることである。

第四、貪欲に持ち得る全ての創意を、全部盛り込もうとしてはいけない。 計画はもちろん創意が必要である。しかし、一気に全ての創意を計画の中に納めようとして、内容を非常に複雑にさせてしまっては、良好な心理状態とは言えない。先に計画の目標を簡略化し、必要のない創意を振り落とした方がよい。是非とも目標の求めにかなう、簡潔で実行可能な計画を立てることを追求すべきである。

第五、代替案がなくてはいけない。 計画は通常、上司に上申してから、あるい

は会議で討議を経てから、初めて実施に移すことができる。創意を持つ計画であればあるほど、格調が高すぎて唱和する人が少ない。創意が良ければ良いほど、みんなは考えつかなかったことを恥じ入り、面子が立たなくなる。そのため上司と同僚から批判と否定を受け易くなる。冷ややかな言葉で嘲笑するのでなければ、難癖をつけて手直しを求めてくる。だから、計画を提出するときは、A案、B案、C案を同時に提出し、みんなに選択してもらった方がよい。計画を提出した人が自分ひとりで決定を下せるわけではなく、決定を下すのはみんなだというように思わせる。そうすれば、みんなは選択したがり、賛成し易くなる。

計画が可決された後、もし実施に移すことができなければ、実際は否定されたに等しく、アイディアのままで死産に終わってしまうことになる。計画を順調に遂行させたいのであれば、最も良い方法は、心をこめて以下に記述した三点を達成することである。

第一、計画を制定するとき、関係する同僚と多く意思疎通し、彼らに計画に参加している感覚を持たせてこそ、実施するときは自発的に協力でき、わざと妨害しようとしない。このような計画に関する「根回し」作業は、必ず人によって、事によって、時によって、場所によって適切に対応しなければならない。非難あるいは反対にぶつかれば、もっと根気よく意思疎通していかなければならない。簡単に放棄し、あるいは恨めしさと恥ずかしさで怒り出して、いたずらに敵対する勢力を増やしてはいけない。

第二、機会を見つけて、関係する同僚と事前のシミュレーションをきちんとしておく。シミュレーションの過程で、我々は発見することができる。真剣に関わろうとする同僚であればあるほど、少しも余すことなく率直に実情を指摘することができる。このときは謙虚に聞き入れ、極力一人ひとりの貴重な意見を計画に含めるように努力しなければならない。計画の内容をさらに完璧に仕上げていくだけでなく、計画を執行するときもさらに多くの助力を獲得して、計画をさらに順調に施行できるようにさせて行く。

第三、計画を執行するとき、業績を同僚に譲り、過失を自分に帰してこそ、執行の間ずっと順調に和やかに実施していくことができる。もし過失があれば人を非難し、業績があれば自分のものにしてしまうようでは、勢い同僚の強烈な不満を引き起こしてしまい、そのため計画を執行するとき大きな妨害を受けてしまう。計画の進展が思い通りにならないときなどは、原因を深く掘り下げて追究し、必要な変更や修正を行うべきである。

計画は遂行する過程で、もしいかなる変更もしないことに固執するならば、中

止を余儀なくされる可能性が高く、アイディアのままに終わってしまうことも同然である。そのため、目標を変えず、計画の本質を変えないのであれば、やりながら修正して行く方式を採ってもよい。なぜなら、計画の立案から、計画の議決討論、計画の着手施行に至るまで、すでにいくつもの変化が生じ、計画を部分的に調整せざるを得ないようにさせているからである。このような修正は、行わざるを得ない臨機応変な対応であり、みんなも理解し協力できるやり方である。

　計画通りに実施するにせよ、徐々に修正するにせよ、実際は執行のリーダーシップを取る人と非常に密接な関係がある。もしリーダーシップが良好で、計画の目標に対して深い理解があり、加えてメンバーの意欲が高く、能力が高ければ、執行の結果は必然と人を満足させるものとなる。特に修正する必要があるか、どのように修正するかなどの問題を解決するとき、執行のリーダーシップを取る人には意思疎通の能力と同僚を尊重する素養を持つことが、最も必要とされる。「変えなければいけないが、でたらめに変えてはいけない」大原則の下、同僚の一致協力を頼りにできれば、必ずや変えれば変えるほどさらに合理的になる。

第二節　大智大恵で戦略決定を行う

　昔の人は素晴らしいことを言ったものである。「千軍万馬は得易いが、一人の大将は求め難し」。組織メンバーの多いか少ないかは、組織の実力を示すのに十分ではない。戦略決定者の素質こそは、成功と失敗を左右する鍵である。社長は会社運営の良し悪しに対する影響力は70％以上にまで高く達していると、我々はよく言っているのはこの道理である。

　三顧の礼の物語の中で、劉氏グループのボスは、グループの戦略決定者を招聘するため、諸葛亮孔明に対して極めて礼を尽くした。結果は、西川地方を奪取し、西蜀の地において王と称し、天下を三分にした。劉備が戦略決定者を正しく見つけたために、輝かしい成果を獲得したことを証明している。孔明は一生慎重であったのに、街亭の一戦で、馬謖を間違って用い、街亭という重要な拠点を失ったことで、全体の局面にまで影響を与える結果となってしまった。馬謖は話が誇大で事実とかけ離れ、紙の上でしか兵法を論じることができない。孔明は彼を戦略決定者と見なし待遇するとは、道理で泣いて彼を斬り、自ら自分を処罰しなければならなくなったわけである。なぜなら、生じた悪い結果は、実に深刻すぎたからである。

　計画を立てる前に、先に戦略決定をしっかり行わなければならない。それから

決まった戦略に従って計画を立てた方が、組織の目標にかない、理想的すぎたり、非現実的すぎたりするようなことはなくなる。戦略決定の質の方はと言うと、戦略決定者の素質にかかっている。これらのことからは、優れた素質を持った戦略決定者が、良好な戦略決定を行ってこそ、有効な計画に発展させることができるのが分かる。

　戦略決定者の素質は、主に大智大恵にある。大智は「戦略的問題を解決する知識を持つ」ことを指し、大恵は「敏感に事実の真相と、それに対して取るべき、道義にかなった行動を見出すことができる」ことを指す。両者が合わさると、我々がよく言う「道」となる。荀子は《天論篇》の中で明確に、「万物は道の一偏を為し、一物は万物の一偏を為し、愚者は一物の一偏を為し、自らもって道を知ると為す、無知なり」と指摘している。その意味は、万物でさえ道の一面でしかなく、一物はさらに万物の一面でしかない。愚者が見たものとなるとさらに一物の一面に過ぎず、このときはもし自分は分かっていると思い込んだら、何も知らないことになってしまう。道は大智であり、全ての物事を一つに合わせて見、一つに合わせて考えるべきである。残念なことに、慎子、老子、墨子、宋子のような非常に優れた人物でさえ、時には一面的な見方に陥ってしまうことがある。荀子は続けて、「慎子は後に見知あり、先に見知なし。老子は詘（屈）に見知あり、信（伸）に見知なし。墨子は斉に見知あり、畸に見知なし。宋子は少に見知あり、多に見知なし」と言う。慎子の名は慎到であり、後から物事は分かるものなので、先を争って考えを提言する必要がないと主張した。後の一面だけを見て、先の一面を見ていない。老子は、柔よく剛を制すため、服従することを提唱し、天下のために自説を広め勢力を伸ばそうとしない。ただ屈（屈服）の一面だけを見て、伸（伸張）の一面を見落としている。墨子は兼愛、尊きと卑しきの差はなく、明らかに斉（そろっている）の一面だけを見て、畸（そろっていない）の一面に注意していない。宋子の名は宋䤵であり、ただ欲が少ない一面だけを見て、欲が多い一面を無視している。荀子は批判して、みんなが後から総合しようとして先に考えを提示しなければ、大衆はたどるべき考え方の筋道がない。服従することばかりで主張することがなければ、智者と愚者は区別するところがない。全てが一律で個別の差に合わさなければ、政令を有効は施行することができない。欲が少なすぎてすぐに満足しては、大衆を導き向上させるときに与える奨励が無くなる。これらは全て、自分が正しいと思い込むために、もっと大いなる道の存在に気づかないからである。彼は《解蔽篇》の中で、「それ道なるは、体は常にして変を尽くす、一隅をもってこれを挙げるに足らず」の観念を提起している。

道は体という形があり、常というあるべき姿があるが、その変化は尽くせないほど様々である。これらの一面的な見方は、道の一面、一隅を代表するに過ぎず、道の全体を総括するには足りない。一面的な見方を持つと、知をねじ曲げる曲知な人になってしまう。

曲知な人は、その智恵が偏ったり、はっきりと見えていないところがあり、往々にしてその一を知り、その二を知らず、生かじりである。今日ではこれを「専門家」と称する。荀子の見解によると、専門家が戦略決定を行えば、内には味方を混乱させ、外には人を欺くことになる。上が下に隠し、下が上に隠し、お互いに意思疎通が滞るという災いをもたらし、実に危険極まりないことである。社長がもし「自分の専門業務の判断に基づいて」戦略決定を下したら、おそらく下すのは全て下策で、災いが尽きないだろう。

歴代の偉大な戦略決定を行う人は、みんな一つの共通した特質―「無知」―を持っている。逆に自分が有知だと思い込んでいる戦略決定者を観察すると、頑固で独りよがりで、自ら滅亡の道をたどらない者はいない。このことから、有知で、そして自分でも有知だと思い込む者は、大抵一面的な見方からは逃れられないことが見て取れる。ただ有知なのに、自らに無知だと思い込む者だけが、賢者を求め、賢者を探し、賢者を用いて、大智大恵という境地に至ることができる。すなわち大智は愚のごとしの最も素晴らしい振る舞いである。

社長は意見があると、すぐにはっきりと明確に示してしまう。そうすると、みんなには他の人の見解を聞きたくないのだということが分かられてしまう。そのため、それに対して申し上げようがないか、あるいは彼の意見に沿って似たようなことを言ってしまう。異なる声を聞かずに下した戦略決定は、大方一隅に偏り、周到であることは難しい。荀子は、「態度は厳しく、少しも寛容にしようとしなければ、下々の者は、恐れて近づくことができなくなってしまう。そのため、自らを深く隠蔽し、その責務を尽くそうとしない」と説く。楚と漢が相争うとき、項羽は幼きごろから兵法の書を熟読し、武芸は群を抜いて、自らを西楚の覇王に任命した。自分を天下無敵だと思い込み、頑固で独りよがり、智者や賢人を容れられない。韓信、陳平、範増が一人また一人と、彼から離れ去って行き、ついには垓下において自ら自分の首をはねて、悲惨な結末に終わった。劉邦は自ら謙遜して、「後方にあって作戦計画を立て、千里の遠きにある勝負を制することは、私は子房（張良）に及ばない。国を安定させ、民を落ち着かせ、兵士に対する給与を供給し、補給路を絶やさないことは、私は蕭何に及ばない。百万の大軍を連携し、戦えば必ず勝ち、攻めれば必ず奪取することは、私は韓信に及ばない」と

言うが、結果的に項羽を打ち負かし、偉大な事業を打ち立てた。

　戦略決定者は、自らを無知だと認識できてこそ、無知を有知に転化させることができる。社長は意見があっても、隠して口に出さず、それを問題に転換し、多方面に各部門長に意見を求めることができる。みんなの見解を集め、それから総合して、「天下の統治は、天下の賢者が共に処理する」ことを達成する。その達成のために、会社の戦略決定を、関係する幹部に共同で制定してもらう。

　部門長が自己中心になることは免れない。しばしば自部門の利益のために偏った見解を持ち出すものである。社長は、「宰相の腹の中は船を走らせられる」懐の大きい精神に基づいて、寛大な心で各部門の観点を受け入れ、全体の意見を統合し、合理的な戦略決定を行うべきである。このときは必ず冷静沈着で、その場に応じて断固とした強い決断力を示さなければならない。戦略決定する前は、幅広く意見を探し集め、まるで自分は何も知らないかのように振る舞う。戦略決定した後は、断固として貫き、勇敢にまっしぐらに前へ突き進む。やりながら調整するとは言っても、絶対にためらいながら心が定まらず、躊躇して決定できないのではなく、方向性は変えず、目標は貫き通すのである。ただ様々な変化を包容し、需要に従って変えて行く。

　韓非子は《五蠹篇》の中で、特に組織の力を蝕み消耗させる五種類の人間を挙げているが、実は全てが、最高戦略決定者が自分でしっかりとした意見を持てないから、彼らを甘やかし過ぎたためである。このことから、戦略決定を司る人は、大智大恵を持たなければならないことが分かる。ただ先には深く隠し露にせず、それから時機が熟するのを待ってから発揮して、迫力を際立たせるだけである。

　《主道篇》はさらに、戦略決定者は自分の意見を示すべきではないことを説明している。もし明白に示したら、幹部は才能をひけらかし、トップの観点に迎合してしまう。最も良い方式は、戦略決定者は智恵を持つが表に出さず、まるで上にいても何もできないかのようにしてこそ、各方面の真実の状況を聞き取ることができ、全面的な道理を把握することができる。多く言うことなく、みんなの意見を総合することができる。幹部は自然と心をこめて、現在の状況を説明し、意見を提供し、全身全霊をかけてトップが合理的で、実行可能な戦略決定を行うのを助ける。しかし、このような境地にまで到達するには、まずは戦略決定者の権威を確立しなければならない。すなわち個人や組織を変えて行く力を持つことである。

　社長の権威はもし役職から生じる職権以上ならば、みんなはもっと心をこめて、彼が良い戦略決定を行うのを助け、栄誉と恥辱をともにする雰囲気を作り出す。

社長はもし知らず知らずのうちに宙に浮かされ、役職があっても権威はなければ、みんなはその状況を目の当たりにしては、当然手をこまねいて傍観し、社長が一体どんなことができるのかと冷ややかな視線で見る。このことからは、戦略決定者の権威は、良好な戦略決定を生み出す基礎にほかならないことが分かる。

　古より、大将の位にあるのに、大将の才を持たない人は、必ず非業の死を遂げてしまう。大将の才を持っているのに、大将の位を得られない人は、発揮することができない。戦略決定者は今ある役職を大切にし、自分の大智大恵を思う存分に発揮し、常々無知でみんなの有知を導き出し、無能でみんなの有能を誘い出し、無才で大きな才を示すべきである。そうすることで、全ての戦略決定が、みんなの智恵を集め、あらゆる面で周到にして偏るところがないようにさせる。このような戦略決定に基づいて、立てた計画は、自然と実行可能で有効であるはず。

第三節　止、定、静、安、慮、得を戦略決定の過程とする

　《大学》という本は、中国最古の管理学である。それは冒頭で全篇の主旨を示し、大学の道は「公正な道徳をわきまえることにあり、民に親しむことにあり、最善に止まることにある」と指し示している。意味は、管理の要領は、己を磨くこと、人を安心させること、常に調整することにあると言っている。

　どのように調整するのだろうか？　それぞれの段階における内外環境の変遷に合わせて、合理的な戦略決定をきちんと行う。それから戦略決定に従って適切に調整するのである。段階的な調整は十分に必要であるが、管理にとって戦略決定はさらに不可欠な過程であることが見て取れる。これは近代的戦略決定論者が指摘している、管理の中心的な過程は戦略決定にあるという見方と非常に近い。シモン（H.A.Simon）に至っては、管理は戦略決定そのものだときっぱりと肯定しており、すこぶる見識がある。《大学》は続けて、「止を知って後に定あり、定して後に静でき、静して後に安でき、安して後に慮でき、慮して後に得できる」と説いている。これははっきりと戦略決定の過程は、止、定、静、安、慮、得であることを指し示している。

　管理は最善に「止」まることを重んじる。だから、どの段階においても止まることを知る必要がある。すなわち、止まらなければならないことを、知らなければならないという意味である。「止」は最善のありかであり、「止」を知ることは、採るべき合理的な判断基準を知ることである。管理の最高目標は人を安心させることにあり、管理者のいかなる戦略決定も、「人を安心させることを実現する」

という基本目標に立って、先に人を不安にさせる原因を見つけ出し、次に方法を考えて調整しなければならない。管理者は戦略決定を実施し完成するより前は、もとより人をどの程度安心させられるかを予知できない。しかし、公正を判断基準とし、正々堂々を思考の出発点とし、一切を私のためではなく公のために考えるのであれば、合理的な選択であるはず。

　戦略決定時、公正を目標とすれば、「定」を持つことができる。すなわち、意志に定まった方向性を持つということである。いわゆる戦略決定というのは、実のところ人を安心させるという目標を達成するため、二つ以上の代替案の中から、適切な案を選択することにほかならない。人を安心させるという最終目的を達成するため、管理者はまだそれをいくつかの中間目標に分割することができる。たとえば、企業管理は公正な立場に立って、「株主を安心させること」、「従業員を安心させること」、「顧客を安心させること」、及び「社会大衆を安心させること」を定まった方向性とすれば、さらに一歩進んでこれらの中間目標をいくつかの直接的な目的に細分化することができる。それぞれ生産、販売、財務、人事などの方向から、その利潤、業績、安全と責任を詳しく検討することができる。

　戦略決定者が持つ定まった方向性に基づいて、関連情報の研究に没頭すれば、このときは心がむやみに動くことがなく、自然と「静」になれる。今どきの情報化時代では、情報の氾濫を慎重に防がなければならない。戦略決定者はもし方向性に欠ければ、雑多な情報に直面すると、勢いどうすれば良いかが分からなくなり慌ててしまい、研究に没頭できなくなってしまうに違いない。どのようにして正しく、使える情報を選択するかを知らず、心が常にむやみに動き、静かになれない。方向性に偏りがあっても、心は静かになれない。これも一種の警告信号であり、自分で適切に調整しなければならない。心を静かにしてこそ、方向性に誤りがないかどうかを察知することができる。

　心がむやみに動くことなく、研究に没頭できるならば、戦略決定者は座っても、寝ても、歩いても、立っても、いついかなる時も一つのことに専念でき、詳しくそれぞれの情報の必要性と正確性を熟慮することができるようになる。だから「安」できる。戦略決定者が安心できれば、生活リズムは自然と正常になり、緊張や不安のため、誤って判断し誤って指導することはない。同時に戦略決定者は安心できれば、必然と思考が細かく綿密になり、あらゆる面で周到に、かつ的外れることなく行き届かないところもなく、いかなる状況にも対応できるようになる。これは「慮」できる具体的な表れである。このような精密で、詳細を尽くした思考は必然と最良最適な、時機に適した、かつ人を安心させられる素晴らしい

戦略決定を獲得できる。すなわち「得」できるということである。

「得」の意味は、その止まるべきところを得ることである。合理的な戦略決定を獲得できれば、当然現段階において、最善に止まることができる。それからはまた変化に基づいて、次の段階の戦略決定を探し、段階的な調整をきちんと行えるようにする。

「止」は目標とみなすことができ、「定」は関係する仮定を表す。「静」は心静かにしてこそ代替できる案を見出すことができ、「安」は安心して多方面に関係資料と情報を捜し集めることであり、「慮」は分析と判断を表す。そこで合理的な戦略決定を「得」る。全体の止、定、静、安、慮、得の過程は、現代管理の掲げる戦略決定の手順と完全に一致している。

《大学》はまた説いている。「物には本（根本）と末（枝葉）があり、事には終わりと始まりがあり、その先と後の優先順位を知るは、近道なり」。管理者は合理的な戦略決定を獲得できれば、全ての物事の本末終始は、一目瞭然しないものはない。このときは、前後の順序、緊急の度合いに従って、計画を立てることができる。それから順次に執行していく、そのうえ適切なときに評価を加え、誤差を調整することができる。そのように行動することで、人を安心させる管理効果を追求することができる。この通りの手順でずっとやって行くと、管理の道理にかなうようになる。

戦略決定はそれ自体一種の選択であり、数多い計画の選択候補の中から、一つの行動プランを選び出すことである。《大学》は管理の最高目標が平天下であることを指し示した。世界の国々は数多くあり、強いものは弱いものを踏みにじり、多数のものが少数のものに暴力を振るう状況は、誰の目にも明らかである。どうすれば平らかにできるのだろうか？　いかなる国家でも、天下を平らかにしたいならば、必ず先に自分の国家を良く治めなければならない。自分の国家を良く治めたいならば、必ず先に自分の家庭を良くまとめなければならない。自分の家庭を良くまとめたいならば、必ず先に自分の体を健康に保たなければならない。自分の体を健康に保ちたいならば、必ず先に自分の心を正さなければならない。自分の心を正したいならば、必ず先に自分の心から発した思いが誠実でなければならない。自分の心から発した思いが誠実でいたいならば、必ず先に自分の知識を極めなければならない。そして、自分の知識を極めたいならば、必ず先に全ての物事の真理を研究し分析し、とことんまで追究しなければならない。このことから分かるように、戦略決定者の己を磨く工夫の良し悪しこそが、戦略決定が人を安心させられるかどうかの鍵である。修身、斉家、治国、平天下の順序は、一方

では我々に戦略決定は己を磨くことを起点とし、一歩ずつ外に向かって広げていかなければならないことを教えてくれる。もう一方では我々の戦略決定は広大な国際観を持ち、宇宙全体から着眼し、我々には一つの地球しかないことを戒めとし、天下を平らかにする理想をもって、一歩ずつ内へ分析して行くことを望んでいる。内へ分析して行ってこそ、我々は世界が平等で自由な理想社会に発展して行く将来に悪影響を及ぼせずに、当面どのように調整しなければならないかを知ることができる。現代的な戦略決定者は、皆が一律同じであるグローバリゼーションと独自性を維持するローカライズの間に、合理的なバランスを見つけ、最善に止まるようにすべきである。

　戦略決定者の国際観は、天下を平らかにすることを目標とすべきである。現実の不平等を見抜き、全力を尽くしてその平等を求める。現代的な言葉で言えば、天下を平らかにすることとは、世界各国の国際的な地位が平等になることである。このような状態に到達するには、各国は各自の国家を良く治めるように尽力しなければならない。天下を平らかにするのに、国を治めることから着手するのは、先に治国してからでないと平天下できないことがその道理である。それぞれの国家の国を治める方法には違いがあり、中国は五千年来、一つの血統と流儀を受け継ぎ、しばしば雨風にもまれる経験をしながらも、終始滅びないでいられる原因は、「斉家」（家をまとめる）の方式が中国の基礎を固めたからである。我々の斉家は孝行、友好を根本原則とし、家庭の中の父は父たる、子は子たる親子関係、夫は夫たる、妻は妻たる夫婦関係を、一族の間にまで推し広めた。それゆえに我々は普段、政府に頼らずに自分たちで多くの身近の切実な問題を解決できるようになった。自然災害や人的災害に遭遇したときも、外来の圧力に耐え、圧迫のために解体することがないばかりか、かえってしばしば内部の団結をさらに強めるようになった。

　このような独特な斉家の方式は、依然として己を磨くことを起点とする。家の中の人がそれぞれに、己をきちんと磨き、その本分に果たし、その責任を守ることができれば、斉家の理想は完成させることができるはずである。ここから一族に広め、次に国を治め、天下を平らかにする。このような理念と素養を持てば、戦略決定しても自然と合理的で偏りを生じることはない。最善に止まるには、このような状況でしか順調に達成することができない。現代人は西洋の影響を受け、徐々に夫婦関係があるのみで親子関係がなくなり、個人観念があるのみで家族観念がなくなり、法律を重視して倫理を軽視するようになり、そのため戦略決定時は科学的データに偏り、修・斉・治・平の精神を全面的に配慮することができな

い結果になってしまった。戦略決定が正しくとも、業績が良好になるだけである。人を安心させることができるのだろうか？ おそらくそこまで配慮することはできないだろう。戦略決定者は改めて大学の道を体験する必要があり、それを戦略決定システムとして取り扱うべきである。一方では自分の組織のために、実行可能な合理的計画を探す。もう一方では世界が平等で自由な理想社会になるために自分の力を尽くす。部門の安心から、組織の安心へ、そして国家、世界の安心にまで推し広めて行く。

第四節 根本的な解決と応急的な解決をともに重視しなければならない

　戦略決定した後には、具体的で実行可能な行動計画を作り出してこそ、空想に流れてしまうことはない。しかし、実際の運営では、しばしば計画は戦略決定よりも先に行われるものである。なぜなら、先に計画を経ずに、思いつくままに戦略決定を行うと、しばしば骨折り損のくたびれ儲けになってしまうか、甚だしきは思いがけない困難と危険をもたらしてしまうからである。特に現代の責任者は、警戒を強めるべきである。経験、直感と判断力だけを頼りにしては、実に日増しに複雑になってくる局面に対処するのに不十分である。歴史上の皇帝に倣い、朕の意がすでに決しさえすれば、みんな何が何でも、全て実施に移さなければならないようにしてはいけない。今日の管理者は、戦略決定後、執行し難い苦境に直面することがないように慎重にならなければならない。そのときになってから「朝令暮改、命令がころころと変わる」と批判されるより、先に計画をきちんと行ってから、成功する自信があるときだけ戦略決定として作成した方がよい。その後、可決されてから、細部を計画する。そうすることで有言実行の姿勢をみせるべきである。

　管理は己を磨き、人を安心させるプロセスである。そして計画は管理の起点である。このことから己を磨く具体的な行動は、第一に計画をきちんと立てることにあると見て取れる。《大学》は修身の項目において、「その身を修めたい者は、先にその心を正すべし。その心を正したい者は、先にその意を誠にすべし。その意を誠にしたい者は、先にその知を致すべし。知を致すは物に格（至）るにあり」と注釈を付けている。この一連の話は計画と非常に密接な関係があるが、不幸なことに秦、漢王朝以降、みんなはその中の道理を理解できず、多くの偏った解釈を作り出している。

先に格物から話すと、格物は大学の八つの項目（格物、致知、誠意、正心、修身、斉家、治国、平天下）の基礎であり、大学の道を実践する起点でもあり、当然非常に重要である。「格」の意味は深く掘り下げることであり、「物」は広く一般的な物事を指す。「格物」はすなわち物事の道理をとことん探求することであり、物事の道理を徹底的に明らかになるように研究し尽くすことである。ただ研究の方法は、中庸がいうところの、「広く学び、詳しく聞き、慎重に考え、明らかにわきまえ、熱心に行う」に従わなければならない。しかし、幅広い学習、詳細な教授、慎重な思考、明白な判別、及び的確で強力な実行も、実際では我々を「一旦はっと悟れば、何でも分かる」という境地に到達させることはできない。戦略決定者依然として、孔子の「知っているものは知っている、知らないものは知らないとする」偽らない態度を持ち、「人はみんな是非をわきまえる心を備わっているが、是非をわきまえる知識を持っているとは限らない」という気持ちを抱き、様々な専門家に多くの教えを請い、それから明確な判断を下すべきである。

「格物して後に致知」とは、物事の道理をとことん研究した後にこそ、幅広い知識を獲得することができるということである。そして詳しくはっきりとした徹底的な理解を持つことができるようになり、これを「致知」（知を致す）と称する。孔子ほどの勉強熱心をもってしても、一生掛けて学ばなければならず、「十五歳にして学問を志し、三十にして自立、四十にして迷わず、五十にして天命を知る、六十にして聞く耳を持ち、七十にして心の欲する通りに行っても、ルールを踏み越えることはなくなる」という進度に従って、順序を追って徐々に学び進んで行くしかない。一般の人はもっと、絶えず「学んでも考えなければ、本当には理解できない。考えるばかりで学ばなければ、独断に陥り、危険である」ことを警句とし、「古代の優れた哲人が残してきた知識に親しみ、努めて勉強する」心理状態を抱くべきである。自分の智恵を導き出すだけでなく、自分の知識を充実させる。以上のこの話は、今日の知識経済を重視する時代では、とりわけ重要なように見える。みんなが深く考え、熱心に行うのに値する。

格物致知の工夫がうまく磨き上げられれば、是非、善悪に対しては、より明確な判断力を持つようになる。その合理性のありかを知ってこそ、よいものを選んで固執することができる。かつ自信を持つことができ、「誠意」（意を誠する）と称する。誠意の意味は、自分の心から発する思いは真摯で偽りがなく、全てが自然の成り行きに合致していて、自分を欺くようなことも人を欺くようなこともない。

戦略決定者は、思いが真摯で偽りがなければ、心は自然と正しい状態でいられる。「正心」（心を正す）の重点は、「正」すという一字にある。《大学》は、怒り、

恐れ、好みと楽しみ、心配事と苦しみがあると、心はその正しきを得ずと指し示す。一旦戦略決定者の内心が、怒り、恐れ、貪欲、あるいは思い悩みが度を過ぎると、心ここにあらずの現象をもたらしてしまう。そのため、見ても見えず、聞いても聞こえず、食してもその味が分からなくなってしまう。立てた計画は、当然非常に偏りがあって実行することができない。怒り、恐れ、貪欲、思い悩みのどれもよく見かける感情であり、必ず適切に調節し、それが節度にかなうように発生させてこそ、正心できる。だから、修身は自分の心を正すことが重要だと言う。ただ心が正しくあってこそ、さらに進んで己を磨き高めることが可能になるのである。

《大学》が掲げる格物、致知、誠意、正心は、計画の三つの特性を形作る。

第一、「全体意識」（Integrated Concept）を持たなければならない。計画時は、個別利益に偏るのではなく、全体の総合利益を重視しなければならない。顧客、市場、同業種、異業種などの直接的に関係する個体環境についても、社会、政府、経済、技術などの間接的に影響する全体環境についても、全て把握しておくべきである。すなわち「株主を安心させること、顧客を安心させること、従業員を安心させること、社会を安心させること」という全体的な立場に立って、全体の目標を定め、それからこの全体の目標に従って、各部門の部門目標を定めるのである。今日の管理者は、政府の政策を分析、予測するだけでなく、社会と価値観の動向も研究しておくべきである。

第二、「情勢を創造する」期待を持たなければならない。格物、致知、誠意、正心通りにきちんと行えば、全体を把握する能力を持つだけでなく、市場がもたらす障害を突破することができる。もはや市場の支配力を盲信し自分の力不足を嘆くのではなく、未来の目標を自分で決定できる能力を持ち、さらには逆に顧客を導き、市場を新たに創造することができる。このような情勢を創造する先見的な試みは、誠意、正心にして、格物、致知の効果を、大いに発揮し発展させ、大衆に幸福をもたらさなければならない。市場動向に何か正すべき間違いがあるわけではないとしても、潜在的な市場は依然として固い決心で開拓されることを待ち望んでいる。ただ「その結果を見、その原因を考え、その安心を察知する」原則に則り、それぞれ動機、方法と難易度の異なるレベルから顧客の需要を詳しく検討しさえすれば、自然と有利な情勢を創造することができる。

第三、「自分を欺かず、人を欺かない」素養を持たなければならない。心が正しいならば、心から発する構想は、人を欺くこともなければ、自分を欺くこともないはずである。我々は、詐欺という行為を徹底的に研究し尽くすと、人を欺く

前には、自分を欺いている傾向があることを、発見することは難しくない。例えば、デパートの周年記念行事で、割引セールの計画を推進しようとした場合、このときは先に計画を立て、こっそりと高価な商品を一時的に移し、割引の範疇に入れない。このような計画を制定したとき、顧客を欺く前に、すでに自分を欺いている。このような顧客を欺く計画は実行可能であり、顧客の反感を招くことはなく、会社の信用と評判を傷つけることもないと自分をだます。さらには、どうして悪い下心を持って、会社のためにこのような自分を欺き、人を欺く計画を制定しようとするのかと、上司に問い質されることもないと自分に言い聞かせる。

今の世の中、人類の致命的な罪は、一つ目は人口過剰、二つ目は生産過剰、三つ目は消費過剰である。この三つの人類を壊滅に導く罪は、事実上全て悪い計画から起因している。「格物、致知、誠意、正心」の工夫をうまくできずに、軽率に計画を立てた結果である。その中の人口過剰の害は、すでにみんなの重視をもたらしているが、残念なことに、依然としてグローバル化とローカル化の間に、合理的なバランスを見出せずにいる。しかし、生産過剰と消費過剰は、相変わらず奨励を受け、経済発展の洋々たる道筋だと誤って認識されている。意外にも、誘発される環境汚染や資源枯渇問題は、いずれ必ずや我々の経済成果を消耗させ崩壊させてしまうことに、全く気づかないでいる。

適切な計画は、根本的な解決と応急的な解決、物事の根本と枝葉の両方に配慮を加え、ともに重視しなければならない。このような計画を立てるには、ただ日ごろから関連する物事をよく研究し、関連する道理に対する理解を詳しく徹底させる。その上で誠心誠意に自分が確信して疑わない信念を貫き、公正で専一な思いで、計画の制定に従事しなければならない。そうしてこそ、理想を根本とし、実際状況を枝葉と見なし、双方をともに重視するのに、偏りがないようにすることができる。計画が理想性に欠ければ、未来の動向を予測することはできず、往々にして根本から逸脱してしまう。計画は実行性を持たなければ、現在の需要を把握することはできず、目の前の様々な変化に対して反応し難く、必然と枝葉がおろそかになってしまう。格物、致知、誠意、正心は、道をずっと歩んでいくと、理想性があり、現実性にも配慮を加えることができ、根本と枝葉をともに重視するので、当然適切な計画となる。《大学》は格物、致知、誠意、正心を、修身、斉家、治国、平天下に拡張したことから、目標は遠大であることが伺える。けれども、立脚点は分かり易く、管理の一貫とした偉大な道となった。格物、致知、誠意、正心を知識として探究すれば、必ず計画の根本精神を捕らえることができる。

第五節 至誠は前知することができる

　ピーター・ドラッカー（Peter Drucker）は計画の主な目的は、「未来を創造するために、我々はどのように行動すべきか」に対して、行ったさまざまな予測とその対応であると考える。予測というものは、「未来に発生し得る状況に対して、あらかじめ推定する」ことである。憶測と推測に属するものである以上、当然必ずしも正しいとは限らない。ほとんど大多数の予測は、正反対の二種類の異なる見解があり、人を混乱させ、どれを信じた方が妥当か分からなくなり、そのために非常に困ってしまう。

　実のところ、世の中の全てには定数がある。予測はただ当たるかどうかだけで、どこに正確に測れない道理はあるのだろうか？　正しい言い方は、「未来は定数であれば、当然正確に予測できる。ただこのような定数自身は変わることができるので、予測した後は、まだ変更される可能性がある」と言うべきである。なんと予測に正確さが足りなかったわけではなく、予測した後で変動が発生したのか。このように考えると我々はやっと気づく。どうして期間が短ければ短いほど、予測は正確になるのか？　なぜなら、短い期間内であれば、変化の度合いも小さいからである。どうして関連項目の数が多ければ多いほど、予測は正確になるのか？　なぜなら、互いの変動は相殺し合ったり、補い合ったりする可能性があるからである。どうして予測は生じる可能性のある誤差を必ず推定しないといけないか？　なぜなら、予測した後でまた変化がよく起こるからである。西洋人が定数を考えるとき、大方は「一定」あるいは「固定」と考える。あいにく中国人は「定」の範囲を「『一定でない』を含む『定』」だと定義付けている。すなわち、「定」の中には「一定でない」部分があり、そして「一定でない」の中にも「定」の部分があると言うのである。このような「二合法」的な観念は、予測において多いにその機能を発揮し、我々が予測時に、「変わると変わらない」、「正確あるいは不正確」の概念をもっと把握できるようにさせ、独自色の濃い一通りの予測方法を展開させる。

　《中庸》が説く、「至誠はもって前知すべし」。一人の人が極限にまで誠実になれば、未来のことを予測できる。それはまた、国家は栄えようとしたとき、必ずめでたい兆しがあり、国家が滅びようとしたとき、必ず災いの兆しがあるものだと指摘している。災いも幸せも、訪れようとしたときは、必ずあらかじめ予測できる。このような至誠の人は、神のごとくであり、未来を予測するのは非常に正確である。

誠は、一方では自分の人格を完成させる重要な必要条件であり、もう一方では全ての物事が運営する拠りどころである。中庸は「誠」を宇宙全体と見なし、人と全ての物事の本来の性質を含む。誠は、元々自然の運営法則であり、「天の道」と呼ぶ。人は、至誠でこのような自然運営の法則を体で感じ取り、これを誠すると称し、すなわち「人の道」となる。中庸は、「一人の人の誠に対する振る舞いはどうであるかを見れば、この人の将来の吉凶を決定することができる」と考える。団体は多数の個人によって構成されているので、団体を構成する個人の誠に対する振る舞いはどうであるかからでも、この団体の将来の吉凶を決定することができる。このような「至誠は前知することができる」道理は、今日の言葉で言えば、実は「直感を利用しても、正確に未来を予測することができる」ということである。重要なのは、直感も相当な開発と訓練を必要とすることである。そうすることで、鋭く自分の天性を思いっきり発揮させることから、人の天性を思いっきり発揮させることに推し広め、それから物の天性を思いっきり発揮させることに広げて行くべきである。そのため、隠れていて微々たるところから発するも、非常に大きな効果を獲得することができる。

　しかし、神のごとく至誠な人は、結局は非常に得難い。一般人は退いてその次を求めるには、必ず「致曲の道」に従わなければならない。致はすなわち推し広げる、拡張することであり、曲は一端、一面を指す。致曲は一端から全体に推し広げ、一面から全面に拡張することである。孟子は、人は「仁、義、礼、智」の四つの面があり、この四つの面を押し広げて満たせば、全世界の繁栄を守るのに事足りる」と言った。《中庸》は、「曲はよく誠有らしむべし」という。この一端、この一面の誠は、もし全体、全面に推し広げ、拡張できれば、一部分の誠から、至誠の境地にまで推進させることができる。このような致曲の道は、神のごとく至誠のように卓越してはいないが、みんな誰でも実行することができ、少数の卓越している人だけが実行するよりも遥かに効果は巨大である。

　企業管理で言えば、我々はすでに経営効果の善し悪しは、「株主を安心させる」、「従業員を安心させる」、「顧客を安心させる」、「社会を安心させる」の四つの面によって決定されることを知っている。計画を立てるとき、未来の発展を予測できるかどうかを、この四つの面で生じ得る結果から判断することは、すなわち致曲の道の運用である。上に述べた四つの項目を適当に考えてみただけで、それからはひたすらに目の前の利益のみを追求することは、すでに不誠であり、当然十分に未来の変化を把握できない。

　全てのことにおいて誠心誠意を尽くして株主の安心、従業員の安心、顧客の安

心、社会大衆の安心を考えることは、至誠であり、すなわち未来の変化を予測できる。《中庸》は天と地の道理が非常に簡単であると指摘する。それは、広くて豊か、深くて厚い、高くて大きい、光り輝く、遥かで遠く、長くて久しい。どうしてこのようにできるのだろうか？　原因もとても単純である。すなわち、誠一筋で無二である。無二とは、単純である。単純の誠はどのようにして広くて豊か、深くて厚い、高くて大きい、光り輝く、遥かで遠く、長くて久しい宇宙を作り上げることができるだろうか？　限りない天体は、一つ一つの明かりが積み重なってなったものに過ぎず、広くて厚い大地は、一握り一握りの泥が積み重なってなったものに過ぎず、山は石ころによって作り上げられ、海は流れる水によって作り上げられる。本当の原因は、「至誠がやむこと無し」にあることを理解するのは難しくない。やむこと無しの意味は、絶えずに延々と続き、持続して進展することである。管理者はもし絶えず持続して、ためらわずに株主、従業員、顧客、社会大衆を安心させることを信念とし、長い期間に渡って少しずつ積み重ねていけば、自然とこれらの方面に関する経験が豊富になり、直感だけを頼りにしても、正確に生じ得る結果を判断することができるようになる。すなわち前知である。だから、《中庸》がいうには、至誠の道に永遠に途切れることはない。途切れることがないからこそ、持続してやって行くことができるのである。長い間やって行くことができれば、物事から対応の適切さの検証を得ることができる。優れた直感は、実は持続して心をこめて積み重ねてきた力と技である。

　現在我々は、客観予測法を用いれば、目の前の市場動向、技術動向を未来にまで延長させ展開させることができる。主観予測法を用いれば、現状に基づいて、自分の想像で未来を展開させることもできる。その他にシステム予測法を用いれば、インプットとアウトプットの分析、あるいはネットワーク状の推測から未来を展開させることもできる。易経の占い法を用いれば、我々の直感を引き出し、重要な参考指標を獲得することもできる。

　どの予測方法を採用したとしても、誠心誠意であることが必要である。致曲から至誠に至り、あらかじめ未来の動向を知ろうとする。このとき戦略決定者は「中和」であるかどうかは、至極重要になってくる。中和は、戦略決定者の感情が相当に落ち着いていることを指している。《中庸》は説く、「喜怒哀楽の発せざるは、これを中という。発してみな節に中るは、これを和という」。人であれば誰しも喜怒哀楽の感情はある。まだ表に出していないうちは、よくないものは何一つない。一旦表に出してしまい、発散状態となれば、よい可能性もあれば、よくない可能性もある。よい発散状態は、和と呼ぶ。

我々は節度にかなう発散を、感情的感受と称し、節度にかなわない発散を、感情的反発と呼ぶ。度を過ぎない喜怒哀楽は、一種の感受である。度を過ぎる感受は、すなわち反発となる。過ぎることと及ばないことがないようにしてこそ、節度にかなった発散の仕方である。戦略決定者は、個人的な喜怒哀楽があるのは当然だが、計画時に過ぎる、あるいは及ばないように表に出すべきではない。悪しき感情的反発が正確な予測に影響することのないようにしなければならない。

　中庸の道理は、非常に簡単で分かり易いように見えるが、やってみると実に難しい。なぜなら、直感は生まれつきのものであるにもかかわらず、その直感を応用する行為は、後天的で人為的なものであるからだ。必ず苦しい体験を積んで知るようにならなければならない。そうしてこそ、ますます鋭く、ますます正確にできるようになる。

　直感が鋭い人は、自分の学問を充実させた方がよい。そうすることで、前知の判断力を向上させるべきである。中庸は特に、広く学び、詳しく聞き、慎重に考え、明らかにわきまえ、熱心に行うという五つのステップを提示している。かつ「あたわざれば措かざるなり」（目的を達成しなければ決してやめない）ことの唯一無二の方法として以下を指し示している。我々に「人は一をしたら自分は百をし、人は十をしたら自分は千をする」という決心を固め、絶対に「中途で投げ出す」ことをせず、「見知されずとも悔やまず」という心理状態、すなわち「人知らずしていきどおらず」という境地に到達し、心をこめて前進するが、後顧の憂いがないことを望む。後天的な体験学習に先天的な直感を加え、どんな方法で未来を予測するとしても、至誠前知の効果を獲得できるはずである。

第六節　提出した計画は合理的に貫くべき

　計画は適切に立案しなければならない。適当にごまかす気持ちで、ただ表面的な仕事をするのみではいけない。計画が可決された後、執行が困難に直面したり、甚だしきは実施できない苦しい状況に直面することがないようにしなければならない。実際中国式管理には三つの大きな障害が存在し、計画に従事する人に、一意専心に、全力をもって対処することができないようにさせてしまう。ここにそれぞれに分けて原因を説明し、参考として提供したい。

　第一、心の中で気にするのは、「将来どのようにして責任を逃れるか」ということである。計画者は計画が可決された後、執行者に任命される可能性が高い。このとき困難に遭遇し、ないし施行できないようでは、石を持ち上げて自分の足

に落とすようなものではないか？　執行の仕事を任されないとしても、将来執行する過程の中で、及び執行し終えた成果の中で、何か良くない状況を生じた場合、責任追及の声の中でつまみ出されてしまう可能性がある。だから、計画に従事する人は、「問題を起こさない」ことを最優先に考慮する課題としてしまう。功績があることを求めずに、ただ過失がないことを求めてしまう。

第二、心の中ではっきりしているのは、「執行時必ず変更を受けてしまう」ということである。執行者の大多数は、批判的な心理状態を抱き、努めて計画の欠陥を暴露して、自分は人よりも優れていることを明らかに示し、少なくとも計画者よりは劣っていないことを示そうとする。中国人が普遍的に心に持つ「あなたが計画して、私はそのまま執行したら、私は何の必要があろうか」の心理状態から、ほとんど全ての計画は、執行時多かれ少なかれ変更を受け、計画者に初めから「どんなに計画を良くしても、悪し様に言われてしまう」という認識を持たせてしまう。そのため、全力を尽くさずに、ただ申し開きができることだけを求め、誠心誠意に計画を良くしようとしたがらなくなる。

第三、心の中で重視するのは、提出したら「順調に可決できるかどうか」ということである。計画が完成後、第一の関門は、可決を獲得できるかどうかである。多くの計画は理想が高すぎ、コストが高すぎ、目的が多すぎ、時間がかかりすぎ、人材不足、資金不足などなどの理由で放置、放棄され、アイディアのままに終わる計画になってしまう。第一の関門を通れなければ、どんなに素晴らしい計画でも、ゴミ同然になってしまう。順調に通過するために、計画者はいろいろと智恵を絞り、責任者の意向を推測することや、同僚の支持を獲得することに躍起になってしまう。往々にして至誠前知で未来を予測することに、精力を注ぎ込むことをおろそかにしてしまう。

　実は、この三種類の心理障害は、全て解消することができるものである。

第一、計画者は将来どのようにして責任を逃れるかを重視することは、元々非常に正常なことである。計画と考課は表裏一体であり、互いに密接な関係にある。計画者はあらかじめ「将来執行して、あるいは考課に直面したとき、後悔が発生する可能性があるところは、どんなものがあるか」を考慮しなければならない。このような「先に後悔する」という心理状態を抱き、努めて事後に悔やんだり、残念がったりすることを減らしてこそ、事前に弊害の発生をあらかじめ防止することができる。同時に功績などは認められることは少なく、過失は逆に長く広く伝わり、情け容赦ない責めを受ける可能性がある事実を理解しておかなければならない。「功績があることを求めずに、ただ過失がないことを求める」心情に基

づいて、ひたすらに功績を追求するのではなく、極力計画に過失がないことを求めるべきである。

　第二、執行時に必然と変更を受け、これは上に政策があり、下に対策がありの必然結果である。気にする必要がないばかりか、感謝の気持ちを心にとどめておくべきである。運よく執行者はこのような素養があってこそ、タイムリーに変化に対応することができ、計画時考えつかなかった変化も一緒に合わせて考慮に入れ、順調に施行し、そして過失を減少させることができた。「自分は誠心誠意に計画をきちんと作成して、執行者に心をこめて変更してもらう」という心理状態を抱き、どのみち功績がないのだから、変更してもいけないことはないではないか？　変更者も同じく功績がないのだから、何を争う必要があるのだろうか？　みんなただ過失がないことを求めるだけで、元々意図しているところは同じである。

　第三、順調に可決できるかどうかは、実は目の前のこの一つの計画だけの問題ではない。責任者は神様ではない。どこにそんなに大きな神通力があって、全ての計画の善し悪しを判別できると言うのだろうか？　責任者は計画を提出した人が、どれだけの信頼度を持っているかに基づいて、受け入れるべきかどうかの初歩的な判断をしているに過ぎない。信頼度が高ければ高いほど、提出した計画は簡単に受け入れられ、さもなければ、簡単に拒否されてしまうものである。同時に、責任者は同僚の支持度を参考に、計画の善し悪しを決定することもある。だから計画者は日ごろから、みだりに意見を出すのを控え、自分の信用度を高めるべきである。同僚とより多く相談し、協調し、互いに助け、みんなの支持を勝ち取るべきである。それこそが計画を順調に可決させる重要な支持力である。苦しいときに神頼みしてはいけない。そのときになってせっぱ詰まっても、何の役にも立たない。可決できるかどうかは、このときこのことだけの問題ではなく、日ごろから累積してきた信用の問題であり、「至誠がやむこと無し」の原則に非常にかなっている。

　しかし、どんなに良い信用があって、どんなに多くの支持を集めたとしても、責任者は問題がないと高をくくって油断し、計画を早く、気楽に可決させることはできない。計画者が自分は才能が高く意気盛んだと考え、そのために軽んじる心を持ち、関羽のようにうかつに荊州を失い、責任者までも引きずり込んでしまうことのないようにしなければならない。責任者は慎重に厳しく審査すれば、責任者にも計画者にもみんなに利点がある。

　責任者はどのようにして厳しく審査するのだろうか？　最もよく見かけるのは、反対意見を出し、計画者がどのように対応するかを見ることを置いてほかないだ

ろう。それから計画者の対処方式と内容から、一歩進んで計画の善し悪しを判定し、審査を通すべきかどうかを決定する。

残念なことに、多くの計画者は、「責任者が反対意見を出すことは、彼はこの計画を支持しないことを表しているわけではない」という意図を理解できず、逆に「私はすでに全力を尽くしたのに、あなたはまだケチをつけるとは」と思い込んでしまい、心の中で尊重されなかった感覚を持ってしまう。そこで、「計画を提出するのは私の責任で、受け入れるかどうかはあなたの権限」と、きっぱりと自分の意見を放棄し、「責任者はどのように決定すれば、私はどのように変更する」素振りを示し、責任者に自信を失わせ、ますます賛成できなくなる結果にさせてしまう。

責任者が異議を唱える本当の意図は、「計画者の自信が、一体どの程度なのかを試してみる」ことにあるに過ぎない。もし反対意見を聞くや否や、すぐに元の見方を放棄してしまうようでは、計画者は全く自信がないことを証明してしまう。ただ思いつくままに書き連ねただけで、このような計画は試練に耐えられず、当然安心して支持することはできない。もし再三質問しても、計画者は依然として自分の意見を貫くようであれば、計画者は相当な自信があることを証明するのに十分である。当然安心してその計画を通すことができる。

計画者は、まず信用を損なわないように、いい加減に計画を提出してはいけない。次に試練に耐えられずに疑いを引き起こさないように、反対意見を聞くとすぐに、元の主張を放棄すると言い出してはいけない。しかし、くれぐれも「どの程度の自信があれば、どの程度貫く」原則を忘れずに、盲目的に貫き、頑固で独りよがりな悪い印象をもたらしてはいけない。どの程度の自信があって、どの程度の貫きをしてこそ、合理的な貫き方だと言える。さもなければ、過ぎることと及ばざることは、どちらも良くない結果を引き起こしてしまう。

計画者は自分の主張を貫いても、貫かなくても、正しくない「二つから一つを選ぶ」方式であり、「二分法」のわなに陥り、非常に不利をもたらしてしまう。このとき「二つを一つに合わせる」方式に改め、貫くと貫かないを一つに合わせて、合理的に貫く道を歩むべきである。貫き通し過ぎないが、あまりにも早く放棄することもせず、責任者に自分は自信があるが、責任者の最終決裁権を十分に尊重していることを、見抜けるようにさせる。責任者がそのために、落ち着いて穏やかに、可決を裁定すべきか、審査委員会あるいは審査グループに引き渡して審議すべきかを決定することができる。計画者は合理的に貫いた後、冷静に責任者の合理的な処置を受け入れ、そして十分に協力し、計画が完成し易くなるよう

にすべきである。

　一方では合理的に貫き、もう一方ではみんなの意見に従って、合理的に修正すべきである。みんなが関わる程度が深ければ深いほど、将来執行するとますます順調になる。なぜなら、関わる人は、多かれ少なかれ責任があり、この計画を支持しなければならない。そのため阻害する力が減少し、助ける力が増加する結果となり、みんなにご利益がある。計画者は度量が大きく、様々な異なる意見を受け入れなければならない。極力衆知を集めて有益な意見を吸収し、みんなの意見を極力計画の中に包容し、みんなが喜んで支持するように、一日でも早く計画が有効に実現できるように、力を尽くしてもらう。

　合理的に貫く最も困難な点は、やり過ぎてはいけないが、及ばなくてもいけないところにある。完全にそのときの状況に従い、適切に推考しなければならない。運用の妙を得るためにはよくよく思案しなければならないと言えよう。事後の明は、実際の運用には何の役にも立たない。必ず事前に多く学び、深く現状を理解し、かつ人の倫理関係が良くあってこそ、時機を外さずに即断でき、ほど良い程度にまで推考できるのである。難しいことは難しいが、十分に試してみる価値がある。

経営者は70％の責任を負わなければならない

　企業の成功と失敗は、経営者は70％の責任を負わなければならない。どうしてだろうか？我々は計画がタイムリーに合理的に調整できるかどうかから、ヒントを得ることができる。ここに以下のように説明し、参考として提供したい。

　経営者のリーダーシップがあまりにも強大すぎると、組織内に頼れる人材がいたとしても、発揮することができない。仕方なく経営者の指示に従って自分が受け入れ難い計画を立案するのでなければ、憤り退職し去って行く。

　特に現場からの叩き上げである経営者は、いつも自分は業務に精通していると思い込み、ただみんなに服従だけを求め、独創的な見解が出ることを期待しない。このような状況の下、経営者の神聖にして英明なリーダーシップは、大いに事業を発展させた後、往々にしてたちまち急速に崩壊してしまう。当然最大の責任を負わなければならない。

　計画の提出は、心をこめているか否かは、すでにみんなが経営者に対する信頼と忠誠を反映している。部下が心をこめているかどうかは、同じく経営者がもたらしたものである。計画を完成する過程で、経営者のリーダーシップが強すぎると、みんなは意見を貫くのに都合が悪く、一切言いなりになって、経営者の考え方に従って修正してしまう。当然ますます心をこめなくなる。

　計画の可決後、みんなはどんな変化に直面しても、一意専心にただ決定案に従って執行しようとする。手間が省けて面倒くさくないからでなければ、どのみち結果はどうであっても、決定した人が責任を取るので、どうして自分が心を煩わせる必要があろうかと考えるからである。

　経営者は部下を信頼してこそ、みんなは進んで心をこめて計画し、随時調整しよう

> とする。経営者は部下を重く見てこそ、みんなは喜んで新しい良いアイデアを出し、合理的な境地まで貫こうとする。
> 　互いに信頼し合う基礎があってこそ、部下は協議の過程で実力を発揮できる可能性がある。言い換えれば、経営者はどんなに水をぶっ掛けても、部下は試練に耐えられ、いい加減にあしらい事を済まそうとしない。
> 　計画の成功と失敗は、計画者の責任のように見える。計画者が責任を負うべきかのように見える。しかし、事実上そうではない。経営者の日ごろからの振る舞いこそが、計画者がどんな態度を採るかの根拠である。だから、経営者は重大な責任を負わなければならない。
> 　執行と考課も一緒に加えれば、企業の成功と失敗は、経営者が70％の責任を負うべきだと判断することができる。

第 6 章
何もしない執行過程

　管理の効果は、有為（成果があること、何かすること）に現れるというのは、全く疑いをさしはさむ余地がないだろう。しかし、みんながみんな成果があるように追い求めてしまうと、勢い個人主義を重んじてしまう。相争い、手柄を奪い合う結果は、多くの公然とまたはひそかにしのぎを削る悪しき振る舞いを生じさせ、逆に執行過程の困難を増加させ、執行の効果に影響してしまう。

　無為（何もしない）は当然何も為さないということではなく、何でもするということである。ただ、何もしない立場に立って何でもするのである。そうすれば、「功績があることを求めずに、ただ過失がないことを求める」というふうに、力の限りを尽くして為すことができるようになる。功績を争わず、過失を人になすり付けないようにできるのだから、自然と全てが私情を混じえずに処理することができる。

　執行時はもちろん元の計画の精神を尊重すべきだが、決定後の新しい変化や、執行時の実際状況にも配慮しなければならない。計画を確実に実施する心遣いに立って、変えることができると変えてはいけない境目をはっきりと見極める。それから何もしないリーダーシップの精神を発揮し、チーム力で難関を突破し、努めて計画を徹底的に実施するように求める。

　目標を実現すること、漸進的に試行すること、条件が熟すれば事は自然と成就することは、執行者が十分に理解し運用すべき三つの原則である。変えてはいけない立場に立って、変えることができる部分を探し、高い執行熱意をもって、同

僚の誠心誠意な協力を促し、断固完成させることを譲れなき自分の当然の責任とする決心をしっかり抱き、実状と情勢を細かく慎重に判断し、強力なチーム力を形作れば、自然と簡単に良好な執行効果を獲得できる。

執行後、必ず良かったことと悪かったこと、得したことと損したことを反省し、次回の計画時の重要な参考とする。しかし、反省するとき、中国人の特性を把握した方がよい。形式的に流れてしまい、自らをだまし、人をもだましてしまうことのないようにすべきである。

全面的な無形のコントロールも、中国式管理の特殊な方式である。主に人を対象とし、それぞれの顔色の違いから、心の差異を考察し、さらに一歩進んで生じ得る変化を把握する。執行する過程で、全面的に無形的にコントロールを加え、目的を達成するまで決してやめない。

第一節 計画を確実に実施する立場に立って執行する

計画者と執行者は同じ人であるとき、困難に遭遇した場合、「自業自得」という感覚を身に沁みて感じるため、通常口外することなく、黙々と解決の道筋を探すだけである。このときは自分の経験を高めようとする以外は、功績として報告したり、自分の組織に対する重大な貢献と見なすことは全くない。

しかし、計画者と執行者は同じ人でないとき、その間に生じるひらきは、必然であるというだけでなく、非常に著しいものである。通常は以下に記述する三種類の現象があり、両者を互いに非難させ、計画の順調な執行に妨げを招いてしまう。

第一、計画者は執行の実経験に欠け、しばしば時間の配分、前後順序や人員配置で、誤差を生じる。 もし執行者はわざとケチをつけ、あるいは正直に実情をそのまま報告すると、公然と計画者の弱点あるいは過失を暴露してしまう。計画者は面目が立たなくなった結果、逆に執行者が「舵取りが下手だから小川が狭いと嫌がる」のだと非難することになってしまう。そのため、屁理屈をこね、死んでも計画に誤りがあることを認めようとしない。実は一種の恨めしさと恥ずかしさから怒り出す、理性的でない反応ではあるが、双方が協調し難い状況を引き起こしてしまう。

第二、計画者と執行者は、異なる認識と判断基準を持ち、特に条件の有利か不利かの判断、執行の難易度、細部の融通度に関して、相当に大きなひらきがあり、双方の見方に差異を生じさせ、論争を引き起こす。 計画者が考案した問題の対策効果を、執行者はよく過小評価する。そのため、現有の状況下では、遂行し難い

と感じてしまう。同時に、執行過程で細部のやり方の変更の度合いに対しても、よく計画者と異なる反応をしてしまう。類似した状況は、往々にして絶えず出現して、双方が互いに批判し合い、互いに信頼しない状況を引き起こしてしまう。

第三、執行者は、元の計画の主旨を完全には理解しておらず、そのため本末、軽重、大小、利害、多少、緩急などの面で、計画者の想定と異なって理解する。 互いに悪意はないのに、結果は非常に恨めしくなってしまう。計画者がいろいろと工夫を凝らして、繰り返し計画の目標、目的及び意義、価値などの主旨を執行者に説明したとしても、必ずしも良好な反応を獲得できるとは限らない。なぜなら、執行者はよく自分に才能があると自惚れるが、実際では十分に計画者の本当の意図を理解できないことが多い。意思疎通が悪く、甚だしきは疎通しても意思が全く通じず、これ以上にない障害を形成してしまう。

これらのよく見かける状況は、もし適切に解消できなければ、勢い「計画が良好なのに、執行は努力不足、あるいは順調に運ばない」という悪い結果をもたらしてしまう。努力不足というのは、執行者が心をこめず、全力で協力したがらず、甚だしきは、わざとミスを起こし、計画者を困らせようとすることである。順調に運ばないというのは、執行者がとても心をこめて、全力で協力したがるが、認識のひらきや計画の主旨に対する理解が不完全なため、執行過程は非常に順調でない状況になってしまうことである。努力不足であっても、あるいは順調に運ばないであっても、計画者と執行者双方に害があっても利益はないので、必ずあらかじめ見極め、極力減少させ、双方の効果と利益を高めなければならない。計画は実施に移すために存在するのであり、仕事はよくできるというのは、計画に長けていることも、執行に長けていることも含まれている。ただ両者ともよくできてこそ、有効に目標を達成できる。

従って、執行者の使命は、計画の善し悪しを批判することでもなければ、計画の欠陥を見つけることでもなく、盲目的に計画に従って執行することでもさらさらない。執行者の使命は、「計画を確実に実施する立場に立って執行」し、確実に期待の効果を達成しようとすることである。以下に記述する三つの要領は、必ず十分に把握しなければならない。

第一、少しでも仕事経験がある人であれば、計画に従って執行することは実に困難だということに、気づくのは難しくないはずである。 なぜなら、計画が実際状況と食い違うことは、ほとんど例外を見つけられないほどである。計画者が執行の実経験がどんなに豊富だとしても、事実上細部の全てまで完全に把握し切ることは非常に難しい。そのため執行者がよく計画は完全に机上の空論で、少しも

価値がないと、不平をこぼす結果になってしまう。しかし、執行者は計画を確実に実施する立場に立って、批判やケチをつける心理状態を調整し、「内外環境は絶えず移り変わっており、計画者はどんなに気をつけていても、次から次へとやってくる変化を完全に把握することは難しい。執行時にちょっとした困難があっても、まさに自分の実力を発揮できるチャンスだ」と、考え方を改めるべきである。そのため、怒りを持って計画がいかに実際とそぐわないかと非難し、あるいは消極的に元からある計画を阻もうとするのではなく、方法を考え計画を確実に実施できるようにさせて行く決意を固める。このとき、執行者はわざとケチをつけることがないばかりか、公然と計画の弱点あるいは欠陥を暴露したがらず、逆に計画の意図を楽しみ、心をこめて臨機応変に変化に対応する方法を考えるようになる。さらには踏み込んで分析、比較、そして調整し、計画をより完璧にし、執行し易くなるようにさせて行く。計画者は執行者がこのような態度を採ることを、必然と歓迎すると思われる。同時に執行者が行う様々な調整に対しても、喜んで受け入れるはずである。互いに信頼し、許し合えば、自然と溝を生じることはない。

第二、このような互いに信頼し、許し合う関係を達成するため、計画者と執行者はよく意思を疎通すべきである。計画の目的に関しては、日ごろから築き上げた人間関係を通じて、適切な相手に対して、適切な時機を利用して、必ずはっきりと詳しく説明をしなければならない。中国社会では、みんなが同僚という関係だけを頼りにすると、規則尽くめの応対になり易い。互いに事実そのものが正しいかどうかについて論じてしまい、結局は互いに面子が立たなくなってしまう。日ごろから同僚とより多くのプライベート的な交際を持ち、一部の同僚を先に友人に変えた方がよい。このような友人同士のよしみがあれば、将来仕事の話をするときはやり易くなる。情から理に入り、互いに面子があり、さらに一歩踏み込んで意思疎通ができる。同僚の間柄では、細かいことにこだわり、自己中心が顕著になってしまうが、友人の間柄では、寛容で何でも相談でき、互いに世話を焼く義理人情的な観点から、わざと言いがかりをつけ、恥をさらすようなことはない。同僚同士の友人関係を通して仕事を議論すると、その間のよしみが効果を発揮し、討論しても互いに連携し易い。問題に遭遇しても、面と向かって教えを請ったり、あるいは異議を唱え易く、感情を傷つけたり、恨めしさと恥ずかしさで怒り出すことはない。計画と執行の間の様々な落差に関しても、調整、補完できる可能性が出てくる。このようにしてこそ、計画者と執行者は長く互いに協力し合うことができる。計画の執行が終わった後、互いに心にしこりを残し、今後と

もに付き合えなくなるようなことはない。

　第三、計画者と執行者は、「功績は埋没する、過失は残存する」道理を理解すべきである。一方では、功績は存在するとしても、すぐに忘れ去られ、甚だしきは評価が覆されてしまうことがあるのを理解する。もう一方では、「成果があれば、功績を相手のものにする」習慣を身につける。「功績は結局のところ譲り合って出て来たもので、争って得られるものではない」のであり、計画者と執行者が互いに功績を奪い合ってしまうと、必ずやどちらも認められず、双方とも功績がないことに変わってしまう。計画者は功績を執行者に譲り、執行者も功績を計画者に帰しようとすれば、結果は双方が認められ、みんなに功績があることになる。そのため、執行過程の中では、計画の欠陥あるいは弱点に対して、公然と口外すべきではない。互いに隠し、極力個人同士で相談し、一緒に解決、修正の方法をはかるべきである。責任者の前では、極力相手の見解を支持すれば、個人同士の相談がもっとやり易くなる。ただし、双方とも必ず計画目標を有効かつ確実に達成させ、計画を順調に施行させるという共通理念に立って、隠すという行動を進行させなければならない。そうしなければ、人をだますことになってしまう。中国社会では、隠すとだますの違いに対して、気をつけて区別しなければならない。さもなければ、両者をはっきりとわきまえることは難しい。

　要約すると、執行者の基本的な心理状態は、計画を尊重し、計画者を高く評価することから出発すべきである。それから計画を確実に実施する立場に立って、内外環境の移り変わりがもたらす関連変化を詳しく見て、「功績を争わない、過失を人になすり付けない」原則に立って、何事も情から理に入る方式を採り、計画者とプライベート的な友人のよしみを通して仕事を議論すれば、往々にして良好な疎通効果を納めることができる。執行者がもし自分で計画者とのよしみが足りないと判断したならば、頼れる人を探して仲を取り持ってもらった方がよい。双方の心理上の掛け橋が通じるように促し、「何と言っても味方ではないか」という状況になってから意思疎通すれば、必然と絶大な効果がある。

第二節　「変えることができる」ことと「変えてはいけない」ことを見分ける

　執行者は計画の主旨と目標を変更してはいけないが、実際の必要性に従って、細かい部分の実施を変えることはできる。そうすることで、計画が順調に、確実に実施し易いようにする。

計画は変更してよいかどうかは、二つから一つを選ぶ二分法で決めるのに適していない。計画は変えることができると考えることも、計画は変えてはいけないと主張することも、極端な見方であり、実際とは適合しない。もし二つを一つに合わせる思考方式を採り、変えることができることと、変えてはいけないことを一つに合わせて考えれば、両方を満足させる道筋を見つけることができるはず。すなわち同時に、変えることができる部分と、変えてはいけない部分の両方に配慮することであり、「合の中に分があり、分の中に合があり」の法則にかなう。

　執行者が特に注意しなければならないのは、変更できる部分は、以下に記述する三つの項目だけに限るのである。ここにそれぞれ分けて以下のように説明し、参考として提供したい。

　第一、基本条件に変化が発生し、元の見積と重大な差異が現れた。このときは、もし完全に状況の移り変わりを無視し、「死んだ馬を生きているものと見なして、医療を施す」という無理やり計画通りに通そうとする心理状態を抱くと、もちろん時には固い決意が全てに勝り、難関を克服し、計画を実施に移す可能性もあるが、どうしてもやむを得ないでなければ、このようにしない方がよい。なぜなら、このような精神力で万難を排除する方式は、しょっちゅう用いるのに適していないからである。実際の障害に抗えず失敗してしまわないようにしなければならない。適切な対応の考え方は、そのときの条件を判断し、計画に対して合理的な調整を行うことである。

　第二、政府の政策に重大な変化が発生し、元の計画の執行に不利をきたすときは、変更あるいは修正を加えないわけには行かない。甚だしきは一時的に執行を停止し、政策に変化が生じるのを待ってから、調整や放棄を考慮しなければならない。なぜなら、古よりこれまで、民衆は政府とは闘わないことは、ほとんど企業界の自らを律する絶対的な規則になっているからである。特に政府が新政策を公布したばかりのころ、あるいは政策の執行に厳格かつ迅速なときは、政策に違反する必要などさらさらないのである。見せしめの標的にされ、大きな損失を被ってしまうことがないようにしなければならない。政策の求めに協力することは、今までずっと企業界が従ってきた法則である。重大な政策が公布される度に、対策を考え自分の計画を調整することが、合理的な態度であるはず。

　第三、予想外の自然災害と人的災害が、執行上の重大な困難を引き起こした。このときはどんなに執行の決心があっても、計画は停止を余儀なくされる可能性がある。なぜなら、自然災害と人的災害は、往々にして自分の力で予想し、制御あるいは救済できるものではない。多くの人が比較的に長い時間を費やし処理し

てこそ徐々に回復できるものである。不幸にもこのような状況にぶつかった場合は、おそらくしばらくストップをかけ、状況が改善されるのを待ってから、方法を考えるしかない。ただし、しばらく止めてから、改めて心をこめて元からある計画を調整し、それを状況の変化に適合させ、続けて順調に執行できるようにさせて行くべきである。

　上に記述した三種類の状態、基本条件に変化が発生した場合、政府の政策に重大な変化が発生した場合、予想外の自然災害と人的災害に遭遇した場合、執行者は当然計画に適切な変更を加えることを考慮してもよい。しかし、全ての変更は、元の計画の主旨と目標を尊重すべきである。どんなことがあっても、我々は変更できるのは、細部に過ぎず、そして既存の主旨と目標に違反しないことを原則としなければならない。

　執行者は必ず以下に記述する三つの原則を把握しなければならない。ここに以下のように分けて記述する。

　第一、目標を実現する原則。計画を立案する過程で、参加しているかどうか、異なる意見があるかどうかに関わらず、一旦執行が決定されれば、計画が定めた目標を何が何でも実現させる決意を固めるべきである。例えば、新入社員教育の場合、主旨は新人が一日でも早く仕事できる状態に到達させ、組織内部の実際運営、及び仕事の分野と性質を理解させることにある。全ての執行関係者は、必ずこのことをしっかりと心にとどめ、それぞれの角度から目標を達成させなければならない。たとえ組織の現状から見て、全く集中的な訓練を開催する時間がない場合でも、方法を考えてまとまった教育課程を細かく分割して、マンツーマン形式を採り、仕事の進行を通して、先輩社員が新入社員をリードし、徐々に彼らが正しい軌道に乗るように導くことで、期待する目標を達成させるべきである。この原則をきちんと果たそうとする意識があれば、自然と臨機応変にでき、現有の条件に基づいて、目標を達成するのに有利な道筋を創造することができると、我々は信じている。

　第二、漸進的に試行する原則。初めから計画を変えることを考えてはいけない。試してみるという心理状態を抱き、漸進的な方式を採るべきである。先に部分的な計画を実施に移し、みんなが受け入れるのを待ってから、全部の計画を実現する。通常我々は先に受け入れ易い部分から開始するか、あるいは受け入れ易い事項から着手することになる。営業部門が定める販売計画を例に挙げれば、主旨はどんな販売方法で商品をどんな人たちに売るのかを説明することにある。その中では、市場需要に合った商品を生産すること、安定的に顧客に供給すること、市

場を分析すること、マーケット層を把握すること、潜在的な顧客を探すこと、売り出す方法を確定すること、企業のロイヤリティ打ち立てること、アフタサービスをきちんと行うこと、商品の付加価値を提供すること、流通環境の変化に注意すること、販売促進活動を設計すること、営業目標を定めること、販売奨励処置を提供すること等々、様々なことに関係する。執行時は各項目別に、受け入れ易い部門を探すことができる。例えば、生産部門の中の研究開発部門のように、よりコスト削減した生産方法の開発を試行させることができる。あるいは各項目別に、受け入れ易い事項を選択することができる。例えば、販売チャネル調整のように、商品はどんな時に、どこに、どれだけの数量を、売り場の棚に並べるべきかの関連戦術を考案させることができる。抵抗が最も小さく、効果が最も大きい点から着手することは、執行にはとても有利である。

第三、条件が熟すれば事は自然と成就する原則。おおよそ厳格かつ迅速に執行する結果は、大方は三日坊主で、瞬く間に幻になってしまうものである。先に漸進的に試行し、それから水の流れに沿って船を進ませるように成り行きに従ってことを進め、さらに鉄を熱いうちに打つように好機を捕らえ、時機にかなった行動を取る。このように条件が熟すれば事は自然と成就するように、条件を整えてあげる方が、往々にしてより長く効果が持続して有効である。販売能力促進計画を例に挙げれば、主旨は販売人員の挑戦精神と自信を高めることにある。販売担当者の顧客に対する訪問が要領を得ない、顧客に対して明らかな好き嫌いがあり、時間の配分が適切でない、訪問交渉の技巧に問題があり、仕事量が大き過ぎると自分で考えている、性格が内向で、積極性が足りず、自信に欠け、商品を理解していない、拒絶されることを恐れる等々の項目に焦点を合わせ、逐一に分析し、本当の原因を見つけ、症状に応じて投薬し易いようにすることができる。このときは、責任者は販売担当者に同伴して顧客を訪問したり、あるいは仕事の合間に個別面談したり、看護婦さんが病人を看護する気持ちでずっと全快するまで対応することができる。

　要するに、執行者は完全に計画の主旨と目標を無視し、どうしても自分の意見に従って調整しようとしてはいけない。計画の主旨と目標を基礎とし、それを変えてはいけない部分と見なし、それから目の前の実際の需要を詳しく見て、自分の創意を加え、計画の執行をもっと順調で、もっと有効になるようにさせるべきである。

　執行者が計画の主旨と目標から逸脱しすぎた状況に遭遇したとき、責任者はただちにその行為が境界を越えていることを指摘し、すぐに改善を求めるべきであ

る。ただ、このような逸脱しすぎた執行者は、通常とても有能で、自分の能力に非常に自信を持っている。彼らの共通の欠点は、自惚れ屋で、かつ独りよがりであり、つまるところ自意識が強烈すぎるのである。もし面と向かって水を吹っかけ、すぐに是正を求めると、必然と抵抗と不満の感情を引き起こしてしまう。先にしっかりと奨励を与え、次に明確に逸脱の事実と、将来において問題を引き起こす可能性を指摘した方がよい。自尊心を傷つけず、面子を傷つけないように配慮した状況の下、「利口な人の共通の欠点」を利用して制止を加えれば、簡単で受け入れられ易い。勝手に計画の主旨と目標を変更する執行者に対しては、くれぐれも寛大に許してはいけない。忠告しても聞かないときは、必ず厳重に処分しなければならない。もしそれでも改善しなければ、担当を交代するか、あるいは自ら辞職することを勧めるべきである。執行者は他人がなんと言おうと一向に頓着せずに我を通すことは、基本的には容認できない行為である。しかし、全く心をこめず、盲目的に計画を全部そのまま執行しようとしても、同じく非常に深刻な弊害をもたらしてしまうので、同様に寛大に許すことができないやり方である。

　「変えることができる」と、「変えてはいけない」の双方を明らかにわきまえ、「変えてはいけない」立場に立って、「変えることができる」部分を見つける。このような不変で、全ての変化に対応する執行精神こそは、正しい方式である。残念なことに、現在では多くの人が、この原則を理解し把握することができなくなってきている。

第三節　何もしないリーダーシップを発揮する

　計画を執行するとき、通常ぶつかる可能性のある障害は、執行者が計画の主旨と目標に対する理解の不足、執行能力の不足、仕事意欲の低下、執行手順の乱雑、及び執行者が計画者に対する心理的抵抗を除けば、最も重要なのは、執行チームの責任者のリーダーシップよりほかないだろう。

　現代では、一人の担当者が単独で計画を執行する可能性はもはや大幅に減少し、大方はチーム方式を採って計画を執行する。そしてチームの規模は大小に関わらず、責任者を決めなければならない。もし責任者が良好なリーダーシップを持ち、メンバーの仕事意欲を引き起こし、執行能力を高め、計画者に対する心理的抵抗を軽減させることができ、同時に計画の主旨と目標に対する踏み込んだ理解を強化し、よく計画部門と密接な連絡を取り合うことができれば、計画の執行はすでに半分は成功したと思われる。

良好なリーダーシップは、計画の執行に関して言えば、要点は以下の通りである。

第一、計画に対して高い執行熱意を持ち、たとえ上司から割り当てられた計画であっても、自分の職責内の仕事と見なし、熱心に受け入れ、かつ強烈な達成意欲を示し、計画を徹底的で有効に執行しようとすべきである。執行チームのメンバーは、責任者のこのような積極的な態度に影響され、自然とプラスの反応を生じさせ、心と力を貢献し、計画を執行するために一致協力したくなる。当然、責任者は普段からメンバーの面倒をよく見て、合理的にメンバーの能力に従って仕事を割り振ることができてこそ、メンバーは責任者の熱意を感じ取ることができる。

第二、メンバーに対して比類なき自信を持ち、みんなの協力は執行の成果を、保証するのに十分であると確信すべきである。なぜなら、メンバーは責任者の期待に対して、通常は非常に敏感であるからだ。みんなは責任者の期待が、積極的で下心のないものだと分かれば、自然と仕事意欲を高め、心をこめて執行しようとする。もし責任者が全くメンバーを見下げ、メンバーに対して自信に欠けることを察知すれば、みんなは期せずして申し合わせたかのように自然と執行の意欲を下げ、責任者と相当な距離を保ってしまうであろう。計画の執行成果に対しても、あまり関心を持たない。どのみち、やれるだけやって、気を遣って考える必要はないとあきらめてしまう。

第三、執行の成果に対して非常に大事にし、人任せにできない自分の当然の責任として断固完成させ、さらには優秀な結果を達成しようと求めるべきである。責任者は熱意があり、メンバーに対して自信があり、さらに加えて成果をとても重視すれば、メンバーはますます努力し、心をこめてきちんと執行するようになる。責任者は執行の成果に対して、「善し悪しはどうでも良く、やれるだけのことをやればいい」という心理状態を抱くと、メンバーは熱心に努力しているように見せかけることばかりにかまけ、必ずしも本当に心をこめなくなるので、執行の成果に対して、自然と良くない影響を生じてしまう。

このようなリーダーシップを示すためには、責任者は無為のリーダーシップを取った方がよい。そうしてこそ、何もしないで何でもすることができ、総動員の効果を創造することができる。

無為（何もしない）と言えば、みんなはすぐに老子を思い起こすだろう。なぜなら、道理は「道は常に何もしないで何でもすることにある」と主張していたからである。「何もしない」という観点から管理を見るのは、老子の非常に独特で、

他の追随を許さない見解のようである。ずいぶん多くの回数の国際管理研究討論会で、よく聞く西洋の学者の質問は、無為で本当に何でもすることができるのか？ どの企業家が無為のリーダーシップを採用しているのか？ なぜなら、彼らは字面から、無為を「何もしない」と解釈するからである。当然無為の本当の意味を理解できず、疑いを持ってしまうのである。

老子の観点は、現代管理が盛んに行われている時代において、とりわけ重大な警告作用を持っている。なぜなら、管理者はよく知らず知らずのうちに「管理のために管理する」というわなに陥ってしまうからである。実際の効果と利益を伴わないのに、数多くの管理業務を作り出し、いたずらに管理コストを増やしてしまう。トップもよく「リーダーシップのために指導する」、明らかに効力がないのに、勝手に指示を出し、結局メンバーの苦悩を増やしてしまう。

トップが強引で勝手にでたらめなことを行い、自分の意志と欲望を達成することのみに気を配り、干渉する能力がないのに、勝手気ままに部下に干渉することこそは、老子が極力反対する「有為」である。彼は、「国家の法令が多ければ、人民は貧しくなる。政府の規定が多ければ、社会は混乱する」と指摘している。我々は管理において、「上司が口出しすることが多ければ、部下は心をこめて仕事することができなくなる。責任者が干渉することが多ければ、部下は何に従うべきか分からなくなる」と言うことができる。執行チームの責任者はもし何もしないリーダーシップを発揮することができなければ、計画に対する高い執行熱意は部下の全力を呼び起こすことができないだけでなく、メンバーに対する比類なき自信はメンバーの共鳴を引き起こし難く、そして執行の結果に対する重視も部下に同じ期待を生じさせることを保証できない。逆に、メンバーにあまりにも多大な制限を受けさせ、身動きが取れなくなるほどに縛りあげてしまう。時と場所によって適切に臨機応変に振る舞い、計画を有効に確実に実施させ、成果が上がるように行動することもできなくなってしまう。

老子は無為（何もしない）の効果に対して、十分に具体的な説明をしている。彼は、「トップは何もしなければ、部下は自ら成長することができる。上司は静を好めば、みんなは自然と軌道に乗る。上司は余計な事を起こさなければ、みんなは仕事を良くする時間がある。上司は欲がなければ、みんなは上辺を飾らず堅実に仕事をする」と言っている。何もしないのは、全く何もしないということではなく、静を好み、余計な事を起こさず、欲を無くすことを内面的素養とし、勝手気ままにでたらめなことをしないことである。その要点は以下の通りである。

第一、「無為（何もしない）」の態度で部下を引っ張って行く。そうすることで、

「何でもすることができる」効果を生じさせる。老子は何かを行うことを反対しているわけではなく、彼はみんなが努力して行い、一人ひとりの力を貢献することを勧めている。しかし、必ず「行っても功績を鼻にかけず」、自分の才能と功績をひけらかさず、努力の成果も独り占めにしないようにしなければならない。老子は人と人の間にある争いの根源は、人はみんな自分の独占を拡大したいという欲望にあることを見抜いている。そのために、「行っても争わない」と主張し、みんなが自然の状況に従い、各自の才能を発揮するが、他人と功績を争わないことを主張する。執行チームの責任者は、もしこのような「行っても功績を鼻にかけない」、「行っても争わない」という精神を抱き、何もしない態度で同僚を引っ張って行けば、みんながきっと喜んでそれぞれに全力を尽くすのに、互いに成果を奪い合わないことができる。そこで、心を一つにして協力し、当然何でもすることができるようになる。

　　第二、「**無欲**」の心境で執行チームを引っ張って行く。そうすれば、みんなは自然と上辺を飾らずに堅実になる。いつも責任者の気持ちばかり推測している必要がなくなり、正しい道に従って計画を執行するだけで、他に何も気にかける必要がなくなる。責任者に欲があるというのは、本能的な欲望を指しているわけではなく、意図的な狡猾さを指している。欲がないというのは、狡猾な企みはなく、みんなが安心してやるべき仕事をすることができ、特に責任者に下心があるかどうかに気をつける必要はないということである。そのため、部下は安心して自らを正すことができる。我々は多くの実例から、部下が正直に事を処理できないゆえんは、多くは責任者に非協力的だと見なされ、閑職に回されたり、免職されたりするのを恐れるためだと、発見することは難しくない。だから、責任者は正当でない欲望を持たずにいてこそ、部下が良心に基づいて事を処理するように保証できるのである。

　　第三、「**謙虚で静か**」な状態で執行する同僚に影響を与える。そうすれば、みんなは虚心坦懐になり、互いの異なる意見を受け入れ、衆知を集めて有益な意見を広く吸収するようになる。責任者に欲がなく、謙虚で静かな状態を呈し、平常心を抱けば、自然と部下のすることなすことに対して、さらに大きな寛容心を持つようになる。影響が及べば、部下の間でも謙虚の美徳を発揮することができる。みんな気持ちを落ち着け冷静な態度をとって討論すれば、異なる意見にぶつかっても、争いを引き起こすことがない。上も下も軽率に焦らず、事を処理するのに、「静をもって動を制し」、「十分に鋭気を養って、遠征で疲れ切った敵兵の来攻を待つ」ように無駄な動きをしないことを重んじ、力を節約してなお効率が良い。

具体的な行動では、我々は責任者が少なくとも三点を達成することを望む。

第一、部下ができることは、責任者は絶対に手を出さない。空間を譲って、部下に十分に振る舞わせ、何事によらず必ず自分が現場に臨むのではなく、努めて「下から上に」対応するように求める。部下に参加感、達成感を持たせることは、責任者の最も良い行動である。

第二、責任者は問題を提示するだけで、解答を出さない。部下は自然と解答を探し、かつ全力をもって対処するだろう。責任者の責任は、注意して部下が合理的な解答を見つけたかどうかを考察することにある。見つけていないとすれば助言を与えるべきである。

第三、責任者は全責任を負い、少しも責任逃れをしない。部下は責任者を巻き添えにしては申し訳ないと思えるからこそ、尽力して職責内の仕事をうまく処理し、過ちを起こさないようにすることができる。

第四節 チーム精神で難関を突破する

単独一人で計画を執行すれば、もちろん十分に自分の自主性を発揮することができ、仲間のけん制や妨害を受ける必要がない。しかし、一人で対応できる効果は、結局のところ多寡が知れたものであり、重大な計画を成し遂げることが難しい。そこで、チームとしていかに行動するかが、計画を執行するときの主要な課題となり、みんなの力を結集することで、執行時にぶつかったさまざまな難関を突破しようとする。特に中国人がいったい隙間のないほど密接に協力し、一致団結できるかどうかという問題が、すぐに表面に浮上し、早急に解決が待たれる。

中国人は協力することができるか？　協力することができないか？　解答は一つだけである。「決めつけ難い」、意味は確実に決まっていないということである。中国人は協力すると、共通の敵に敵愾心を燃やし、一致団結して対外し、しばしば抵抗できないほどの強大な力を生じさせる。しかし、普段の中国人の振る舞いは、本当にばらばらの砂のようで、それぞれに自分のことをやり、誰もが他の人を認めない。どんなに呼びかけても、団結できない。この中には、時機、情勢、リーダーシップの三つの要素があり、決定づける鍵的な役割を果たしている。ここにそれぞれ分けて下のように説明し、参考として提供したい。

第一、時機。中国人は何かをするときは、時機が適切かどうかを最も重要視する。みんなが最も心配し恐れるのは、「時に背いて事を行う」ことである。時機にそぐわないことをすると、よく凶が多く吉が少なく、不幸な結果になってしま

う。新しくやり直そうとしても、時機がすでに過ぎ去ったことに気づき、後悔も先に立たず、挽回しようにも間に合わなくなる。協力に関して論じれば、時機が有利や切迫している場合、協力はメリットが多く、あるいは協力しなければ生存できない場合、中国人は一致団結し、かつ密接に協力することができ、予測つかないほどの高度なチーム精神を示す。歴史上に多くの例があるだけでなく、今日の社会においてもなお事実として残っている。

　第二、情勢。中国人は逆境にも順境にもよく順応すべきだと主張する。情勢が有利なときは、みんな自己主張し、まるで天地の間、唯我独尊かのようである。情勢が不利なときは、みんな自らを危ぶみ、「他人の軒下にいては、頭を下げざるを得ないように、他人の管理下にある以上、人の言いなりにならざるを得ない」心理状態を抱き、目の前の不利をわざわざ被らないことを理由に、縮こまって右往左往しても不満には感じない。協力に関して言えば、情勢が不利な人は、自然と方法を考え尽くして、情勢がすこぶる有利な人になびきたがる。情勢がすこぶる有利な人は、高いところに登って呼びかけると、すぐに各方面が共鳴する。ただし一時的な従属であり、長い間の帰属ではない可能性が高い。一旦情勢が変化すると、元々そばに従い、常に左右に従属する大衆は、すぐに木が倒れてサルが散るがごとく、それぞれ自分の将来のために去っていく。情勢がちょっとでも変わると、団結協力の状況はすぐ様それに従って変わってしまう。人を感嘆させるのは、ものごとを成功させるのもこの人たちで、失敗させるのもこの人たちである。そのため中国人を風見鳥だととがめる。しかし、実は冷静に考えてみると、風見も公益のために合理的な程度まですれば、どうして良くないことがあるのだろうか？

　第三、リーダーシップ。時機が適切で、情勢も有利であれば、中国人は自然と団結することができる。効果はどうであるか、どのぐらい長く維持できるかは、人心を得るリーダーシップがあるかどうかにかかっている。もしリーダーシップを取る人が、何もしないことでみんなが大いに力を発揮するようにつき動かし、智恵がないことでみんなが全智全力を尽くすように導き、能力がないことでみんなが総動員するように啓発することができれば、執行時どんなに大きな困難にぶつかっても、強大なチーム力を凝集させ突破し、順調に期待通りの成果を達成できると思う。

　困難な計画であればあるほど、ますます強いチーム力が必要となる。しかし、チームの行動は、しばしば互いに意見が一致せず、甚だしきは深刻な摩擦が発生するため、計画の執行にとても大きな妨害と破壊を招いてしまう。

一般に人の物事に対する見方は、大方は個別的で全体性に欠ける。同時に思考するときも、人それぞれに異なる盲点が隠されている。一方では全面的に見ることができず、もう一方では深く見通すことができない。そこで、片隅に偏り、それぞれ自分の意見に固執してしまう。このときチーム力を凝集したくとも、おそらく非常に困難である。このような欠陥を救済するには、順番に異動する制度を採用することができる。各部門の人員は、勤務状況いかんに関わらず、順番に不定期の異動を受けなければならないと規定する。まずは「うまくやれなかったから異動する」という抵抗心理を打破し、異動後に面子の問題のため発生する後遺症を生じないようにする。同時に不定期で、「三年任期のうち、最後の年は無事に任期を満了させるために何もしない」という任期症状を取り除くようにする。昇進の前は、先に他の部門に異動させ、それから元の部門に戻して昇進させる。視野を広くし、またより多くの頼れる人間関係を築き上げられるようにする。計画の執行に対して、必然と大いに役に立つだろう。

　執行業務の中で、我々は多くの行為は、目に見えないものであることに留意しなければならない。通常表面に現れてきて、目に見えるのは１／５にも及ばない。80％以上の目に見えない行為は、心理状態から理解していくべきである。そうすれば有効に修正、調整することができ、効力を高めることができる。

　執行チームの責任者は、自分の責任はメンバー全員を率いることであって、その中の少数の同僚を率いることではないと自覚すべきである。責任者の心は、メンバー全員の心に響かせるべきで、少数の人の心だけに響かせるべきではない。しかし、メンバーの中には、個人的な温度差が存在することは避けられない。一度号令をかければ、歩調を統一し、協力して前進できるわけではない。実行できる方法としては、やはり同じように最も腹心となる第一階層を通して、信頼のおける第二階層に影響させ、その上で第三階層の人たちに自発的に認めるように同意させる。このように内と外で階層を分け、親しさの度合いによって差別する影響方式は、責任者が心の中で考えることができるだけで、絶対に口に出して言ってはいけない。口では全ての者を一律平等に扱う、みんな同じであると言うしかない。しかし、心の中では、仕事の協力度、忠誠度と、貢献度を見て、メンバーを内と外に区別がある三つの階層に区分けした方がよい。事があれば、まず最も内側の層の同僚、つまり最も腹心となる第一階層を集めて、密かに相談する。次に第一階層の同僚から問題提起し、中層、つまり信頼のおける第二階層の同僚に意見を求め、彼らの解答はどんなものかを見て、最終結論に近い決定を行う。最後に外層、つまり態度が普通な第三階層の人たちの同意と支持度に基づいて、責

任者によって最終決定権に従って戦略決定として成立させる。このように内から外へ、次に外から内へ、作り出された決定は、通常一致協力の効果を獲得し易い。たとえチームの規模はどんなに小さくとも、個人の温度差を無視して、全ての者を一律平等に扱う方式を採ってはいけない。中国社会では、一人の責任者が一人の部下を率いても、いくらかは面と向かって直接疎通するのに不便なところがあり、よく部門外の同僚の助けを借りることがある。あるいは責任者の妻が表に立ち、部下と疎通することもある。正式の組織体制に合わないけれども、時としては却って非常に便利で有効である。

　中国社会は特に倫理を重視するため、みんなは小さいごろから、親しさの度合いによって区別があり、上下関係によって差別がある雰囲気の中で育ち、だから「合理的な不公平」を「不合理的な公平」よりももっと重要だと考えている。そのため、全ての者を一律平等に扱うやり方に対しては、一つ目は本当にそんなことが有り得るのかと非常に信じ難い。二つ目は、「善人も悪人も見分けられない」という錯覚をいとも簡単に生じる。三つ目は、みんなは自分だけが不当な待遇を受け、責任者に目をかけてもらえなかったと思い込んでしまう。親しさの度合いによって区別があり、内外によって差別がある互いの連動を通した方が、逆に比較的に簡単に水中の波紋のように、内から外に響き、そして外から内に返し、内外一致の団結の雰囲気を作り出し、最も素晴らしいチーム力を発揮することができる。

　管理されるチームのメンバーは、チームの行動は責任者のリーダーシップと密接な関係にあり、全く一つの物体の二つの面にほかならないことを、分からなければならない。責任者は不公平なように見えるが、実際では非常にみんなを尊重する内外階層の連動方式を採る以上、部下は自分がどの階層に配置されるかは、完全に自分の行動の結果であることを、よく理解しておく必要がある。責任者が不公正で、えこひいきしていると自分を慰めてはいけない。実際の行動で、自分が責任者の心の中での階層地位を変えるべきである。あるいは責任者の配置に満足し、天を恨まず人をとがめないようにし、心をこめて自分の役割を演じ切るべきである。少なくとも心に恥じるところがなく、自分に申し訳が立ち、将来後悔することがない。

　上下、左右、全てのメンバーが、このような目に見えない互いに連動する雰囲気に、気を配ることができれば、互いに疎通し易くなり、協調の境地を達成することができ、団体の歩調に協力し、一致協力のパワーを示すことができる。そのパワーで幾重もの難関を突破して行くことができるはずである。

第五節 執行の過失を反省し次回計画の参考とする

　中国人は普遍的に反省の重要性を知っているが、なかなか簡単には反省をきちんとすることができない。よく申し訳程度に事を済まし、重要な点を避けて二次的なものを取り上げ、それから全ての責任を、制度がよくないことに帰してしまう。いかなる反省であっても、結論は終始一つしかない。「もし制度が改善できなければ、おそらく今後も依然としてこのような問題が発生する。是正することは難しい」。

　実のところ、中国式の反省には、その特性があり、特に注意しなくてはいけない。ここに最も主要な三つの法則を、それぞれ分けて説明したい。

　第一、功績があれば、必ずみんなと分けて享受しなければならない。みんなの分があってこそ、功績は容易に認められる。さもなければ、取り分がなかった人は反発してしまう。

　中国社会では、功績は永遠に譲られて出てくるものである。譲り譲られて、みんなに功績があり、全員で享受すれば、功績は非常に大きいように見え、みんなが楽しくなれる。もし下心を持って功績を奪おうとすると、みんなが互いに奪い合う現象を引き起こしてしまう。奪って奪われて、みんなに功績がなく、不愉快なだけでなく、いらいらが募り、簡単には納得できなくなってしまう。

　反省のときは、功績があれば外に推しやるべきである。不満がある人に推しやった方がよい。お互い様という相互主義の連動原理に従えば、外に推しやると内に寄せ返す反応が生じるはずである。そして、功績を獲得する人が多ければ、見返りも多くなる。みんながすっかり取ってしまっても、自分の取り分は残してくれる。もしみんながすっかり分けてしまって、自分の分までもなくなったら、自然に正義を主張し、公正な話をする人が出てくる。このときはもっと謙虚に礼儀を尽くして譲るべきであり、より多くの功績をつかめることを保証できる。万一みんながすっかり分けて、自分の分までも奪われてしまったのに、なんと公正な話をする人もいなかったら、まだ二つの行くことができる道がある。一つの道は、すぐに辞表を差し出し、逃げるにしかず。なぜなら、この地はすでに長居するのに適さないのに、どうしてこのような小さいことにこだわる必要があるのだろうか？　もう一つの道は、この機会に乗じて警告を提言し、「みんなさん、お気をつけください。組織の文化はなんとこんな状況にまで堕落している」と主張することである。組織の雰囲気変革にも、きっと大いに役に立つと思われる。

　第二、過失があれば、自分で責任を引き受けた方がよい。特に上位に立つ人は、

もし勇気を持って率先して過失の責任を引き受けたら、幹部も大方はすぐに続いて過失を引き受けることができる。このように一階層ずつ下に伝わって行き、みんなが責任を言い逃れしないで行くと、過失は簡単にはっきりする。しかし、中国人の言うところの「はっきりする」とは、心の中でよく分かっていることを指し、依然として明白に言い出す必要はない。みんなが奪って奪われて、過失は最後に誰の身の上に落ちるかは、当事者だけがはっきりすればよく、依然として彼の面子を傷つけないように配慮し、仲違いしないようにしなければならない。当事者を面子が立たなくさせてしまい、かえって恨めしさと恥ずかしさで怒りだし、死んでも過失を認めないようにさせては、自分で自分の首を絞めるようなものではないだろうか？　上位に立つ人は、反省会の後で、過失を犯した人に密かに来てもらえれば、彼は大方頭を下げて過失を認め、言い逃れをすることはない。もしそれでも彼は過失を認めようとしなければ、再度事情を探り、さらに深く踏み込んで状況を確認してから、再び彼に来てもらうようにしても差し支えない。二、三回もすれば、大体は心の防御を突破し、真相がすっかり明らかになるのだろう。公に過失を認めない同僚には、心情を察してあげるべきであり、単独で尋ねても過失を認めない人には、忠告してあげなければならない。公の場で認めずに、個人的に認め、それからは同じ過失を犯さなければ、依然仲間として受け入れることができる。

　反省のときは、人を対象としない方がよい。事実をもって分析し、かつ過失を自分に帰すれば、しばしば本当に過失を犯した人を顕わにし、形を変えて言い逃れるところがないようにさせる。過失は争って出てくるものであり、みんなが過失を争えば、責任は非常に明らかになる。みんなが推しつけ合って言い逃ればかりすると、結局みんなが過失を犯し、責任は明らかにならない。

　第三、まずは功績を話す、それから過失を探す、最後に感謝を述べることが、反省会のお決まりの三つのプログラムである。最初に執行の成果は良好で、みんなに功績があることを発表する。続いて自分の気遣いが足りないばかりに、配慮が行き届かず、若干の過失を引き起こす結果になってしまい、早急に反省し改善する必要があると説明する。最後に、依然として十分に感謝し、みんなが今後も初志を貫き、積極的に努力することを望む。議長から始め、発言する人は全員、この手順に従って、サンドイッチ方式で、聞きづらい話を二層の聞こえのよい話の間に包み込むようにする。聞く人は心地がよく、自然と聞き入れることができ有効である。

　単独で面と向かって反省する人に対しても、サンドイッチ方式を採った方がよ

い。先に褒め、次にけなし、最後に感謝する。反省する人は、面子を保ち、簡単に過失を認めることができる。ただ、我々の目的は、過失を認めることや、謝られることにあるわけではない。なぜなら、両者とも実質的な意味がなく、してもしなくても大きな違いはないからである。我々は反省を通して、執行時にもたらされた過失を探しあて、本当の原因を見つけ、詳しく記録し、次回の計画の参考としたいのである。「二度と同じ過失を犯さない」ことこそ、反省の有効な機能であり、永遠に同じ過失を犯さないことこそ、すごいことである。

　執行は計画と異なる結果が生じることは必然的である。結果が期待通りだとしても、原因を反省する必要がある。どうしてこんなにぴったりと合うのか？　予測の精度が高く、正確であったためか、それとも調整、変化への対応が適切だったためか？　計画があらかじめ融通性を残していたためか、上位者が強力に後押ししたためか？　結果が期待通りではなく、甚だしきは反対である場合、当然詳細を探求すべきである。どこに問題が発生したか？　中途でついえたり、半分までも執行していないのに身動きできず、放棄を宣告せざるを得ないものに至っては、特に気をつけて反省する必要がある。病気の源を見つけ、根治できるようにしなければならない。人事異動で、どのみち当事者はすでに職を離れよそへ移ったからと言って、あるいは私情の要因で、当事者は長年の上司や、古なじみの同僚だからと言って、申し訳程度に事を済まし、実質の反省をしないようにしてはいけない。旧習悪弊をそのまま引き継ぎ、消極的でいい加減にごまかす結果、繰り返し過失を犯してしまう。そのため、いい加減に計画し、いい加減に執行する悪しき習慣を身につけ、自分を害し人をも害してしまう。

　一般的に言うと、執行の結果が理想的ではないのは、主に三種類の原因がある。

第一、計画自体が誤差、ミスがあり、執行時に気をつけて調整したとしても、適切に処理することが難しい。計画の全体であっても、計画の部分であっても、間違いが生じると、執行の成果が期待の目標に達成できないように、深刻な影響を及ぼしてしまう。このような過失は、明確に記録し、計画担当者に前人の戒めとして提供し、再度犯すことのないようにしなければならない。

第二、執行者が勝手に計画の主旨と目標を変更することを無断で決行し、すでに計画の主旨と目標を変更してはいけないという大原則から外れている。計画の全体であっても、計画の部分であっても、ねじ曲げを受ければ、結果は必然と形が大幅に変わってしまう。意識的であっても、無意識的であっても、悪い結果をもたらす可能性がある。このような過失は、本当の原因を見つけ、執行者と疎通し、改善の経験を提供すべきである。また今後の執行者にも知らせ、避けるよう

にさせなければならない。

　第三、計画者も執行者も非常に心をこめたが、内外環境の重大な変動のため、元々ある計画に従って執行することができない結果になってしまった。このような状況の下、完全に計画者の予測の正確さが足りなかったことを非難することはできないし、執行者の変化への対応能力が不足していたことのせいに帰してもいけない。しかし、過失をしっかり反省し、今後の参考とすべきである。

　過失は反省してもよいが、失敗を認める必要はない。中国人は簡単に敗北を転じて勝利と為させることができない。なぜなら、一旦失敗を認めてしまうと、心理的プレッシャーが大きくなり、兵が敗れて山が倒れるがごとき、木が倒れてサルが散るがごとき大崩れの悪い結果を招き易い。過失は改善できるが、失敗は再起することが難しい。我々は過失を反省して、次回改善の参考とすればよい。どうして必ず失敗を認め、人をびくびくさせ、誰も安心できないようにさせる必要があるのだろうか？　逆に相手が付け入る隙を与えたり、あるいは自分を浮き足立たせたりしては、割に合わないではないだろうか？　人に失敗を恐れるなと言うのは、簡単だが、自分に敗北を転じて勝利と為させることは、実に困難である。過失があっても、恐れる必要なかれ、貴重な経験に換え、次回はもっとうまくやればよい。過失を反省することは、誰の過失なのかを探し出すためではなく、もっと良い計画能力と執行能力を育て上げるためにある。小さな過失の改善は大きな失敗を防止することができるので、常に反省し、経験を積み上げてこそ、大きな成功を獲得する機会があるというものである。

　執行の途中で反省すれば、重大な過失を発見したとき、修正計画を提出し、挽回する対策を採り、計画が順調に期待目標を達成できるようにさせることができる。だから、反省は必ずしも執行が完了したときや、執行できなくなったときになってから行うものとは限らない。執行の過程の中で、いくつかの段階に分けて反省すれば、その効果は時には終了したときの反省よりも価値がある。中途での修正は、当然中途でついえるよりは遥かに良いのである。

第六節　全面的な無形のコントロールを採る

　中国人は、「管理」の主な機能は、完全に「コントロール」において表れることを十分に知っている。ただ全面的にコントロールを掌握できてこそ、良好で有効な管理だと言うことができる。もしコントロールを失い、思い通りに運ばなくなれば、もはや管理などと論じられなくなる。精々体裁を繕い、見栄えが良いに

過ぎないのである。

　西洋の管理は「事」を中心とする。だから、「コントロール」の重点は「計画の執行過程と結果」にあり、大方「事」に対して言っている。

　中国の管理は「人」を中心とし、「人」に対するコントロールは、往々にして「事」に対するコントロールよりも重視される。なぜなら、事は人がするから起こるのであり、全ての事は人から離れることができないからである。「人」をコントロールできれば、事の経過と結果は自信を持ってコントロールできる。人が仕事をするのだから、人はより重要である。

　「事」のコントロールは、「有形」に重きを置く。まずは、標準を打ち立てることから着手し、理想的なバランス状態をはっきりと定め、コントロールの基礎とする。それから、実際状況と定めた標準を比較し、差異の原因を識別し分析する。その上で方法を考え修正を加え、正常な状況に回復させる。

　「人」のコントロールは、「無形」に重きを置く。有形部分の多くは一定な標準があり、その標準条件を満たせば偽装やごまかしが非常にし易いからである。無形部分は、移り変わって固定せず、かつ明確な標準がない。そのため、偽装しにくく、ごまかしにくい。始めから形がないのだから、どこからごまかせばよいのだろうか？

　中国人の大方はコントロールしようとしている意図を公然と表明したがらず、率直に自分が他の人をコントロールしていることを認めようとする人がいない。これらの事実は、「無形」の一つの裏付けだと考えることができる。無形的にコントロールしたい、無形なものをコントロールしたいならば、当然明言できず、公然と認めるのに都合がわるく、透明な制度を形成することができない。

　「人」に対するコントロールは、「事」に対するコントロールと同じく、中心は「差異性」を捉えることにある。いかなるわずかな異変があっても、すぐに警戒を強め、判断分析する。有効に変化を把握することを期待し、その上コントロールし易いようにしようと努める。

　内外環境の変動が小さく、全てがまだ安定期だと言える時期では、「事」に対するコントロールは、「人」に対するコントロールに代わって役割を果たすこともできる。このとき、「事に対し、人に対さず」のコントロールは、まだ実施可能である。なぜなら、「事」の変化は小さく、「事」の「差異性」に従えばコントロールできるからである。「人」の要素はさて置いて考えずとも、事の成果に影響するには至らないのである。

　しかし、環境の変動が激しいとき、人の心の変わり様は、往々にして事の移り

変わりよりも、もっと速くて複雑である。事は実のところ、人の心に従って変わるものである。人の心は先に変わっているからこそ、事はその後について変わることができる。人の心をコントロールすることは、移り変わりが激しい時期においては、事実そのものだけで対応するよりも、もっと有効である。さらに踏み込んで深く考えてみると、人の心をコントロールすることは、すなわち事態の進展変化を制御することと、ほとんど同じことのようである。この点は現代管理が非常に見落としている事実であり、我々は環境の力を過信するあまり、全てを決定づけられるほどにまで思い込んでしまったようである。環境の力はもとより大きいが、人の意志力もとても強いものである。「天は必ず人に勝つ」と、「人は必ず天に勝つ」ことの分かれ目は、管理に従事する人であれば心をこめて理解する価値が十分にある。一般的に言えば、大事は天によって導かれるので、「天は必ず人に勝つ」の考えに傾く。ゆえに、「時機」は良いかどうかは大きな趨勢であり、人の力ではコントロールし難い。しかし、小事は人によって導かれるので、当然「人は必ず天に勝つ」の考えに傾く。「情勢」の善し悪しは、往々にして人によって切り開く。神様は「そんな小さなことまで構っていられないよ」と大きく構えてこそ、人の自主性を尊重していることを示すことができる。我々が管理している事は、一体大きいのか小さいのかは、みなさんの心の中でよく知っているであろう。大きいと言えどもそんなに大きくはない。だから、人の心から着手してコントロールした方が、非常に現実的であり、有効であるはず。

　人の心は見えないゆえに、無形である。しかし、中国人は人の心の変動に対しては、十分に研究している。我々はよく言う「人は心を同じくすれば、心は理を同じくする」ということは、みんなが人であり、同じ環境に置かれ、同じ変化に直面しているのだから、理屈から言えば同じ考え方を持ち、一致した反応を示すはずだという意味である。しかし、事実は往々にしてこの通りにならず、かえって「人の心は同じからず、各々その顔の如し」の方が実際とぴったり合う。西洋人は「人は心を同じくすれば、心は理を同じくする」と聞くと、大方は問題があると考える。彼らは「二つから一つを選ぶ」ことに慣れているので、この二つの言葉の中から、「人の心は同じからず、各々その顔の如し」を選ぶ。我々中国人は、「二つを一つに合わせる」ことを理解しているので、この二つの非常に矛盾している言葉を一つに合わせて考える。「人は心を同じくすれば、心は理を同じくする」の基礎から、「人の心は同じからず、各々その顔の如し」の事実を見つけ、我々の独特なコントロールの方法を形成する。顔色の違いから、心の差異を確認し、それによって変化の可能性を把握する。

孔子が言うには、話しているときに目は相手を見ず、言葉遣いや顔色から人の心を探るのに長けていない人は、基本的には目が見えない盲人と同じである。意味は、相手の顔の表情は、心理的な変化を反映しているので、注意深く観察し、気をつけて考え判断し、その本当の意図を捉えなければならないということである。そうしてこそ、聞き間違い、勘違いで、誤解を生じさせることがない。同時に適切に自分の言葉、態度を調整しなければならない。相手と波長を合わせ、それからその間にある差異を推し量り、コントロールの標準とすべきである。
　言葉、態度は依然としてごまかすことができるので、役職が高くなるにつれ、責任が重くなるにつれ、距離が近くなるにつれ、コントロールの範囲は無限に広がる。現場の人員に対しては、責任はあまり重くなく、距離も遠いので、我々はあまり多くの精力を費やしてコントロールすることはない。このときは、制度に従って処理し、タイムカードによる勤怠管理、週間業務記録による業務管理、生活品行記録による品行管理という、三つのカードと三つの考課を実施すればこと足りるように思える。中級幹部は、責任が比較的に重く、距離も比較的に近いので、我々は精力をかけ、彼らの交友状況、家族との仲、退勤後の行動について考察することになる。上級責任者は、責任は非常に重く、距離も非常に近いので、時には時計が壊れたり、ネクタイが高価すぎたり、家庭の出費が大きすぎたり、子供が過度に贅沢すぎたり、我々は全てにおいて、問題ないと高をくくり油断することはできない。ある人は、社長に対して、「賭博は個人的な行為で、プライベートの一部に属し、仕事とは関係がない。きちんと出勤し、仕事業績が良ければ、賭博するかしないかは、上司が心配する必要はない」と言った。社長はきっと、「プライベートだって、何か問題を起こしたら、最後に損を見るのは私ではないか！」と答えるだろう。階級が高くなればなるほど、公私はますます分けられなくなり、気をつけなければ遅かれ早かれ巻き添えにされてしまう。だから、全面的な無形のコントロールは、上層階級に関しては確かに必要である。「全面的」というのは、公と私はもともと区別することが難しい。髪の毛一つを引っ張っても全身がぴくっと動くように、ごく小さな部分を動かしても全局面に影響を及ぼしてしまうことになるので、全てをコントロールして、安全を謀らなければならないことを示している。「無形」というのは、みんながコントロールされることを好まないからである。有形のものは、みんなが目に見え、当事者がとても面子が立たないので、信じられない困惑を引き起こしかねない。無形のコントロールを採るようになると、誰の目にも見えず、当事者の面子の問題を引き起こすようなことがないので、抵抗の圧力を軽減させることができる。言い出した人が

いたとしても、当事者は否定し易く、面子を保った上で対応を考える余裕があるので、意味のない争いを引き起こすことはない。

　有形のコントロールは、いとも簡単に見破られてしまう。どうして制度が厳密で、執行は厳重なのに、依然として法律を犯した輩が、法の網を逃れてのうのうとしているだろうか？　全てを有形に訴えるからである。みんなにはっきりと手の内が見られてしまい、すぐに対策を立て、有形の管制を突破しようとしてしまう。無形の良いところは、随時変わることにある。まだはっきりと理解する前に、すでに変わるところがあり、どうすれば破ることができるのだろうか？　どうしたら突破することができるのだろうか？

　中国人は法律に違反しないが、あいにく法律の穴を潜り抜けるのが大好きである。上に政策あり、下に対策あり、ほとんど例外がない。いかなる規定も、始まったばかりのころは有効で、しばらく経って、みんなにはっきりと理解されると、すぐに何の役にも立たなくなる。これはみんなが「三日坊主」で、「初めだけ」だからではなく、制度自身の威力が減退したのだから、当然効力が下がるのである。最も良い方式は、「法がある中に法がなく、法がない中に法がある」やり方である。規定はあるが、規定外にたくさんの明文しない、明言しない関門を設けることである。制度しかないように見えるが、実際は例外も一緒に納めてコントロールする。無形だと言うのだが、一旦触れると有形に変わってしまう。どのみち重要な部分は隠して、法令に従い、ただ重要ではない話だけを言うように行動すれば、当事者は自分で自分の面目を傷つけないように配慮するため、大方は法の通りに服従するようになる。

第 7 章
有効な考課要領

　計画を執行した後、当然反省する必要があることは、すでに記述した通りである。ただし、全体としての考課は、依然として必要である。なぜなら、細かいことを一つ一つ取り上げて考課しなくてはいけなくなると、みんなは目の前のことだけを気にし、細かいことをいちいちこだわるように、促してしまうからである。それだけでなく、簡単に感情的な反発を招き、人の跡を付け回して監視している

かのようで、プレッシャーをあまりにも大きく感じてしまうからである。我々が何事も事細かに反省しようとする目的は、絶えず改善することにある。しかし、考課は段階的に全体に対して行ってこそ、みんなが努めて高いところを目指し、持続して進歩を求めることができるようになる。

考課の基準は、「正しくても役に立たない」ことを前提としなければならない。なぜなら、正しくても円満になるとは限らず、結果的には間違っているのとほとんど違わないからである。間違っているのは、当然いけない。正しいのも、本当に役に立たない。それを理解してこそ、みんなは円満と融通を追求することができるようになる。

中国人が重視する事の是非は、円満の中でわきまえ出してきた是非であり、是非をわきまえるために互いに団結できなくなるようにさせてしまう分離式の是非ではない。表面から見れば、是非をわきまえないように見えるが、実際はみんなが心の中でよく知っていて、是非が非常にはっきりしている。なぜなら考課の目的は、人を救うことであり、人を殺めるために用いるわけではない。同僚を過ちに気がつけばすぐに改め、改めればやり直しができるようにさせる。うまくできなければ解雇し、業績が良くなければ辞職しなければならない消極的な処理方式より遥かに勝る。

総合考慮は、考課の範囲が非常に幅広いことを示している。直接であろうと、間接であろうと、甚だしきは少しも関係がないように見えることまでも、内に含まれている。そして、全てのことは、大きくもできれば小さくもでき、人を問題ないと高をくくって、油断することができないようにさせる。意図は組織メンバーに、いつでも自分を振り返り、多く反省し、そしていつでも間違いを改めるべきであると、注意を与えることにある。みんながこの通りであれば、考課は必然と良好な成果を獲得することができる。

考課の秘訣は、明と暗、大と小をともに配慮しともに重視することである。そうすることで、全面的な無形のコントロールの原則と合致することができる。明のものと暗のものを一緒に行い、大きいもの小さいもの全てに配慮すれば、人は当然形を変えて逃れるところがなくなり、真っ正直に相対するしかなくなる。

第一節 先に「正しくても役に立たない」評価基準を打ち立てる

西洋式管理は物事の是非の判断においては、一種の簡単な基準を採る。「正しいことは正しい、間違っていることは間違っている」のである。要求する程度も

簡単に達成でき、「正しいのであれば良い」のである。

　中国式管理は技術の面においては、西洋が採った基準と要求する程度とは、全く違いがないものである。しかし、人の行動、つまり事の処理の面で、西洋の考課とは異なる点に重きを置く。

　我々は小さいごろから、「正しくても、全く役に立たない」という、このような話を絶えず聞いてきたが、多くの人は忘れるか、無意識のうちに見落としてしまっている。この言葉の管理における効果が、なんとこんなにも重大だとは思いも寄らなかった。

　「正しい、あなたは自分が正しいだということしか知らない。あなたは正しいことはみんな知っている。しかし、正しくても役に立つのか？　教えて挙げるけど、正しくても役に立たないのだ」。

　正しくても、役に立たない。このような観念は、中国人に対して言えば、非常によく知っているはずである。思い返してみると、小さいころ、家で弟と喧嘩すると、父と母はいつも「片手で叩いても音は鳴らない」ことを理由に、二人の子供をともに罰として立たせる。ずっと立っていると、ついに「正しくても、役に立たない」、それでも立たされてしまう道理を悟る。現代の一部の教育学者は、このような意図を理解できず、思いがけずこのような家庭教育は不合理で、兄弟を事の是非をわきまえないようにさせてしまうと主張する。実に、「よく知りもしないで」、「知らないこと」を判断しているのだから、道理でわけの分からない評論を言い出してしまうのである。みんなに見下げられても仕方のないことで、まさに自業自得である。

　西洋人は当然このような素養に欠け、そのため彼らが「正しくても、役に立たない」と聞いたとき、理解に苦しむあまりに、急いで「正しいのは、どうして役に立たないの？」と聞く結果になってしまう。しかし、答えは意外にも、「正しいのは、当然役に立たない」であったとき、彼らはもっと緊張し、慌てて「正しいのは役に立たないのなら、まさか間違ってもいいというのか？」と聞き返してしまう。

　見よう、「正しいのは役に立たないのなら、まさか間違ってもいいというのか？」というのは、「二分法」でなくて何になろう？　「正しい」と「間違っている」ことは対立するものであり、「正しい」のでなければ、「間違っている」のである。逆もまた同じである。世の中のことは、こんなに簡単なものだろうか？

　私たちは急がず慌てず西洋人に、「間違いは絶対にいけないが、正しいのは本当に役に立たない」と教える。このことから、我々はすでに二分法のわなから抜

け出し、「二から三を見出す」ことができ、「正しい」と「間違っている」以外において、「円満」という境地を見出していることが見て取れる。「円満の中で事の是非をわきまえる」ことこそ、中国人の高水準の要求にかなうのである。

店頭販売員がとても正しいのに、顧客が怒って行ってしまう。部下の意見はとても正しいのに、上司が怒り爆発になってしまう。社長の戦略決定はとても正しいのに、各部門の部門長は怒り受け入れたがらない。全て「正しくても、役に立たない」ことを証明しているではないだろうか？

このように考えると、我々はやっと理解できる。どうして中国人は「是非をはっきりとわきまえられない人を嫌う」のに、「是非をはっきりとわきまえる人も好まない」のかを理解できる。前者は、愚かで、必然と事をしくじってしまう。後者は、面子を傷つけ、人をいたたまれなくさせてしまう。

正しくないのは、当然いけない。なぜなら、いかなることも間違いが生じると、いつも不都合をもたらし、ある程度の損失をもたらしてしまう。甚だしきは、重大な障害を引き起こしてしまう。正しくないと、みんなが喜ばず、同意する人はいるわけがない。

しかし、正しいのはどうだろうか？ もしある人たちの面子を傷つけてしまっては、これらの人の反発を引き起こしてしまう。甚だしきは、恨めしさと恥ずかしさから怒り出し、感情的な反応をもたらしてしまう。

このことから、正しいだけでは足りないのであり、これに満足してはいけないことが見て取れる。正しい以外に、全ての人の面子に配慮し、いかなる人の感情も傷つけないこそが、円満だと言うことができる。思いがけない後遺症を生じさせることがない。

円満の中で事の是非をわきまえることは、中国式管理の考課における重要なポイントである。

中国人の関係は、全人類の中でも、最も複雑なものであるかもしれない。我々には、倫理関係、派閥関係、ひいては勢力関係までもある。口では認めないが、心の中ではみんな非常にはっきりしている。

組織メンバーの中では、倫理関係、派閥関係、勢力関係が入り混じって複雑である。大きなグループの円もあれば、小さなグループの円もあり、明らかなグループの円もあれば、密やかなグループの円もある。これら多くの関係を理解するには、相当な時間の認識を経なければ、全てを網羅し理解することはできないのである。

中国社会では、是非自体は非常に簡単であり、是は是であり、非は非である。

しかし、一旦倫理、派閥、勢力等々の関係に及ぶと、是非は明らかでなくなり、非常に複雑に変わってしまう。

円満の中で是非をわきまえることを望むなら、以下に記述する三つの原則を把握した方がよい。

第一、普段から善きご縁を広く結ぶ態度で、様々な関係の重要な人物と知り合うようにすべきであり、必要なときに助力を請うことができるようにしなければならない。日ごろからよく詣でていればこそ、緊急なときは安心できる。何事もない内に、多くの機会を見つけて人間関係を開拓することが、円満の中で是非をわきまえることの基礎である。

第二、いかなるときも、気軽に人の感情を傷つけてはいけない。山が動かずとも人は巡り、ある日突然「合いたくない人に限って、ばったり遭遇してしまう」という気まずい場面が発生しないようにしなければならない。様々な関係が複雑に絡み合うために、往々にして一人を傷つけてしまうと、一つのグループの円を怒らせることになってしまう。自ら面倒を招き、自分で自分を困らせることではないだろうか？

第三、自分は何らかの派閥や勢力圏に加入する必要があるかどうかを、慎重に考えなければならない。なぜなら、倫理関係は生まれつきのもので、一方的な願望で人の甥になれるわけではない。養女だとしても人に了承されてこそなれるものである。しかし、派閥や勢力圏は後天的に形成されたものであり、自分で加入するかしないかを決定することができる。加入するか否かは、実は利点もあれば、弊害もある。関係する要素を判断し、注意深く考慮しなければならない。どうでもよいという気持ちを抱き、試して見てから考えるという軽い気持ちではいけない。時には、ふとした間違いが一生の悔いを残すこともあれば、時には、怪我の功名になることもある。いずれにしても自分に対して責任感ある行動ではなく、極力避けた方がよい。

いかなる派閥に加入するつもりがないとしても、組織の中の様々な関係に対して理解を持ち、相当な尊重を与えるべきである。そして、自らが警戒を強め、円満の中で是非をわきまえようとすべきである。何事も極めて注意深く慎重に、全てをよく考えた上で口を開き、全てを適切に考えた上で手を動かさなければならない。

組織はこのような雰囲気を作り出し、メンバー全員を徐々に「正しければ良い」から、「円満の中で是非をわきまえる」という高いレベルにまで引き上げられるようにしたいのであれば、このような要求を考課に入れ、重点とすべきであ

る。

　いかなる人が仕事を正しく行ったとしても、良の評価を付けることしかできない。もしさらに進んで、仕事を非常に円満になるように処理したとしたら、優の評価を与えることができる。

　我々は、「玉は磨かなければ器にならない」道理を信じ、「人材は試練を経なければ、立派になれない」ことを知っている。組織内で、「円満の中で是非をわきまえる」人が多ければ多いほど、みんなは周到に配慮できる。互いに長期的にものを考えられれば、後遺症が自然と大幅に減少できる。

　古より、能力がある人は、大方自分を高く評価する。「腕前が優れているため度胸も据わる」ので、往々にして非常に軽率に見え、同僚は眼中になく、自分の才能をひけらかすことのみに気を配る。このような人は、たとい短期的に成果が上がったとしても、長期的には多くの問題を引き起こし、組織にいやというほど大きな害を被らせる。

　仕事を正しく行うことは、もとよりすでにとても難しいことである。円満の中で是非をわきまえることを求めるのは、当然さらに簡単なものではない。しかし、精神を学ばずに、最上のやり方をモノマネしただけでは、よく中の上の結果しか得られないものである。競争力を高めるためには、みんな面子が立つことを目標とし、みんなが計画、執行及び考課等の段階で、よく心と力を尽くすことができるようにさせなければならない。「努力して仕事しても役に立たない、心をこめて仕事することこそが大事である」ということの本当の意味をはっきりと認識し、いつでも全体の目標と各個人の感情変化に関心を払い、仕事業績と感情管理を一つに結びつけ、仕事効率を高くすることを求めるだけでなく、みんなが楽しくあることを求めるべきである。常に互いに励まし、「正しくても、役に立たない」と注意を与える。正しく行う上に、円満で、融合、融通がきくことを重視しなければならない。

第二節　みんなに「円満の中で是非をわきまえる」ことを求める

　表面上から見れば、中国人は物事の是非がはっきりせず、何事もいい加減なように見える。適切に反省しようとせず、是非を十分にはっきりと判断したがらない。実際では、中国人は是非をはっきりせず煮え切らない態度を最も嫌い、それを憎むべき「偽善」と見なす。しかし、大部分の中国人は反省の技量が足りず、やむを得ずいい加減になるしかない。心の中では実はそのことに不満だらけであ

る。

　中国人は「是非がはっきりする」と「是非がはっきりしない」の中から、第三の道を歩み出すべきである。「是非ははっきりし難い」と言う。はっきりし難いから、慎重にわきまえなければならない。はっきりし難いと言ってもはっきりさせなければならず、ただ過程が異なり、明らかな状況になるまでしてはいけないのである。明らかにしたために面子が立たなくなる人が出て、円満でなくなるようなことがないようにしなければならない。そのとき、是非が非常にはっきりしたとしても、役に立たないのである。

　管理は三つの主な過程があり、それぞれに「計画」、「執行」と「反省」であり、ぐるぐると循環するサイクルを構成している。洋の東西を問わずみんなこのようである。しかし、西洋人が「反省」すると、「明言」でき、「是非を明らか」にさせてしまう。中国人が「反省」するとき、人に対しても、事に対しても「言いづらい」苦衷があるようで、もし明言すると、勢いいくらかの人の感情を傷つけてしまい報復に受けてしまう。往々にして、長時間に反省しても、直接に核心を突く勇気がないため、「有名無実」で、いい加減に終わらせてしまい、また是非がはっきりしない批判を招いてしまう。以下に記述する三つの要点を把握した方がよい。そうしてこそ、慎重に是非を判断でき、円満の中で是非をわきまえる反省効果を達成できる。

　第一、公開会議の中では、責任を制度に押し付ける。直接に間違いを犯した人を指し示すのではなく、彼の面子を傷つけないように配慮する。西洋人の公然と間違いを認めるやり方は、中国人から見れば全く自ら辱めを受け取りに行くようなものである。男たる者は殺されてもかまわないが、辱めを受けてはならない矜持により、中国人は地位が高ければ高いほど、公然と間違いを認めるわけにはいかなくなる。幹部までも面目が立たなくなることのないようにしなければならない。このとき、対外的には「飛車を捨て王将を守る」方式を採り、幹部に替え玉になってもらい、彼を一時的に対外的な業務からはずし、しばらく隠してしまう。どのみち内部ではいつも通りに業務を行うことができ、彼にはあまり大きな影響がない。対内的には、極力「身内の恥は外に晒してはいけない」方式を採り、反省会議の中で、巧妙に全ての責任を制度に押し付け、常々「誰も間違っていない。制度が完備されていない状況が間違っている。もし制度を改めなければ、今後依然として絶えず類似した過失が現れるだろう」を言い訳に、制度に濡れ衣を着せ、メンバーの面子を傷つけないように配慮する。

　組織のトップはもし是非をはっきりさせる態度を採り、どうしてもその場で是

非をはっきりさせ、責任の帰属を明白にさせようとするならば、みんなは自らを危ぶみ、「多くすれば多く間違い、少なくすれば少なく間違い、何もしなければ何も間違わない」という精神を十分に発揮してしまう。いわゆる「水清ければ、魚住まず」は、「是非があまりにも明らかになり過ぎると、みんなは恐れて思い切って何かを行うことができず、いつも自分を守ろうとして、組織に対してかえって不利になる」描写にほかならない。

　メンバーはもし、このことは某の間違いであると明言すると、某は面子が立たなくなり、すると立ち上がって、「このことは私の間違いであるならば、それでは私は今ここで全てを認める。私に間違っているところがあるが、まさかあなたにはないとでも言うのか？　私はあなたを尊重しているから、むげに明白に言い出さないだけなのに、あなたは私を尊重しないで、そんなに明らかにしてしまう以上、私も一つ一つ挙げるしかない。どうぞご勘弁ください」と言ってしまう。それから、本当かどうかは分からないが、あれこれとたくさん言い出して、みんなは事実がはっきりしない中で一つの思いしかない。頭の中は「彼をこんな風にまで追い詰めろと、誰が言ったの？　犬でも追い詰められると塀を跳び越えるのに、人はなおさらではないか？」という思いで一杯である。

　中国人は責任を制度に押し付けさえすれば、安心して成功と失敗の本当の現実を言い出すことができる。直接誰が責任を負うべきかを指し示さなくても、間接的に指摘されている人は、心の中で非常にはっきりしている。居合わせる人も、みんな聞き取ることができる。ただ明言せず、一時的に彼の面子を傷つけないように配慮するだけである。そうすれば、次のステップが施行し易くなる。

　第二、会議の後、責任を負うべき人に来てもらって、個人的に彼と疎通し、彼が安心して全ての過失をはっきりと申し開きできるようにする。普通の人は、責任を制度に押し付けるまでしたところで、完了だと思い込み、そのため「後続工程」を続けて完成させることができず、全ての努力を水の泡に帰してしまう。

　反省の工夫を持っている責任者は、「会議では責任を制度に押し付けるが、会議後は責任を負うべき人を呼んで来て、個人的に彼に一体過失はどこにあるのかを聞く」ことを、しっかりと忘れないようにしなければならない。このとき、間違いを起こした人は、心の中で「責任者は会議の場で明言せず、非難しないのは、自分の面子を立てたのである。今まだ白を切ると、責任者は冷酷にもがらりと態度を変え、処罰を重くし、かえって自分に不利になってしまう恐れがある。正直に過失をはっきりと申し開きして、ひょっとしたら寛大に許されるかもしれない」ことを理解している。

責任者の態度は非常に明確である。この期に及んでも、白状しなければ、罪はさらに重くなる。もし率直にはっきりと言えば、みんなで修正する方法を考えることができるので、引っ込みがつき易い。

　このような状況の下、間違いを犯した部下は、ほとんどが「身動きの余地が残っているのに、引っ込もうとしない」ことをしたがらず、結果が本当に深刻でなければ、多くは自発的に経緯を申し開きしたがる。探りを入れながら、先に一部分の間違いを認め、責任者の反応を見てから、さらに一部分、一部分ずっと反省して行く。

　責任者の態度は、部下が「重要な点を避けて二次的なものを取り上げる」かどうかの比重を決定してしまう。そのため、ゆとりある方式を採り、部下を安心して自分の考え方を述べられるようにさせた方がよい。なるべく彼の話を遮らないように、一つのポイントが見つかっただけで、追い詰めて手ひどい打撃を与えるようなことのないようにすべきである。彼が一段落述べ終わるまで待ってから、疑問点を提起し、彼に続けてさらにはっきりになるように申し開きさせる。くれぐれもすぐに関係者を呼んで来て面と向かって問い質してはいけない。さもないと、今後は誰も本当の実情を言いたがらず、かえって深刻な後遺症を残してしまう。

　第三、彼に機会を与え、彼に「過失を挽回することに長ける」ようにさせる。事態が本当に深刻な場合は、すぐに懲罰を与えなければならない。そうでなければ、過失を挽回することは、間違いを起こした人を懲罰に付するよりも、優先されるべきである。

　部下に「間違いを認めることで、許しと理解を求めよう」とする悪い習慣を身につけさせてはいけない。「どのみち間違ってしまった。間違いを認めれば事を済ますことができる。何を恐れることがあるのだろうか？」と思い込んでしまう。そのために、「間違いを犯すことを恐れない」風習を身につけてしまっても、良いところがあるとは思えない。

　真剣に過失を是正し、方法を考えて悪い結果を挽回する。これこそが反省の本当の目的である。

　間違いがあれば認めなければならない。これは世界中どこでも一致する原則である。けれども、中国人は必ずしも公然と認める方式を採るとは限らず、個人的に間違いを認め、面子を保つ方が簡単にできるようである。認めた後は、「最後まで責任を取る」精神で解決方法を探さなければならない。これこそが我々が重視している課題である。一方では教訓として書き記し、くれぐれも再度犯すこと

のないようにする。もう一方では、努めて挽回することを求め、何とかして過失を最低限まで減らそうとする。このように「二度と同じ過ちを犯さない」精神こそは、みんなが発揮し盛んにしていく価値を持つものである。人は聖人賢者ではないのだから、誰が過ちを犯すことがないようにできるのだろうか？　何事も十分に慎重で、過失があれば真剣に反省すべきだが、必ずしも公表しなければならないものではない。大事なのは損失を減らし、遺憾を造り出さないことである。

　間違いを制度に押し付ける。なぜなら、制度は死んでいる文字であり、感情的な反応を生じることはないからである。しかし、みんなが知っている通り、執行する人は生きている。死んでいる制度を生きている人が執行するのだから、当然生きている人が責任を負わなければならない。我々が間違いを制度に押し付けるのは、一方では彼にこのことはすでにみんなが心の中で分かっていて、ただ彼の面子を傷つけないように配慮するため、単刀直入に明白に言い出しにくいだけである。もう一方では、彼を励まし、もし本当に真っ正直な君子なら、会議後自発的に責任者を探し、率直に失敗を反省し、みんなに一つのはっきりとした申し開きを与えるべきである。

　中国人は曖々昧々にする目的は、面子が立った上での明々白々である。過程がぼんやりしているが、結果は依然としてはっきりしている。陽の一面は、隠れてごまかしているようなところがあるが、ただ円満で、みんなに面子が立つようにするためにほかならない。陰の一面は、紙で火を包み隠すことはできず、最終的には暴かれ、明るみに出て、一切をはっきりさせなければならない。はっきりさせてこそ、「過去のことは忘れないで、将来の戒めとする」ことができ、用心すべきところを知ることができる。

第三節　「人を救うのであって、人を殺めるにあらず」という心理状態を持つ

　中国人は計画のとき、儒教の精神に則り、綿密にきちんと仕上げないわけにはいかない。中国人は執行のとき、道教の意識を身に沁みてよく分かり、自然とこんなにも多くの困難に遭遇するならば、どんな状況にも流れに身を任せた方がよい。中国人は考課のとき、また自ずと、仏教の心理状態に則り、どのみちすでにこのような結果を作り出してしまったのだから、彼を殺めたところで、既成の事実を変えることができない。南無阿弥陀仏、善きかな、善きかな、物事のありのままに任せよう。

学生時代から、我々はすでにこのような習慣を身につけてきた。試験が来る度、誰もがよくよく準備して、高い点数を叩き出し、自分に申し訳が立つようにしようと決心しない人はいない。当日試験場に入ると、「先生が出した試験問題は私ができないものばかり、私ができる問題はあいにく先生が出していない」のを発見し、そこで慌てず騒がず、どの問題も少しずつ書いて、できない問題になればなるほど、字は丁寧に書き、先生が加点し易いようにする。試験が終了して、公表される成績に向かっては、少しも恥じ入ることなく、「先生はいくらかの人を落第させるように勤めなければ、彼が真面目に責任を果たしたことを証明するのに不足してしまう」と考え、そして自分は「私が地獄に入らなければ、誰が入ろうか」、その他の同級生を救い出すため少し犠牲になっても、当然素晴らしいことではないかと考える。

　このような儒教、道教、仏教の繰り返しの循環（図38）は、中国人の包容性を余すところなく示している。その包容性は複雑、雑多な物事を、全く矛盾がないように統一し整合させることができる。

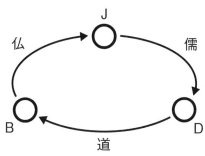

図38 儒教、道教、仏教の循環

　中国式管理の考課において、持つべき心理状態の最も主要な特徴は、「人を救うのであって、人を殺めることにあらず」ということである。我々は天が生きとし生けるものを憐れみ、みだりに殺生したくない気持ちがあることを身に沁みてよく分かり、人を殺めるのは天の道に背き、当然実行してはいけない。人を殺めることは、企業管理においては、従業員を免職したり、あるいは解雇することに相当し、結局のところはまだ社会問題を増加させることではないか。だから、やむを得ないのでなければ免職、解雇のこの類の考えを持ってはいけない。

　すると、多くの人は「除名ができないと、過失として記録に残したり、懲罰や降格等々の処置では、ある人たちに対して言えば、痛くも痒くもないように見える。それでは考課は何の役に立つのか？　形式上体裁を繕い、少し脅かすだけに過ぎないではないか？」と不平をこぼす。

　この類の観念は、多くの人は考課において、人を殺める心理状態を持っていることを証明している。「うまくできなければ、人を交代させる」と考え、甚だしきは「うまくできない人どころか、邪魔になったよくできる人までも掃いてしまおうとする」。自分は永遠に交代させられることがなく、ずっと掃かれてしまう

ことがないかのようにである。出発点がすでに偏っており、どうして人を心から承服させられるだろうか。安心するなどとは論じるまでもない。

　考課は一種の励ます処置であり、人を救うために用いてこそ、積極的で、良性で、プラスで、性善的で、人を中心とする思考方式である。

　まず、考課は事前に定めた目標と連携を取ったものでなければならない。目標がなければ、全く考課などと論じられない。目標のない考課は、裁判官が判決を出すとき、自分の勝手な心証を採用するようなものであり、非常に危険で信頼できない。目標の決定はまた、当事者自身の意志でなければならない。上級責任者が彼の代わりに決めるべきではない。

　年度末、従業員に自分で来年度の計画を提出させ、明確な目標を決めさせる。このとき、責任者は部下全員が「良好な考課成績を獲得できる」目標を探すのに、助言指導する責任がある。これが「人を救う」第一ステップとなる。言葉を変えれば、明確に部下に、有効にこれらの目標を達成すれば、優良な考課成績を獲得できると教えるということは、基本的にはすでに従業員の安全な生存範囲を描き出している。生きようと死のうと、完全に従業員自身の手の中に掌握されていることになる。人類の生存欲求の本能に基づけば、従業員は自ずと生存して行く手立てがある。

　人は他人の決定に対しては、できるだけのことしかしないが、自分の決定に対しては、進んで全力をもって対処しようとするものである。従業員に自分で計画を定めさせ、目標を見つけ出させれば、みんなは全力をもって対処できる目標を持つようになり、「自然淘汰」に身を任せることはない。目標がないこと、あるいは上司に規定された目標は、人にコントロールされていることにほかならない。自分がコントロールしていない目標に対する考課であれば、なるほど従業員の心の中は落ち着かないわけである。

　その次に、従業員に比較的はっきりとした判断基準を与える。従業員にいつでも自分で判断でき、さらにはいつでも修正、調整でき、期待する効果を確保できるようにさせる。これは人を救う考課の第二ステップであり、目標と計画を定めるときに、一緒に相談して決定した方がよい。我々は、一切の判断基準が数量化の状態まで行えるとは、過分に望んでいない。しかし、比較的はっきりとした判断基準は、確実にその必要性がある。秤で量ってみるにも、双方が受け入れられる基準があってこそ、簡単に実施でき、不平を減らすことができるのである。

　秤で量るには、秤の分銅がなければならない。この分銅は、考課を受ける従業員の心と連動している。みんなが分銅は公正であると認めれば、心の中は何事も

なく考課の結果を受け入れる。さもなければ、疑いを生じ、甚だしきは考課の結果を受け入れない。

　タイムリーに従業員の過失に注意を与え、彼に調整させ、適切に修正させる。これは人を救う第三のステップである。責任者は自分の仕事だけにかまけて、全ての部下に気を配ることができないようにしてはいけない。「私はそのときちょうど忙しくて、気が回らなかったけど、あなたもどうして自分でそんなに用心していなかったの」とこの類の話が、責任者の口を衝いて出るのをよく聞くが、実に適切ではない。部下はもちろん自分で気をつけるべきであるが、責任者の重大な職責は、部下が順調に仕事を完成するのを監督し、確保することにある。もし全ての責任を部下に押し付けてしまうなら、責任者は何のためにいるのか分からなくなってしまう。

　注意を与えるのはタイムリーでなければならない。そうでなければ、時機を逃してしまう。注意が賞味期限を過ぎてから与えると、全くの非難になってしまう。事実に対して利益になることはなく、人を救うとは言えなくなる。

　タイムリーに注意を与える以外に、まだ部下が調整修正し、事態を挽回できるかどうかに気を配らなければならない。もし困難がある場合は、適切に助力を与えなければならない。甚だしきは人を派遣したり、あるいは自ら参加して、部下が難関を乗り越えられるように助ける。

　つきつめると、全てを「部下が円満に期待する目標を達成し、良好な考課成績を獲得できる結果を確保する」ことを、上司と部下の共通の努力目標とし、いつでもどこでも部下の立場に立って、善意的に注意を与え、タイムリーに助言し指導する。考課の結果にみんなが喜べるだけでなく、考課の全体の過程の中で、部下と堅牢で壊すことができない一体感を築き上げる。そうすれば、心を同じくして協力すること、みんなで智恵を出し合うことは、全て順調に実現できるようになる。

　責任者は「あなたはどれだけの腕前か、見てやろうじゃないか」という心理状態を抱いて部下を考課すると、すでに敵味方が対立する不利な態勢、心が一致せず団結しない状況を形成してしまう。これからスタートすれば、歩めば歩むほど互いに遠く離れて行ってしまう。責任者は高みで見物し、部下が互いに殴り合うのを見て、それから勝敗を定める。このような「部下の生き死に配慮しない」考課の心理状態は、部下は自然と「かまかけ」、「偽りの功績」で適当にごまかしてしまう。みんなが考課を重視しなければ、考課の威力は大いに低減し、ついには形式的になってしまう。

目を開き見渡せば、自然淘汰による現実社会の悲惨な境遇は至るところで見受けられる。部下は同僚の間に浮き沈み、責任者はそれを見ても助けないのであれば、人情温かみに欠けるのである。互いに思いやらない仕事環境は、人に冷酷さとさびしさを感じさせてしまう。

　子供の成功は、親の誇りである。部下の業績は、同じく責任者の名誉である。親は子供を助けることを第一の重要な務めとする。責任者は部下を救うことを、同じく第一の優先事項とする。責任者は「部下その人を管理する」べきではないが、「部下が行う仕事をきちんと管理し」なければならない。なぜなら、部下はみんな頑張って、仕事をきちんと果たしてこそ、責任者のリーダーシップが効果的だという実績になるからである。

　このように考えると、部下の考課成績が良くなければ、責任者の面目が立たない。必ず部下の考課成績が良好であってこそ、大いに面目が施される。このことから、責任者は人を救う心理状態で考課すると、部下に対して有利なだけでなく、責任者自身に対しても大いにご利益があるのが分かる。

　一途に人を殺めようとする人は、人は殺めても殺め切れるものではなく、往々にして最後には自分を殺めてしまうことになるのを知るべきである。一途に人を救おうとする人も、人は救っても救い切れるものではないことを覚悟する必要がある。ただひたすらに倦むことのないように続けて行くしかなく、「一日でも僧となれば、一日でも勤行を行う」心情で、「功績」の考えを投げ捨てるべきである。部下が「真意を察して報いる」ことに望みを託す必要もさらさらない。平常心で人を救ってこそ、仏様のように真にやさしい心の持ち主である。中国人は「仏教」思想で考課し、「人を殺める」意識ではなく、「人を救う」意識で心を満たす。その真意は、ここにある。

第四節 「総合考慮」の原則を採る

　ある人たちは、「全方位的思考」は主に「八卦」の啓示から来ている (図39) と、よく好んで主張する。多方面に立って考えるのだから、「全方位的思考」は実のところ総合考慮にほかならないのである。中国人は何事にも円満を求めるゆえ、そのために考課基準もあらゆる面で周到であるように、総合考慮しなければならない。

図39 総合考慮

何を総合するのだろうか？　考え付くものの全てである。直接であろうと、間接であろうと、甚だしきは少しも関係がないように見えるものまでも、内に含む。なぜなら、「太極」はその小さいことは、より内側に存在するものがなく、その大きいことは、より外側に存在するものがないからである。そのため、「関係がないものも、互いに密接な関係があると見なされる可能性がある」。

　考課される当事者がどんなに考えても、考え付かないことも、一旦指摘されると、総合考慮の中に入れられる可能性がある。そのため「思わぬ火の粉が降りかかる災難」を形成してしまう。

　中国人の要求はずば抜けて高く、ほとんど「ゼロ欠点」に等しいのである。完璧で欠けるところがないこそ聖人であり、我々は聖人を見習う対象とするのだから、当然いかなる汚点もあってはいけない。さもなければ、一度大げさに表現されると、小さいことは大きくなってしまう。全ての優れた点を覆い隠すほどにまで大きくなってしまい、「ふとした間違い」で一生の悔いを残す状況をもたらしてしまう。

　しかし、我々はまた「仙人が太鼓を叩いても、時に間違いがあり」、聖人でも間違いを犯すことがあると考える。そこで、「小さなことは全体には差し障りがない」、小さなことは少し融通をきかしても差し支えないと考えるようになる。宰相のお腹は船を渡せるほど「度量の大きな人は、他の人の過失をとがめない」という気概で、大きな事を小さくすることができる。些細なことは大げさに取り上げる必要はないほどにまで小さくし、「罪滅ぼしに手柄を立てる」機会を与える。

　品質と言っても必ず上限と下限はある。しかし、中国人の総合考慮は、その範囲の広さ、融通性の大きさは、全く人を驚かせる。しばしば「うまくできる人は必ずしも留任するとは限らない、うまくできない人は必ずしも職を去るとは限らない」と聞く。理由は「総合考慮」の結果、このようにせざるを得ないのである。人を「全ては運命である」と信じざるを得なくなるようにさせてしまう。もしこのように解釈するのでなければ、永遠に説明がつかない。

　しかし、考課する上級階層の責任者は、このような総合考慮の結果が、「神秘的で計り知れない」、「どうしようもなくコントロールできない」ような「運命」と関係があるとは、絶対に認めない。彼らは口をそろえて、総合考慮は合法なだけでなく、科学的精神が備わっていると言う。理由は法治主義時代では、一切を法に従って処理しなければならず、科学主義時代では、全てのことは科学的根拠を持たなければならないからである。

　責任者と当事者の「総合考慮」に対する認識は、隔たりはこんなにも大きい。

それでは傍観する第三者はどうだろうか？　これもとても簡単である。責任者に好感を持つ主流派は、大半「当然この通りであるべき」、「この方法以外、他にもっと良い選択がない」と考え、精々「理想的ではないかもしれないが、依然として受け入れられる」と指摘するぐらいである。同時に被害を受ける当事者は、多くは非主流派に属し、すぐに「私心が重すぎる」、「公平さと妥当さを失っている」、「小さなグループの円を形成している」、「派閥の利益がたたっている」と非難し、そして「深く遺憾の念を表する」。

中国人は「一定でない」と言うが、実際では以上に述べた様々な行動に関しては、古より今まで、基本的に十分に一定しており、必ずこの通りである。中国人が一定でないのは、「今日は責任者の観点を採り、明日は当事者の立場に立って考える」、または「午前は主流派で、午後は突然非主流派に変わる」かもしれないということに現れている。このような「一定でない」は、さらに総合考慮の一定でない性質を深めてしまう。指名候補を審査するときは、一銭の値打ちもなく、全く取柄がないように批判しても、投票するときは、同意票を投じ彼を順調に通過させることができる。傍目にいる観衆は頭の中が霧だらけで、一体審査のときはでたらめに悪口を言ったのか、それとも投票のときにでたらめに投票したのか分からなくなる。解答はいつも金太郎飴のように、決まり切って総合考慮である。彼は実にこれ以上悪くなれないぐらい悪いが、全方位的思考に立って考えると、やはり彼に投票して通過させた方がよい。一つ目は、候補者の面子を考慮する。二つ目は、悪口も言ったのだから、一回ぐらい彼を見逃してはどうだろうか。三つ目は、悪口で彼をあまりにも居たたまれなくさせて、さらに落選でつらくさせてしまっては、死んでも解けない敵同士となってしまうではないか、これから先どのように他の場所で顔を合わせようか。四つ目は、いつか自分が候補に名を連ねる番になったら、審査する人に同じく悪口を言うは言うとして、実際の投票は投票として、悪口は言っても自分に投票して、自分が被害を受けることがないように望む。五つ目は、悪辣なののしりを通して、すでに自分の目的を達成しており、今となって彼を当選させれば、損失と利益のバランスが取れ、良好な関係を維持することができ、どうして喜んでしないことがあろうか。ちょっとだけでもこんなに多くの正当な理由を挙げることができるところを見ると、本当に総合考慮に立っていて、無責任な考えが全くないことが見て取れる。

中国人は、我々は「法治」のみを実施する条件はないだけでなく、「人治」だけで実施したくない上に、事実上「人治」のみを実施することもできないことを、率直に認めた方がよい。我々の社会は、「人治は法治より大きい」社会であり、

特に判断基準は人を中心とするのであって、法を中心とするのではない。

　考課基準は当然総合考慮を拠りどころとすべきである。なぜなら、全面的な思考を通してでしか、一方的に偏らず公平に損得、利害と是非、善悪を判断することができないからである。しかし、総合考慮するのだから、すなわち一つのことに気にし過ぎて他多数を漏らしてはいけないことであり、当然既定の明文化されている規則項目に限定することができない。全く考課項目さえも確定しないのだから、当然量を測るまで論じるに及ばない。最後に出てくる数字も、総合的、概略的、比較的、相対的な意味を持つ代表的な符号に過ぎないのである。

　中国人の業績は、仕事の振る舞い、人間関係以外に、人の行為は天の意志と連動しているという天人関係にまで拡張しなければならない。だから、よく仕事をし、よく人として生きる以外に、「役職にあっては、便宜を図り易い」ことに基づき、よく周りを助けることを心掛けるべきである。

　このように考えると、中国人が仕事の合間に多く運命の道理を研究し、仕事に多く人間関係を配慮し、そして行動に多く物事の成り行きを重んじることも、総合考慮の考課基準の下では、必要な素養となる。天と人を一つに合わせる大いなるシステムの中に居ては、みんな当然このように行動すべきである。そうしてこそ、総合考慮の全面的な考察に反応し得るのである。

　我々はよく「試験のための教育」と批判するが、教育の結果が試験の要求もクリアできない方が、まさか良いと言うのだろうか？　現在のように「考課基準は個人の行為を決定付ける」ことは、同じく「このような考課基準があるから、必然的に中国人的な管理行為が生じた」ということを証明しているのではないだろうか？　甚だしきは「総合考慮の考課基準をクリアするには、中国人的な管理行為を持たなければならない」ことを証明しているではないだろうか？　そのことに関して、我々はまたどうして不平を言うことが、嘆くことができるのだろうか？

　人、事、場所、物、時間、それに随時加わってくる変化を入れ、我々はそれを「モグラシステム」と呼ぶ。なぜなら、それはよく何の前兆もなく、忽然と地面の下からひょっこりと顔を出してくる。これらの様々なもの全てが、総合考慮の考課項目であるのだから、どうして明文化して規定することができるのだろうか、全てを透明化、制度化、数量化することができるのだろうか？　それは人にできないことを強要しすぎているではないだろうか？

　総合考慮は正しく、必然的で、事実上の需要があると認識できたならば、総合考慮すべき項目はどうだろうか？　総合考慮の項目は含まないものがないように

しなければならない。そして同時にいつでも、いかなる項目も排除できるようにしなければならない。総合考慮のため、これらの項目を一時的に排除あるいは放置し、「急がば回れ」という効果を収めようとしても、我々は当然何も批判すべきではない。だから、我々は総合考慮の精神に従い、万全な準備を整えるべきである。そうすることで、順調に考課基準をクリアして自分に申し訳が立つようにする。このとき、早急に中国式管理を学ぶことは、まさに今の当面の急務となり、中国の自然生態、社会風習および文化特性をよく身をもって感じ取り、理解しないわけにはいかなくなる。

　最も大事なのは、やはり総合考慮を司る人が、正真正銘に公正で、そして敢えて「不公平」の罪名を引き受ける勇気を持つことである。勇敢に「公正を保証するためには、実に公平を保つことができない」と言えなければならない。そうすれば、みんなは信頼感を生じ易くなる。多くの人と相談し、人に「小切手の裏書のように、人を巻き込んで責任を軽減させようとしている」と批判されても、単独一人で「家に閉じこもって車を造る」よりマシである。これはまた中国人は「グループ」を持たなければならない理由の一つである。グループすら組めないようでは、すでに「親しい者にまで見放される」状況に至っていることが見て取れる。しかし、グループを持つともまた「小さな円」、「中心人物がぐるになって悪事を働く」との非難を招くことになる。いかにこの両者の間で、合理的なバランスを見つけ出すかこそは、総合考慮が試練に耐えられるかどうかの主要な関門である。

第五節　みんなに「自分を振り返って反省する」ことを勧める

　何事も反省しなければ、進歩することができない。ただ、事は人が行うのだから、反省し出すと人に関わり、簡単に面子の問題に波及してしまう。そのため、反省を実施することが難しい。

　人は面子を気にするものである。人はもし面子すらも気にしない状態にまで至り、ほとんど「羞恥の心」まで欠けるようでは、おそらくもっと恐ろしいことになるだろう。

　面子を気にするのは人の常であり、反省するとき、よく「このことは某の行いである」と思い起こしたり、あるいは「このことを持ち出すのは、全く私を標的にしてのことだ」と考えたりして、すぐに面子とリンクし、密接に結び付けてしまう。

わが国の先達の哲人は、このような人間の理性の特徴をよく知っている。だから、再三に渡ってみんなに、反省の唯一の実行可能な方式は、「自分を振り返って反省する」ことだと教えている。
　曾子は素晴らしいことを言っている。「われ日にわが身を三省す。人のために謀りて忠ざらんや？　朋友と交わりて信ざらんや？　伝う、習わざらんや？」である。
　中国人の「自主性」は非常に高く、管理されるのを好まない。他の人の言いなりになることを受け入れず、自己主張することを好み、自分で決めることを好む。自主性を高くするには、自律性が高いことを伴わなければならない。自分で自分をきちんと管理しなければならないからである。そこで、「自分を磨き高める」ことは非常に重要になってくる。管理されるのを好まないのだから、当然自分で自分を管理できるようにしなければならない。
　自律してこそ自主でき、自分を律するのに厳しければ厳しいほど、他人の尊重の中から高度な自主を獲得することができる。自律の習慣を身につけ、毎日は三つのこと、「人のために相談するとき、心を尽くしたか？　友人に対して誠意がなかったところはないか？　他の人に教え伝えるのに、自分は十分に熟達しているか？」で自分を反省する。この三つのことをそれぞれ反省し、毎日に進歩があり、日ごとにレベルアップすることを求めるべきである。
　孔子は「君子は器にあらず」と主張し、人は器具と同じように、人に勝手に使われてはいけないと考える。盲目的に上司の指図に服従し、いつでも他人の言いなりになっては、器具と何が違うのだろうか？　だから、中国人は完全に命令に服従する人は、「奴隷」だと考える。上司に対して少しも逆らわずに言いなりになると、人には「こびへつらい」だと嘲笑される。孔子は、「君に仕えるに礼を尽くせば、人はもってへつらいとなすなり！」と言う。中国人にとっては、迎合、取り入る、上司の機嫌を取ることは、正当な行為ではないことが見て取れる。逆に「君は臣を使うに礼をもってなす、臣は君に仕えるに忠をもってなす」べきであり、上司は部下を重く見て、部下は上司の期待に背かないことこそが、正道である。
　自律の人は、孔子が言うところの、「賢を見ては斉(ひと)しからんと思う。不賢を見ては内に自省する」までしなければならない。自分よりも優れた人を見たら、心をこめて彼から学ばなければならない。自分よりも劣っている人を見たら、彼を嘲笑する必要はなく、逆に自分も同じような悪いところはないかを見直してみる。いつか自分も彼と同じように劣ってしまうことにならないようにしなければなら

ない。孔子はこのような話を言うときは、賢と不賢には決まった基準があってこそ、みんなは比較することができる。現在は、賢と不賢の基準が乱れてしまい、決まった基準に欠け、比較はますます困難になってきた。

現代化された「賢を見ては斉（ひと）しからんと思う」ことは、徐々に「西洋人のすることなすことを見ては、必ず極力学ばなければならない」ことに変わり、「不賢を見ては内に自省する」ことは、「中国人の行いを見ては、すぐに醜い面から解説を加え、自分は一般の者とは異なり、普通の中国人ではないことを示そうとする」状況を形成している。自信に欠ける人は、実に「他人の長所を取り入れて、自分の短所を改める」などと言う資格はない。他人も、自分もどうなっているかさえ、何一つはっきりにできていないのだから、どんな長所をもってどんな短所を改めることができるのだろうか？

孔子はかつて非常に感慨を持って、「よそう。私は長年見てきたが、自分の過失を分かっていて、なおかつ自責できる人を一人も見たことがない」と言った。大多数の中国人は、反省しないならともかく、反省し出すと人の間違いを並べ立てるばかりである。自分は絶対に醜くなく、他人はどうしようもなく醜い。そのようなことはあり得るだろうか？

自分で自らを反省して、一旦間違いを発見してしまうと、面子が立たないではないか？　だから、言い訳や責任のなすりつけは、面子を保つ常套手段となってしまう。しかし、思いがけず「死んでも間違いを認めない」のは、すでに「恥知らず」であり、「面子が立たない」と関係なくなってしまう。恥知らずは、道理をわきまえないことの代名詞であり、死んでも間違いを認めないのだから当然道理をわきまえないことであり、中国人はこのような人を最も好まない。

面子を保つが、恥知らずにならないようにするには、孔子の「二度と同じ過ちを犯さない」教訓を心に刻み込んだ方がよい。人は聖人賢者ではない、誰が全く間違いを犯さずにいられるだろうか？　適切に反省し、忘れず、二度と同じ間違いを犯さなければ、面子の問題などは完全に消え失せてしまう。

過失にぶつかると、先にこれは私の間違いだと認める。すると、みんなは緊張しないので、面子の問題はそんなに大事ではなくなり、各自も間違いを認めてしまう。みんながそれぞれ反省する声の中で、間違いの重点を探した方は都合がよい。

過失は争って出てくるものであり、押し付けて出てくるものではない。みんなが責任を争えば、責任は自然と明らかになる。互いに責任を押し付けると、権限と責任がはっきりしないことのせいにされてしまう。みんなが争って過失を認め

てしまうと、大きな小さな様々な欠陥は言い出されて、簡単に過失の真相をはっきりと認識でき、次回からは簡単に避けることができる。みんなが互いにボールをけり合い、過失を相手に押し付けると、押してはけり返しの連続で、終始要点をつかむことができず、程なく二の舞を踏み、再三同じ間違いを犯してしまう。

率先して他の人の間違いを非難するのは、面子の問題をちらつかせ、他人が自身を守り、責任を回避する言い訳を見つけるように迫っているに過ぎない。甚だしきは逆に自分が噛み付かれ、責任を完全に押し付けられてしまう。

中国人は「二つから一つを選ぶ」ことよりも「二つを一つに合わせる」ことを重視し、いつも「片手で叩いても音は鳴らない」と感じる。いかなる過失も、誰かが一人だけの力で作り出したものではないように思える。真面目に反省すると、みんなに間違いがあるようで、ただ多いか少ないかだけで、程度上の差異があるに過ぎない。

勇気を持って間違いを認める人さえいれば、その他の人は簡単に影響を受け、勇気を持って続けて認め出すことができる。どのみちみんなに間違いがあるのだから、結果はみんなで引き受けることになる。何を恐れることがあると言うのだろうか？　認めてしまおう。

孟子は「上位に居る者は先に施行する」法則を提唱し、事は上司が先に行えば、部下は自然と安心して追随できると考える。上司は率先して自分の過失を認めれば、部下は当然次から次へと率直に自分の間違いを認める。

孔子が最も心配するのは、「よくないのに改めることができない」ことである。自分が間違っていることに気づいても、取り除くことができないということである。自分の間違いを改めたいなら、面子があるように間違っているところを認めてこそ、取り除くことを決心することができる。

上司が先に間違いを認めると、部下は自然ときまりが悪くなる。このとき面子の問題は珍しい状況になり、にわかに間違いを認めない方が逆に面子がなくなるように思える。上司に続いて自分の過失を認めてこそ、面子がある人であるかのように感じてしまう。

部下は厚かましくも間違いを認めないわけにはいかない。このような状況の下では、認めないことは逆に面子がなくなる。このことは、部下を自ら反省するように促す有効な原動力となる。

よく見かける状況は、部下は間違いを認めると、上司は即座に非難し、同時に全ての責任を彼に押し付けて、「彼は自分で認めたのだから、あとはどんな話があるの？」と言うのである。そのため、部下を進んで過失を認めようとせず、責

任を引き受けたがらないようにさせてしまう。上司のこのようなよく見かける「よくない行動」は、「改めることができる」だろうか？　もしずっと「改めることができない」ならば、部下はまたどうして過失を認める勇気を持てるのだろうか？

　孔子の自分自身に対する願望でさえ、「大きな間違いがなくいられる」ことに過ぎないのである。「小さな間違いは絶えずにある」ことは、聞く人をぞっとさせるほどのことではないことが見て取れる。我々はよく人を「大きな間違いは起こさないが、小さな間違いばかり起こす」と悪口を言って、あたかも許せない罪のように罵る。しかし、実は「多くすれば多く間違えてしまう」ことは、まさしく「小さな間違いばかり起こす」ことの根源ではないだろうか？　多くするから、多く間違いを起こすのではないだろうか？　上司は「小さな間違いばかり起こす」ことを好まないと、部下は「何もしなければ何も間違わない」ことで自分を守るしかなくなり、またどうしていけないことがあるのだろうか？

　部下が間違いを犯すことを許してこそ、部下は進んでより多くのことをするようになる。意図的でない小さな間違いであれば、処罰しない方がよい。そうすれば、部下は自らを反省し、進んで率直に認めることができる。

　意図的で、違法で、大きな間違いは、当然処罰しなければならない。大きな間違いを罰し、小さな間違いを罰しないこそ、みんなは自己反省の結果を安心して言い出すことができる。取り除く決意を固め、二度と同じ間違いを犯さなければ、大きな間違いがなくいることができる。

第六節　秘訣は「明と暗、大と小をともに配慮しともに重視する」ことにある

　西洋式管理の成績考課は、主に功績を奨励するためにある。貢献度が大きければ大きいほど、考課の成績は良くなり、年度末のボーナスが多くなる。しかし、従業員の心の中では、「清算」のニュアンスを感じてしまうことは避けられない。一年が過ぎ、総決算して見て、一体功績と過失はどのようになっているのか？　そしてまだ「人を殺める」脅威を孕んでいる。成績が悪ければ、人員削減されてしまう可能性がある。アメリカ産業界の英雄クライスラーのアイアコッカのような、上級管理職の人物でさえも交代させられるのに、一般のような平々凡々な輩は言うまでもないだろう。

　中国人従業員は、みんな非常に謙虚であり、自分に功績があると口に出して言

えない。なぜなら、我々はよく分かっている。功績は上司から与えられたものであり、自分が奪ったところで得られるものではない。上司が功績があると認めれば、我々には功績がある。このときになっても、まだ遠慮した方が、功績がさらに大きくなる。もし自分で功績があると吹聴すれば、上司は警戒を強め、功績を奪い返し、水をぶっ掛け、我々の頭がもっと冷静になれるようにさせる。結局のところ全ての功績は、簡単に帳消しにできるのである。

　我々は功績を鼻にかけ、自分に功労があると決め込むわけには行かない。そのため、我々はよく、「自分は功労がなくても、苦労がある」と言う。そして全ての人は毎年、同じく365日を擁するのだから、みんなの苦労はそんなに大差はないように思える。少なくとも考課において、自分は他の人に負けるわけには行かない。さもなければ、自分の苦労を認めないのと等しく、そのため非常に疲労を感じてしまう。

　このように「功績」はみんながほしがるが、言い出しかね、「苦労」はみんなが堂々と主張することができるが、ただそれだけでは満足することができない。その心理的欲求に鑑み、中国式管理の成績考課は、通常「明」、「暗」の二つの部分に分かれて、同時に進行する。

　「明」の成績考課は、「苦労」の部分を考課するものである。みんなそんなに大差はない。通常は勤続年数の長さに従って、「みんな同じ」ボーナスを与える。みんなが受け取るときに面目が立ち、他の人に負けていないと思えるので、そのため非常に公正だと認める。

　「暗」の成績考課は、逆に「功績」の部分を考課するのに用いる。大きいものもあれば、小さいものもあり、格差が非常に大きい。「闇相場」の運用を採り、密かにボーナスを支払う。みんな面目が立たないことがないようにさせるので、そのため非常に公平だと感じる。

　中国人の要求は求める水準が高い。「明」の成績考課があって、みんなはそんなに大差がない。このときみんなはとても公正だが、完全に不公平であると感じる。なぜなら、このような右ならえの奨励は、みんながいい加減で、日々を何もしないで過ごすことを推奨しているに等しいからである。誰かが長く生きていて、勤続年数が長ければ、ボーナスが多くなる。「暗」の成績考課があって、多いものもあれば、少ないものもある。みんなはとても公平だが、面子は傷つけられたと感じる。家族に釈明ができず、猛烈に愚痴をこぼし、上司の不公正、えこひいきを非難する。「明」に「暗」を加え、面子と実績の両方に配慮すれば、当然公正にして公平にできるのである。

「明」の部分は、各自の勤続年数に従って、みんな同じ基準のボーナスを支払う。奨励の効果はあまり大きくないので、多く与えることはできない。この部分は、従業員が家に持ち帰ったとき、他の人が受け取った分よりも少ないために面目が立たないようなことがなく、主に家族に対する釈明として、自分は毎日仕事して、成績は良く、他の人に劣っているところがないことを示す。もし家族は、他の人は別に「暗」のボーナスがあり、そして金額はこの「明」のボーナスよりもさらに大きいと聞いても、当事者は、「そのようなことはない。他人が言ういい加減なことを真に受けてはいけない」と否認することができる。それから決意を固め、来年は努力して、その「暗」のボーナスを奪い返そうとする。次の年に、その「暗」のボーナスを得てから、安心して家族に向かって、「去年は李さんが私よりもお金が要りそうだったから、功績を彼に譲ったのだ。今年は私が少し頑張ったら、ほら見ろ、このボーナスはすぐに手に入ったではないか」と自慢する。鼻高々で、威勢がよく、もっと面子が立つ、そうではないだろうか？

「暗」の部分は、各自の実際の成果に従って、貢献が大きければ多く支払い、貢献が小さければ少なく受け取る。格差を大きく付けることができる上、さらに奨励の効果が大きくなる。王永慶は台湾の経営の神様となったゆえんは、当然多く学ぶに値するところがあるが、中でも密かな奨励をうまく用い、みんなが全力をもって対処せざるを得ないようにさせることは、とりわけ非常に有効な方式である。

「明」のものと「暗」のものを一緒に行い、一方ではみんなの面子に配慮し、一方ではみんなが努力することを奨励する。このような先に面子に配慮し、次に善し悪しをわきまえる原則は、成績考課を有効になるように働かせる最もよい保障である。

中国人に対して言えば、彼に面子があるようにさせれば、どんなことでも聞き入れ易い。この状況になってから、優劣を分けるようにすると、彼は優になるために努力することができる。彼に面子がないようにさせては、非常に感情的な反応を引き起こし易い。この状況になってから、どんなに公正であっても、彼は自分がひどい仕打ちを受けたと感じ、終始公正でないと思い込み、納得しようとしない。

成績考課は、「清算」に用いてはいけない。なぜなら、総決算して損得はどうであろうと、功績と過失はどうであろうと、時間はすでに過ぎ去り、覆水は盆に返らず、一種の償いようがない損失にほかならないからである。

上司は、成績考課をうまく用いて、部下が時間をコントロールし、期日通りに

仕事をきちんとできるように励ますべきである。時間が過ぎ去ってから、細大漏らさずに総決算してはいけない。

　一年の始めに、上司はすでに成績考課を行うべきである。一年が終わるのを待ってから、古い帳簿をめくり、一条ずつ清算するのではない。

　毎年の12月は、実際はすでに次の年の始まりである。このとき、上司は部下を個別に来てもらって、彼と来年の仕事計画について語り、どんな仕事が彼に予定されているのかを告げ、彼にそれらの仕事をどんな基準まですれば、功績があり、密かな奨励を獲得できるかを理解させるべきである。このような先に期待を与える成績考課の精神は、彼を転職することなく会社に留まらせる。新年の仕事始めの日に、彼の姿が見えないことを心配する必要がない。そして彼に、十分な心の準備をさせ、期待されている基準に従って、きちんと役割を演じ、絶対に異常をきたし、あるいは誤差を生じさせてはいけないことを分からせる。

　先に期待を与え、彼にきちんと達成させ、それから彼に奨励を与える。このような「不敗の境地に立つ」成績考課の方式こそが、従業員をつき動かすことができる。従業員を危なげなくじっくりと努力させ、必然的に評価を獲得させ、少しも賭けをするような不安定な感覚がないようにさせることができる。功績への期待は上司から与えられたイメージであるということにより、功績は上司が自分に達成するのを期待しているものになり、努力すれば確実に手に入れることができるものになる。

　成績考課は「人を殺める」のに用いる必要はない。逆に「人を救う」のに用いるべきである。うまくできる人は、彼がもっと良くできるようにさせる。理想的でない人も、すぐに急いで彼を「殺めてしまう」必要はなく、再度彼に期待を与え、機会を与え、彼を生き返らせる。何と言っても「人は古なじみの方が良い」のであり、しょっちゅう新しい人と入れ替えるよりも、古株を闘志がかき立てられるように励まし、その人に旧いものをそのまま持ちながら、新しいものを創造させ、新しい良好な振る舞いができるようにさせた方がよい。

　アメリカ人は「個々」の成績評価を重視し、日本人は「団体」の成績評価を重視する。中国人はどうだろうか？　個人と団体の両方に配慮し、ともに重視する。成績考課のとき、先に団体を評価し、それから個人を評価してこそ、みんなが喜んで受け入れることができる。

　先に部門の目標を定め、目標達成率に従って各部門の成績を考課する。考課した部門の成績は、この部門の各構成メンバーの考課の根拠となる。通常、部門の考課は優につけられた場合、この部門のメンバーは、みんな優を獲得すべきであ

る。たとえ中に一人や二人は、努力が理想的でないとしても、彼らにおこぼれを預からせる。部門のお蔭を被らせ、集団意識を高める。部門は良につけられた場合、この部門のメンバーは、80％を良とし、20％を可とすべきである。部門は可につけられ場合、メンバーの20％を良とし、50％を可とし、30％を不可とすべきである。部門は不可につけられた場合、メンバー全員は不可とすべきである。そのパーセンテージは、部門の性質とこれまで長年の業績によって調整することができる。部門と個人を一体化させる成績考課を採り、明と暗の処置に協力してこそ、成績考課を有効に稼働させることができる。

第 8 章
円満な疎通技術

　ハードの面から考えてみると、世界中の管理には大差がなく、おおよそ違いがない。しかし、ソフトの面から分析してみると、中国、アメリカ、日本を例に取れば、それぞれに異なるやり方がある。少しも怠ることができない。さもなければ、効力を失ってしまうことになる。
　その中の最も大きな差異は、意思疎通、リーダーシップと激励にあると言ってよい。言い換えれば、チャイニーズ的な特色を持つ管理の道を歩みたいであれば、必ず意思疎通、リーダーシップ、激励という三つの面で多く工夫しなければならない。確実に中国人のこれらの面での特殊な習性を把握してはじめて、合理的にして有効に管理を実施していくことができる。
　意思疎通の面では、我々は最も円満を重視する。すなわち方法を考えて、全ての人に面子が立つように行動することである。なぜなら、疎通するとき誰かが面子が立たないと感じれば、必ずや感情的な反発を引き起こし、多くの問題を作り出してしまうからである。疎通の困難を増やすばかりでなく、予測し難い悪しき結果を生じさせてしまう。
　疎通は円満を求めるには、まずは真実性とともに、妥当性を考慮する必要がある。真実は当然重要であるが、妥当に表現しないと、どんな真実であっても傷つけられてしまう。妥当かどうかは、実に決めつけ難い。だから明言しないことは、しばしば疎通の基礎を成している。ただ明言しない立場に立って、話をはっきり

言ってこそ、口開くと人を傷つけ、結果的に自分を害してしまうような結果には至らない。

　異なる階層の人に対して、異なる訴え方を採ることは、倫理が原因であり、権勢になびく行動ではない。

　最もよく見かける会議の疎通は、必ず冷静になって、改めて詳細に検討しなければならない。「会して議せず、議して決せず、決して行わず」の本当の意図を、状況が適切になるまで運用すれば、自然と言葉で言い表せないほど素晴らしい効力がある。

　円満はなかなか達成しにくいが、みんながよくよく心をこめて追求する価値があるものだ！

第一節　妥当性は真実性よりも重要

　中国人は普遍的に、自分は非常に誠実だと考えるのに対して、他人はだましてばかりいるといつも感じる。これは一体どういうわけだろうか？

　ある中国人は非常に誠実に心の中の話を言い出すと、他の人はその通りだとは認めず、彼が人をだましていると常に考える。繰り返して言っても、誠実に信用できると誓っても、何度も自分は真実の話をしていると称しても、依然としてみんなの疑いを引き起こしてしまう。保証すればするほど、人は信用しなくなり、どうすることもできない。

　このような隔たりが生じる原因は、中国人が持つ一つの表現原則にある。それは「妥当性は真実性よりも重要」だということである。基本的には、我々は自分が真実を話していると思っていても、実際は大方その場に相応しい妥当な表現をしているだけである。

　「明日は、支援のため私に三人貸して下さい」と甲は言う。

　「実にどうしようもないです。私までも手が回らない状態で、人員の調整がつかないです。本当に申し訳ないです」と乙は答える。

　甲は不機嫌になり、なぜなら事前に二人っきりで個人的に調整して、乙からすでに約束をもらっているからである。どうして突然こんな調子に変わったのか、理解に苦しむ。

　乙は全く不誠実な感覚はない。彼はただ話を妥当に言っただけであり、だます意図はない。

　個人的な調整では、当然「問題ない」と明言できる。今ごろ社長を前にして、

私はもしあっさりと承諾して、ストレートに本当の状況を言ってしまったら、社長が私の部門は人が多く、仕事が少ないと考えて、人を一人、二人減らそうと方法を考えてしまわないだろうか？　もしそのようになれば、自ら面倒を招いて、なお人に笑いものにされてしまうではないだろうか？
　乙のこのような答えは、一種の妥当な表現である。しかし、理解できない人は、彼が本当に支援を拒絶していると思い込み、失望してしまい、彼を不誠実だと感じずにはいられない。
　物事がよく見えている社長ならば、自然と甲はそんなに軽率であるはずがなく、事前に乙の意見も求めずに、そそっかしくもみんなの前で支援の要求を持ち出すはずはないことを悟る。彼はまた乙は約束を守らない人ではなく、ただ自分を守り、自分にとって不利な誤解を引きこさないようにするために、このように答えるのだということを知っているはずである。
　優れた社長は、すぐには介入すべきではない。彼は甲の後に続く行動を静かに待ち、甲の自分を磨き上げてきた技量は良いかどうかを見てみる。
　甲はもし不機嫌になり、「どうしたの？　昨日あなたに話したときは、約束したではないか？　どうして今になって約束を破るの？」と言ったら、甲の自分を磨き上げてきた技量は、とても劣っていることを示す。同僚に対して最低限の信頼もなく、彼に苦い経験をさせるのも当然である。その上このように真実を明言してしまっては、今後どうやって乙と付き合うと言うのだろうか？　「人員調整の件は、あなた方二人でもう少し検討してみよう」と言うしかない。しばらく放置して、後の進展はどうであるかを見守る。
　自分を磨き上げてきた技量は良好な人は、乙は信頼できないわけではなく、彼はただ話を妥当に言っただけで、だましていると言うほどのことではないのだと、分かるはずである。このときは、話を真っ正直に言いすぎて、妥当ではなかったと自分を反省することができる。そのために急いで続けて、「私はあなたがとても忙しいことを知っている。でも私も確かに必要であり、どうか是非支援してもらえないだろうか」と言う。本当はこの言葉はとっくに言うべきであった。乙が注意を与えるのを待ってから、急いで取り繕うべきではない。
　社長は甲の自制と乙の技量を見出して、やっと自分の腕前を発揮し、「みんなをこんなに忙しくさせてしまって、本当に申し訳ない。あなたは明日、可能な限り彼に二、三人を支援してくれ、あなたのところがもし手が回らないのなら、私が方法を考えよう！」。
　甲は優れていたら、初めからこのように、「私はあなたがとても忙しいこと

知っています。しかし、私も本当にあなたの支援が必要で、会議の後に私たちは人員の調整について相談して見てはどうでしょうか？」と言うべきである。

　乙はおそらく次のように、「あなたは毎回毎回どんなに忙しくとも私を支援してきたのだから、私は忙しくても、あなたを支援しないわけには行かない」と答えるだろう。

　それから、社長が、「いつもあなた方に支援したり支援されたりさせてしまい、本当に申し訳ない限りです。こうしましょう！　何か私にできることがあれば、私に手伝わせればよい。くれぐれも遠慮せずに言ってくれ、どうせ私を暇にさせておくのもなんだから」と言う。

　みんなが妥当な話を言えば、調和が取れている中で円満に問題を解決できるではないだろうか？　それは必ずしもそうとは限らない。毎回毎回このようにすると、みんながみんな「見掛け倒しの親切」になってしまう。口では互いに聞こえのよい話を言い、心では全く問題を解決しようとする誠意がない。いかにもわざとらしく、言っている話は歯が浮くばかり、みんなは嫌がり、円満に問題を解決する効果を収めることはできるはずがない。

　妥当な話を言うには、実際に問題を解決しようとする誠意を持っていなければならない。甲は事前に乙と相談したが、公の場で行わず個人的に行ったのは、乙の立場に配慮し、彼に都合を言い易いようにさせようとしたからである。乙は二つ返事で同意したのは、社長がその場に居合わせておらず、他に聞かれる人もなかったので、当然安心してストレートに喜んで支援する態度を表明した。好意を示すなら最後まで徹底的にということで、そのため非常に気前よく承諾した。

　意外にも甲は社長の前で、このように単刀直入に要求を言い出すほど愚かだとは思わなかった。このような「明日は支援のため私に三人貸して下さい」というような真実の話は、公然と「私たち二人は事前すでに十分に疎通し、かつ乙はとても気前よく承諾した」ことを公表しているに等しい。完全に乙の立場を顧みず、乙は当然受け入れられない。

　「明日は支援のため私に三人貸して下さい」という真実の話を少し装飾を施して、妥当に言うことができる。「すみませんが、私は事前あなたにできるかどうかを尋ねておくべきだったが、二回あなたのところに行ってみて、みんながとても忙しいのを見て言えなかったのです。今は失礼を承知でお尋ねしますが、明日は二、三人を私に支援してくれませんか？　一日で結構です。明後日には必ずお返しいたします」に変えればよい。

　中国人はついさっき知り合ったばかりなのに、よく言及することを避ける。し

かし、知り合ったばかりだからと言って、そんなにはっきりと「初めまして、お会いできてとてもうれしいです」と言う必要はあるのだろうか？ 明らかに人に「境界線を引いている」ように感じさせてしまい、大いに議論の余地があるだろう。少し曖昧にしておけば、もっと融通できる大きな空間を残せるではないだろうか？

乙は明らかに甲と事前相談したのに、今甲はこのように表現している。甲は当然誰かをわざとだまそうとしているのではない。社長の前で、側面から乙の部門の忙しい状況を描写し、乙に安心して「できるだけ方法を考える」と承諾できるようにさせようとしているだけである。

私的に真実の話を言って、公の場面では妥当に調整する。これは公私共に都合がいい。頭が回らない人は、どうしてもはっきり理解できず、「どうしてきちんと話がまとまったのに、また変わっちゃうの？」とぼやいてしまう。実は少しも変わっていないのである。

社長は部下の妥当な話を聞いて、一方では部下が互いに尊重すると同時に、社長をも尊重していることを喜ぶべきであり、もう一方ではこの妥当性と真実性の間に、一体どれだけの隔たりがあるかを、確実に調査すべきである。もし隔たりが小さければ、みんなの忙しさを解消するため人事を調整する必要がある。もし隔たりは大きければ、警戒を強めなければならない。部下は芝居を打つことに長けているので、合理的にからくりを暴かなければ、不健全な雰囲気を正すことはできない。

管理はある角度から言えば、「差異性をコントロールする」ことにほかならない。いかなる差異も、注意する価値がある。合理的なコストと方法を用いてコントロールし、差異の変化をコントロールの範囲内に抑える。

言語あるいは文字の疎通も、同じく合理的なコントロールを必要とする。そうしなければ期待通りの効果を収めることができない。妥当かどうかは、合理的かどうかということである。だから、依然として合理的な妥当、合理的な真実を推考の尺度とする。

中国人は客人に「酒は飲めますか」と聞くことはない。なぜなら、一人の客人も誠実に「とても飲めます」と答える人はいないからである。聞いても聞かなかったと一緒で、全く真実の解答を得られない。

「何の酒を飲みますか」は、「あなたは酒が飲めますか」より、得られた解答が確かである。「飲まない」と「飲めない」の間に、差異性があり、注意深く識別し、妥当な処理を与えなければならない。

疎通三原則

「私はあなたに教えてあげるけど、あなたは他の人に教えてはいけない」、「あなたはもし他の人に教えるならば、私が言ったと言ってはいけない」、それに「あなたは他の人に私が言ったと言っても、私はきっと言っていないと言うに違いない」。

この三つの言葉は、中国社会では、いつでも、どこでも聞くことができるようである。それは疎通の三つの重要な原則を示している。

第一、私が言ったことを、あなたは信じるか？ どの程度まで信じるか？ 他の人に伝える必要があるか？ 他の人にどの程度まで伝えるか？ 全てあなた自身が決めなければならない。私のせいにしてはいけない。私はあなたに他の人に教えてはいけないと言ったとしても、事実上何らかの拘束力があるわけではない。ただ、好意的にあなたに、自分で決めないといけないことを注意しているだけである。

第二、あなたはもし他の人に教える決心をしたならば、あなたはすでに私の言ったことを十分はっきりと理解し、信じたことを示している。かつよく考えて、他の人に教えようとしている。このとき、あなたが言ったことは、すでにあなたが判断した後の情報であり、その上あなたが教えようとしている相手は、あなたが慎重に選択し、決定した人である。私とは一切関係がない。だから、私を巻き込んで、私が言ったなどと言う必要がない。

第三、もしあなたがどうしても誰かに教え、なおかつ名指しで私が言ったとしても、この相手は全く私が選んだのではなく、どのような話を言い、どの程度まで言うかも、私がコントロールできるものではないので、私はそんなことを言ったことはないと態度を表明するしかない。少なくとも、私はその通りには言っておらず、語気も言葉遣いも同じではない。

疎通は、自分の言ったことに責任を負ってこそ、みんなの信頼を勝ち取ることができる。他の人の話を引用して述べるばかりで、自分で責任を負わないのは、決して良好な態度ではない。中国人はこの三つの意思疎通の重要な原則を頑なに守るのを、マイナスの面からその本意を捻じ曲げてはいけない。プラスの面からその本当の意図を理解すべきである。自分がはっきりと理解しないことを引用せず、言い出したことは、全て自分で完全に責任を負うのは、とてもいいことではないだろうか？

第二節 明言しないことを基礎とする

　西洋人は、公然、公開、透明を好む。全てを広げて、話があればはっきり言う。法治社会なので、是非は非常に明確で、正しいことは正しい、間違っていることは間違っている。何も隠すことはないし、何も隠しようがない。

　中国社会の道理は、おおかた相対的である。正しい中にも一部分の間違いがあり、間違っている中でも多少は正しさがある。透明化されなければまだ融通がきくのであるが、一旦さらけ出すと、誰もが気分はよいとは限らない。「これからも他の場所で顔を合わさなければならない」ことは、全てを半透明に保留しておくという最も有効な原則を形成させる。何もかも透明化にする必要はないではな

いだろうか？

　西洋人はお客さんを招待するとき、招待状には非常にはっきりと、「6月6日は小生の誕生日のため、皆様が我が家にお出で頂き、ケーキを召し上がり、誕生日ダンス・パーティーに参加することを歓迎いたします」と印刷する。

　中国人はお客さんを招待するとき、招待状には簡単明瞭に、「6月6日、謹んで粗酒を準備し、ご来訪をお願いいたします」とあり、内容は非常に不透明で、どうして宴会を開くかも分からない。

　招待状を受け取った人は、もし電話で招待のわけを聞こうとすると、主人は必ず笑って、「何でもないよ。みんなでちょっと集まるだけ。本当に何でもないから」と言うに決まっている。こうすると、みんなが全てを了解し、「必ず何かがある。そうでなければ、どうして繰り返し本当に何もないよと強調するのか？」ということである。主人の笑いの意味は逆に非常に明確で、「あなたは私に聞くのか、私にどう言わせたいのか？　まさかあなたは自分で周りの人に聞いてみることはできないの？　私に聞きに来るとは、私が困るではないか？」ということである。

　明言するのは、本当に困ることである。なぜなら、聞く人は非常に不機嫌になるからである。

　西洋化した中国人も、招待状には非常にはっきりと、「6月6日は小生の誕生日で、謹んで粗酒とケーキを準備し、拙宅にご来訪をお願いいたします」と印刷する。

　見る人の大半はずっこけてしまう。「招待なら招待すればよいが、どうして誕生日と言うのか。明らかに私に贈り物をさせようとしているではないか？　わざと理由を作って招待状を出し、贈り物を受け取り、財を成そうと企む輩を、私は最も嫌いだ。いわんや6月6日は台湾が侵略された断腸な日であり、何を祝う必要があると言うのか？」。中国人は一旦不機嫌になってしまうと、言っていることは人聞きの悪いことばかりになってしまう。

　明言しないことはどんな有利な点があるのだろうか？　分析してみると本当に有利な点が多々ある。

　第一、明言しないことこそ、自分を明るいところに立たせ、露出をあまりにも多くし、人様に一目瞭然に見え、簡単に把握され、甚だしきは弱点までも捕まれてしまうようなことにはならない。明言する人は、何もかも言ってしまい、中国人の目には、実に全くの「口に柵なし」に映ってしまう。恐ろしいだけでなく、遅かれ早かれ人様に誘導尋問され全てを吐いてしまい、あげくの果てに自分を守るカードが何もなくなり、人の言いなりになってしまう。

第二、明言しないことこそ、うまく立ち回る余地があり、自分を追い詰めるようなことにはならない。どのみち話はまだ口から言い出していないのだから、どのように改めてもできることこそ、十分に小回りが効くのである。明言する人は、話をはっきり言ってしまい、一旦自分に不利だと分かっても、全く変更できるはずがない。全てのことは自分の口から言ったものなので、変更できない上に、言い逃れもできず、辛くて苦しいではないか？　また人にも笑われてしまう。

　第三、明言しないことこそ、相手の本音を引き出すことができる。彼は事情をはっきりと飲み込めないからこそ、全てのことを始めから終わりまで、ありのままに話してしまう。「あっ、なるほどこうであったのか」という状況になる。明言する人は、率先して自分の意見を言ってしまうと、他の人は明確に反対を示したがらなくなってしまう。口では明言した人に従うだけで、心の中は依然として自分の考えを持ち、どうすることもできない。

　一つの社会団体は、もし一体どれだけの財産があるかを全く明言したことがなければ、会員はまだ何も考えずに期日通り会費を納める。今になって、一旦透明化されると、多くの会員は「そんなに財産があるなら、どうしてまだ会員に会費を納めさせようとするのだろうか。その実、財産から得られた利潤と利息を月ごとに活動費として分配することはできるではないか。それこそが、立前と事実が一致する正真正銘の主権は会員の手にあり、会員の福利厚生に配慮することではないか」と思ってしまう。

　その上、透明化の結果として、必然的に多くの人の疑いを引き起こしてしまう。本当に100％透明であるのか？　何か隠していることはないか？　結果は透明であるが、過程はどうだろうか？　透明化されていないようである。そこでさらに過程に対しても公開を求めてしまう。そのため、論争が止まず、収拾がつかなくなってしまう。

　中国社会は、西洋世界のような平等観念に欠け、だから民間的な信仰は、多くは生きとし生ける者の平等を死後の極楽浄土に託してしまう。現実社会はどんなに良く言っても、「身分や長幼の順序でものの見方が異なる」世界であり、全く公平であるはずがない。

　大物が何かをすれば、決まって通常のルートより素早い。体が丈夫な学生だからこそ、体が弱い同級生に暴力を振るう。大手の取引先が来られれば、すぐに貴賓室が開けられる。金持ち財閥だからこそ、重要な戦略決定を左右することができる。

　これらの事情は、もし明言しなければ、みんなは注意を払うことはない。ある

いは、注意を払ったとしても騒ぎになることはない。騒いだとしても大きな波となることはないので、当然うやむやのうちに終わってしまう。少なくとも、行列に並ばされる小物、体が弱い被害者学生、狭い待合室に詰め込まれ受動喫煙させられる中小の取引先、戦略決定に全く影響を及ぼせない貧しい大衆に、いくらかの面子を残しておくことができる。損を見た上で、損を見た状況まで暴露されるという二次的被害を受け、人様に「カモにされ切る」という悲惨な場面を形成することはない。

　明言しないのは、当然のことだが、このような状況が喜ぶべき、奨励に値すべき現象だと考えているわけではない。すぐには修正できないし、また完全に変える必要もないことを知っているからである。なぜなら差異の程度は、もし合理的な範囲にまで低減できれば、往々にして全く差異がないよりもよいのである。全く同じであることは、全員右倣えの偽平等と等しくなってしまう。ただ合理的な不平等だけが、同じ視点に立脚する真の平等にほかならないのである。

　歴史から見れば、特権は主から主へと移ることしかできず、全く完全に消滅させることはできない。特権を消滅させよう、特権階級を打倒しようと声高に叫んでも、一旦大きな権力が掌中に収まれば、同じように何もせずに特殊権利を貪ってしまうものである。ただそのとき異なるのは、これらのことは、どうと言うほどのことではなくなり、十分に公平だと思えるようになっただけである。

　西洋人は、法を拠りどころにする。「法律は悪法でも無法より勝る」という観念を受け入れる。合法であれば、不公平であってもかまわない。みんなが法律の前では一律平等なのだから、当然事実を明言でき、強く公開、透明を求めることができる。

　中国人は、理を重視し、合理を評価基準とする。「法律は悪法でも無法より勝る」という観念を受け付けない。逆に合理的でない法は、すぐに修正することを求める。さもなければ、法自体がすでに不公平であっては、法に従っても人を心から承服させることができない。

　「理」の特性は、変動性が非常に大きい。夫婦喧嘩で夫婦それぞれに言い分があり、それぞれに自分が正しいと主張したり、同じ物事であっても各人によって見方はそれぞれに異なったり、どうして一緒に論じることができるのだろうか？このような状況の下、明言しないことこそ、それぞれの異なる立場に配慮することができ、夫も妻も面子があるようにさせることができる。一旦明言してしまうと、何軒の家が喜び、何軒の家が悲しむ結果をもたらしてしまい、はっきりと意見を言った人には非常に不利になる。明言すると犠牲者になってしまう事例は、

よく人の心を寒からしめる。

　明言しないのは、当然のことだが、はっきりしていない分けではない。なぜなら、中国人ははっきりしない方式を最も嫌うからである。明言しないのは、心の中でははっきりしているが、曖々昧々に表現しているだけである。だから、それは一種のはっきりとしている曖々昧々である。

　西洋は明言すべきだと主張するもう一つの支持力は、みんなが専門家の意見を信用することにある。疑問があれば、公聴会、公証会の公開討論を経て、みんなが受け入れられる結論を得ることができる。なるほど、真理は弁論すればするほど明らかになってくるものである。

　中国人はしかし簡単には専門家を信用しない。なぜなら、資格の認定は非常に容易ではないからである。公聴会、公証会では、それぞれが意見を主張し、専門家の間の議論は、往々にして交わるところを見つけられない。中国人が問題を解決するのは、実は公聴会、公証会の後の「団子ごね」（意思疎通）である。みんなを納得させることは真実性よりも重要である。

　明言しない目的は、「知るべき人に中身を知らせ、知るべきでない人にうわべだけを知らせる」ことにある。このような「知るべきかどうかを基準として、公開するかどうかの区別を決める」ことは、合理的なだけでなく、中国社会の「階層によって待遇を変える」特性にもかなっている。

　中国人は、紙で火は包めないように真相は覆い隠すことはできないこと、いずれ水は引き水底の石が現れるように遅かれ早かれ物事の真相は明らかになることを知っている。だから、「明言する」と「明言しない」は、最終的には全く同じ結果になる。「明言しない」のは全く誰をも欺くに足らず、それはただみんなが面子あるように感じさせるためだけの、まさしく短い一時的なステップに過ぎない。

第三節 異なる訴え方を採る

　西洋人は非難と批判に遭うと、反応の仕方は理性的である。普通、先に自分のあらゆる行為をチェックし、間違いがないかどうかを見てみる。自分が確かに間違いがあると気づけば、率直に認め、手を尽くして謝ろうとする。もし間違いがなければ、自信を持って「私は間違っていない」、あるいは「間違いの原因は私の方にはない」と訴える。

　中国人はこのようにしてはいけない。さもなければ、仕舞いには必ず損を見て

しまい、自分に不利になる。なぜなら、一般的に言うと、理性的な態度はただ教科書の中でしか出現しないからである。実際中国人の態度は、相当に「感情的」である。

　我々は非難と批判を受けたとき、まず先に相手を認識し、「私を非難している人はいったい誰なのか？」をはっきりさせるべきである。中国人は、「事と人を一つにつなげて考える」ことに慣れている。なぜなら、「事は人がするから起こる」のであって、「人が居てこそ、事がある」からである。我々は何か話を聞く度に、真っ先に口を開いて聞くのは、「誰が言ったの？」である。

　非難する人の役職は私よりも高く、形勢は私よりも強く、信望は私よりも厚いならば、最も良い対応方式は、「間違っていれば、すぐに彼に謝り、かつ許しを得られるように手を尽くす。間違っていなければ、沈黙を保ち、何も話さない」ことである。

　役職が高く形勢が強い人は、謝りを受け入れることに慣れていて、訴えの声を聞くことを好まないものである。これも人の常である。「謝ればことを済ませられるとは、あまりにも簡単すぎるような気がする」と考えるので、謝ったとしても必ずしも受け入れられるとは限らない。だから、方法を考え、あるいは適切な第三者を通して、相当な理解を得てはじめて無事で居ることができる。

　沈黙を保つことは、上司に対して言えば、すでに訴えに等しいのである。上位に居る人は、非常に不思議に感じる。「この人はどうしたのか？　私は彼が間違ったと言ったのに、彼は意外にも何も話さない。謝りに来ないだけでなく、人づてを頼って申し開きしようともしない。本当にとても奇妙だ！」。

　中国人が卓越しているのは、ものを言わないことで、上司の好奇心を引き出し、自発的に来て事実を調べるように誘導する術を、知っているところにある。そして訴えの声がなければ、上司の感情的な不満を引き起こしにくい。上司は冷静で、寛容な心で我々を調査すると、往々にして「なんだ、間違っていなかったのか」という事実を受け入れることができ、笑って「あなたは間違っていなかったら、言わないと。どうして言わないの？」と言うことができる。部下は、上司にこのような全くの親切心から出た言葉を言わせることができたのは、当然最大の収穫である。このときは、「もちろんです。私は間違ってなんかいません」と答えたとしても、少なくとも訴えの効果を得ることができる。最も重要なのは、後遺症を生じさせるようなことはない。もしもっと上手に、「そんなことはありません。まだまだ不十分です。改善する余地がまだまだあります」と答えたら、三階級特進で、出世が順調この上なしであることを保証する。

上司の非難を聞いて、自分に間違いはないと分かったら、すぐに自分は筋が通っているのだと考えて勢いよく訴えると、中国社会では往々にして最も損を見てしまう。上司は自分の非難が間違っていると分かれば、当然恨めしさと恥ずかしさで怒りだすべきではない。自分の判断が間違っている事実を受け入れなければならない。しかし、彼を部下に対して、「申し訳ない。あなたは間違っていません。私の見誤りでした」と謝らなくてはいけないように追い詰めては、将来災いを被るのは、必ず部下であるに違いない。

　上司は自分の判断が間違っていると分かっただけでも、すでに面子がないように感じる。やむを得ず部下に謝らなければならないようになるのは、さらに面子がない。中国人は面子がないとき、真っ先に思いつくのは、面子を挽回することである。彼は精力を集中してこの部下の間違いを探せば、二三日を超えなくとも、見つけることができるだろう。彼は笑って、「数日前は、私はあなたが間違っていると言ったのに、あなたは認めない。今は？　まだ何か言うことはあるのか？」と言うだろう。このような結果が、全く部下の身から出たさびである。このときになって、訴えの後遺症があることを知っても、あまりにも遅すぎる。

　非難する人の役職は私と同じぐらい高く、形勢は私と大差はなく、信望は私よりもいくらも厚くないならば、よく見かける反応は、「よし、私は間違いを認めよう。でも、あなたはまさか少しも間違いがないと言うのか？」であり、そこで少しも保留せずに相手の間違いを公表して、相手を引っ込みがつかなくなるようにさせてしまう。

　「私はずっと前から、あなたが間違いを犯したことを知っている。ただあなたの面目を保つため、言わなかっただけ。あなたが私の面子に配慮することなく、公然と私の間違いをさらけ出すとは思わなかった。お互いさまの相互法則に鑑み、私も当然その通りにならって処理し、そのままそっくりにあなたの間違いをさらけ出してしまう。あなたが私を冷酷だととがめる必要はない。なぜなら、これはあなた自身がそうさせたのだからだ」。中国人の態度は一貫して非常に道理をわきまえるものであるが、我々が従い守ってきた道理は、「お互い様に」ということにあり、「あなたはどのように応対すれば、私も同じくそのようにあなたに応対する」のである。取り沙汰になったとしても、みんなから理解を得ることができる。

　中国人は間違いがあっても言ってはいけない分けではなく、「言うべきであるが、このように言ってはいけない」のである。間違いがあって、指摘しなければ、どうやって改善できるのだろうか？　しかし、間違いがあるとさらけ出されてし

まっては、みんな面目が立たなくなってしまう。だから、間違いがあると、必ず言わなければならないが、ただ技巧的に言わなければならない。人を面子がないようにさせることなく言ってこそ、円満だと言える。

「このような結果は、制度が完全ではない証明であり、もし制度が改正されなければ、おそらくこれからもずっと間違って行くと思われる」と言って、責任を制度に押し付け、間違いを人に気づかせ、人に自分で改善させることは、我々のよく用いる方式である。

非難する人の役職は私より低く、形勢は私より劣り、信望は私に及ばないならば、このときはまずちょっと考慮しなければならないのは、彼は後ろで後押しする人がいるではないか？　後押しする人がいなければ、どうしてこのように振る舞うのだろうか？　後押しする人がいれば、特に気をつけないといけない。非難する人に取り合わずに、背後の後押しする実力者に直接に探りを入れ、適切にしこりを解消させるようにする。その実力者は自ずと非難する人を制止し、甚だしきは彼に謝らせてことを済まそうとするだろう。

もし背後に実力者がいるわけではないならば、それでは「懲らしめなければいけない。さもなければ他の人もこれを真似するかもしれない」という精神に基づいて、必ず足を伸ばして、彼を永遠に生まれ変われないように踏み潰しておかなければならない。ときには、「威勢を張って見せないと、人様に病んだ猫に見なされてしまう」、みんなが寄ってたかって面倒を起こそうとしたら、防ごうにも防ぎ切れないではないか？

懲らしめの方式は当然人によって異なり、公然なものもあれば暗然なものもあり、即効的なものもあれば遅効的なものもあり、じわりじわりとくるものもあれば、ガッツンとくるものもある。しっかりと計画を練った後で行動しなければならない。自分までも傷づけて後悔してやまないことにならないようにすべきである。

西洋人は、無実の罪を着せられると、法に従って訴えることを好む。中国人は心の中でよく知っている。法はただ一時的にしか守ることができず、人の感情を害したら、長期的な報復を招いてしまう。折り合って事を穏便に済ますことは、表面上臆病者のように見えるが、実際は往々にして根本的な問題を解消させる道である。法の面で勝利を勝ち取っても、もし人の面であまりにも多くを失っては、おそらく得よりも損の方が大きく、割に合わないはずである。全てを法に訴えることは、元々やむを得ずになってから用いる手段であり、中国人はよく法廷の外で和解する道を通ろうとする。意図は訴えによって生じる後遺症を避け、あるい

は軽減させることにある。

　間違いは自分にあれば、当然訴えることはできない。さもなければ、取り繕えば取り繕うほど気まずくなり、自分をもっと面子がないようにさせてしまう。間違いは自分になくても、無条件に何でもかんでも訴えてよいわけではない。訴えの結果は上司や、同僚に影響しないかどうかをちょっと考慮する必要がある。また、本当に責任を取らなければならない人は、すでに非難の声を聞き、解消させる方法をめぐらしているかもしれない。もし彼の努力からでも、なお自分の無実を晴らすことができるなら、どうしてもう少し待って無実を自然消滅させないだろうか？　その方がもっと力を節約し手間を省けるはずだ！

　訴えは他人に影響しなければ、このときなってから、どのように訴えれば最も有効かを考える。上に、横に、下に対してというのは、三つの大きな方向に過ぎない。なお注意深く相手の背景、未来の発展と非難の意図を詳しく研究し、自分の訴える方式を調整しなければならない。あるときは、訴えない方が逆に一人の良き先生と有益な友人を獲得したり、あるいは一人の自分を引き立ててくれる上司を得るかもしれない。訴えたがためにみすみすよい機会を逸するぐらいなら、一時を忍んで自分に幸せをもたらした方がよい。

　訴えないことができるならば、訴えない。厄介ごとを恐れるというわけではない。異なる方式で訴えることは、主な目的が自分を守ることにある。厄介ごとを恐れるのは良くないが、厄介ごとをまき散らしたり、紛糾を引き起こしたりするのはもっと良くない。先に自分を安全に守り、それから有効に訴える。冷静になったら、訴えたくなくなるかもしれない。どのみちいつかは水が引き、水底の石は自ずと現れるように、真相はいつか明らかになるのだから、何を急ぐことはあるのだろうか？

第四節　「会して議せず」の状態までした方がよい

　「会して議せず」には、基本的に二種類の異なる状況がある。一つ目の状況は、「会議が開かれているとき、みんながテーマに対して心を開いて積極的に議論せず、心をこめて協議できない」ということである。顔を合わせると冗談ばかり、人が発言するとあくびをかき、質問されると満面の笑み、面白そうなところを聞くとげらげら笑ってしまう。このような状況では、会議の正常な効果を発生させることができず、反対に下心のある人に不法行為の後ろ盾として簡単に利用されてしまう。当然良くない現象であり、非難されるべきである。さらには方法を考

えて状況を変えるべきである。
　二つ目の状況は、「会議の前にすでに十分に疎通し、共通認識を築き上げており、なお会議が開かれたときも何も変化が生じていないので、多くを協議することがなくても、みんなが受け入れられる解答を獲得できる」ということである。お尋ねしますが、これでは何がいけないであろうか？
　この二種類の全く異なる雰囲気は、実際主催者のリーダーシップと密接に関係する。主催者はみんなに「会して議する」を望むと、みんなが会議前には、下心を抱き、考えを秘密にして発表せず、互いに疎通しようとしない。会議中には、各自に腕前を発揮することで、主催者に自分を見直して傑出した人材と見なされることを期待しようとする。「会して議する」は、みんなが互いに押しのけて競い、それぞれに功績を争う局面にまで変質してしまうと、悪質な競争を引き起こし、共倒れの痛ましい結果をもたらしてしまう。そのため「上に政策あり、下に対策あり」の精神に鑑み、メンバーは自らを守るため、徐々に「会して議せず」の一つ目の状況を形成してしまい、「会して議する」の一種の反動と見ることができる。どのみち、「会して議する」はとても惨めな死に方をしてしまう可能性があるので、「会して議せず」をして天命に任せた方が力を節約し、手間を省ける。当然みんながすぐに考えを一つにして同調してしまう。
　事実の変質を見てみよう。主催者はみんなが真剣に会議に参加し、我先に発言し、大胆に率直に言わなければならないと宣言したばかりのとき、みんなは形勢の成り行きを見守り、互いに顔を見合わせ、誰も敢えて軽率に身をもって試すとはできない。主催者はやむを得ずに身をもって模範を示そうと、話をストレートに言ってしまう。そこで、少数の急進派は危険を冒して後に続いて行く。ただ自分の将来をちょっと賭けてみただけである。主催者はみんなを励ますために、これらの急進派を褒めてしまう。すると、みんなは大風が起こり黒雲が涌くごとく次から次へと、熱烈に共鳴する。このとき、正しいことも言い、正しくないことも言い、知っている者はもとより淀みなく流暢に話し、知らない者は将来のために、専門家のふりをするしかなく、ちょっとしたポイントを大袈裟にはやし立てる。歴史上、自由に発言し大いに意見を述べることの結末は、主催者が引っ込み付かなくなり、あるいは恨めしさと恥ずかしさで怒り出し、きつく取り締まる政策に転じた末、どれだけ無実の罪で死んだ人の亡霊を増やしたか知れないほどだ！「会して議する」ことは、多くの「口を開くとすぐに犠牲者になってしまう」教訓を生じさせた。口を固くつぐみ話さず、周りに遠慮して関係のないことを言い、まともなことを論じない方が安全である。そのため、中国人がお喋りは

好きだが、会議を恐れるという普遍的な心理状態を作り上げてしまった。

　一つ目の状況の「会して議せず」は、聞いてみるとみんな嫌がるが、現状を尋ねてみるとみんなこのようにしている。これは矛盾ではないだろうか？　いいえ、矛盾ではない。理の当然であり、必然の成り行きであり、遅かれ早かれこのような結果を生じてしまうはずである。なぜなら、中国人の習慣は、率直な物言いを好むが、感情的に受け入れられないからである。非常に面子がないように感じ、時には恨めしさと恥ずかしさで怒り出してしまう。この二つの言葉をお聞きください。その中の奥深い絶妙さが分かるだろう。

　1.あなたの意見はとても素晴らしい。当然発言すべきである。
　2.しかし、あなたはこのように言っても良いのだろうか？

　あなたは言うべきであるが、このように言うべきではない。私が腹立つまで言ってしまえば、当然あなたは運が悪いに決まっている。いつの世にも冤罪で死ぬ人がいる。みんな災いは口より出づるの、直言して憚らない者ばかりで、どうして人に敢えて「会して議する」をさせることができるだろうか？　合理的に議論できたらまだしも、意に沿わなかったら、「あなたはどうしてこのように言うのか」という罪名は、誰が引き受けられるだろうか？

　それに、中国人は「会議前、会議後は疎通し易いが、あいにく会議中みんなが面と向かうときに限って、最も疎通するのが難しい」のである。どうして人にできないことを無理強いして、「会して議する」を何が何でも求めようとするのだろうか？　会議前、会議後は面子の問題を引き起こしにくく、会議中はみんなが一堂に集まると、面子は最も問題が生じ易く、当然トラブルも最も発生し易い。だから、「会して議せず」の方がよい。より安全である。

　我々はよく「顔を合わせると三分の情」と言うが、「会議をすると三分の情」と言う人はいない。会議前、会議後の顔合わせは、非公式的なものであり、勝ち負けを分ける必要はない。勝ち負けを分けたところで、他の人がその場に居合わせ目の当たりにしているわけではないので、必要なときは負けた事実を否認できる。当然安心して三分の情でお互いの圧力を緩和させようとすることができる。会議中の顔合わせは、公式的なものであり、常に勝ち負けを分けなければならない。かつあれだけ多くの人の目の前では、恥をさらすことはもっと許されない。そのため三分の情は使えず、反対に一切を法に従う。人に難癖をつけているわけではなく、事を問題視にしているのだという姿勢をわざと採ろうとする。結局は疎通の困難を増やすだけでなく、さらに簡単に人の感情を害することになってしまう。

中国人に対して言えば、会議はもとより自己表現する好機であるが、同時に自分を葬る場所でもある。両者の間、いかに適切に選択するかは常に大きな問題である。前者に対してはほとんどコントロールできない。なぜなら、決定権は上司にあるからだ。後者は比較的に自分で回避することができる。「あまり口を開かなくても、誰もあなたを口がきけない人として扱う人はいない」ということさえ覚えていれば、「過失がない」ことを保つことができる。そのため熟慮した結果、大方は「会議中はあまり発言せず、会議後になってから思いっきり批判する」という「自分の心の中のバランスを保つ」方策を採用する。安全第一、そうではないだろうか？
　我々の提案としては、中国式会議は「3：1：3」の過程で進行した方がよい。意味は、会議はもし1時間を予定していたら、みんなは会議前に3時間を費やして十分に疎通し、会議中は一つの融通性に富んだ柔軟な共通認識を獲得し、会議後は再び3時間を費やし、この共通認識を基にさらに進んで互いに疎通し、実行できる道筋を見つけるということである。会議前の疎通こそは、会議は効果があるかどうかの決め手であるはずで、全ての希望を会議そのものに託してはいけない。「会議前は話をしない、会議中はむやみに発言する」という悪い結果をもたらさないようにすべきである。
　主催者はまず自分の会議の方針を確立しなければならない。一つは、必要のない会議は開かないことである。開かなくてもよければ開かないのである。必要のある会議だけに、開くことを許可する。時間、人的資源と物的資源を浪費し、コストの増加をもたらすことのないようにする。二つは、効果のない会議を容認しないことである。さもなければ、「どうして会議を効果があるように開けなかったか？」と、会議の召集を申請した者の責任を追及しなければならない。みんなが会議に対して高をくくり軽視できないようにさせる。どのみちそのときになって、どんな状況か見てから考えればよいので、どうして会議前に心を煩わせる必要があるのだろうか？　あるいは、会議前に脳みそを絞ることに没頭し、会議中に一躍にして名を轟かせ、全ての同僚を圧倒しようとして、結果的に主催者のお気に入りになったものの、みんなの共通の敵になってしまう。この二種類の状況はどちらも、会議の逆効果を生じさせる可能性があり、避けなければならない。三つは、みんなの発言を、励ましもしないし、抑制もしないことである。話があればどうぞ心置きなく言って下さい。だが、みんな面子があるように、かんしゃくを起こす人がいないほどにまで言ってこそ、発言の達人だと言え、会議のときに発言する資格がある。さもなければ、会議前に自分の意見を該当の担当者に告

げ、彼にリスクを引き受けてもらうべきである。言うことがない、あるいは言うべきことがあっても言えない人は、彼らに沈黙の恐ろしさを味わわせる。主催者は口を開かなければ開かないほど、みんなはバツが悪くなり、今後徐々に改善して行くに決まっている。主催者があまり話さないのであれば、みんなはやむを得ず口を開かざるを得なくなる。主催者はべらべら話すのであれば、みんなはを心の中で知っていて腹の中でわきまえて、みんなを叱り付けるために呼びつけたのである。会議とは聞こえのよい言い訳に過ぎないので、力を節約しておこう！

会議に効果を発生させたければ、会議前によくよく疎通しなければならない。このときは、比較的に気兼ねがなく、簡単に一部の人たちをその場で困らせることもなく、主催者の性急な即決を引き起こすこともないので、疎通しても大半は順調に運ぶ。

会議前の疎通のよい基礎は、「誰も功績を争う必要がない」ことにある。なぜなら、主催者は会議を「格闘場」と見なし、みんなを会議中に、追い詰められ獣のように闘わせるはずがないからである。功績は譲ることから出てくるのであって、争って出てくるものではない。みんなが争わないことを心に抱き、あるいは譲ることで争うということを理解していれば、自然と会議前に少しも保留することなく、本当のことをありのままに言える。会議前に十分に疎通して、ある程度の共通認識に達していれば、会議中にみんなはこの共通認識に基づいて安心して補足し派生させることができ、面と向かってわだかまりを作るに至らず、当然面子の問題を引き起こす人もいない。このような「会して議せず」こそは、正常な状態であり、中国式管理の会議の最もよい方法である。

第五節 「議して決せず」で一致協力を打ち立てる

「会して議せず」すれば、かえって共通認識を獲得することができ、みんなに共通の認知に従って、心をこめて任務を達成しなければならないと、決心させることができる。会議中に口を酸っぱくして言う必要がないだけでなく、言葉が同僚の感情を害し、会議に反発される面倒を引き起こしてしまう心配をする必要もなくなる。会議前は疎通が適切であったため、会議中は気楽で、議案は順調に通過し、実にみんなが楽しくなれる会議方式である。人を安心させる要求にかなっている。

もし「会して議する」必要があり、議論しなければならないとき、主催者は「この事は共通認識が未だ達成していない。会議前の疎通は良くなかったのでな

ければ、互いの間に今もなお見解の相違があるからに違いない」と自分に注意を与えるべきである。決議としない方がよい。将来の災いをもたらさないようにすべきである。

およそ中国人と付き合いが久しくなり、比較的に中国人を理解している西洋人の有識者は、中国人は討論できないという特性を、身に沁みて感じることがあるだろう。韓非子は《説難篇》の中で、十五種類の状況を列挙し、意見を妥当に表現しないと、自分の生命に危険を及ぼす可能性が十分にあることを、明らかに示そうとした。今日に至っても、その状況は依然として存在する。例えば、会議中は賛成する人もいれば、反対する人もいる。会議後は、全過程の詳細は外に広く伝わると、しばしば当事者の不満を引き起こし、「会議中の主張は、どうして会議後に他人に言いふらす必要があるのだろうか、自分のご意見を自慢げに見せびらかし、同僚を貶めようとしているのか？ もし権益に損を受けた者の反発、あるいは脅かしをもたらしては、もっと不利になるではないか？」と考えてしまう。仕事中の幾分かの抵抗は、会議の過程の中で、意見の衝突や不和から来ていることは、多くの人が心に実感を持つ事実であるはず。中国人はよく議決を会議中の派閥の対決と見なし、可決できるかどうかを派閥の面子や実力とつなげて考えるので、感情的な高ぶりは往々にして理性的な判断を取って代わってしまう。これこそは「議して決せず」の最も有力な支持理由である。

議長は会議の招集人であり、議案の裁決者になるべきではない。もし議長が裁決するなら、出席者は韓非子の提言に従い、議長が急いで処理したいことを、みんなに有益なことだと言いくるめ極力その利点を吹聴してしまう。同時に議長が処理したくないことを、欠点だらけに描写し反対してしまう。一切を議長の好き嫌いを推測することに明け暮れ、一切を推測した議長の好き嫌いに基づいて判断するのだから、まだどんな正当な道理があると言えるのだろうか？ 議長は裁決権を持ちながら行使しないことこそが、みんなを尊重している現われである。

挙手で採決することを通して、決議を獲得することは、みんなを心が一致せず団結しないという状況に導く、大きな災いの根源である。衆人が見ている中で、なんと中国人に公然と手を挙げて賛成、反対を示させるなんて、実に人にできないことを無理強いすることである。派閥の強力な働きかけがあり、従わなければ処罰を受けなければならないのでないなら、どうしてこのようなことをする必要があるのだろうか？ 手を挙げてしまうと、どれだけの人が感情を害するか知れず、どれだけの仕返しを受けなければならないか、本当に誰も予測付かないのだ！

比較的に実行できるのは、無記名投票である。いくらか面倒が増えるとは言え、少なくとも自分の心の声を隠し、「口では賛成するようなことを言っているのに、反対票を投じてしまう」、あるいは「表面上反対しているのに、賛成票を投じてしまう」行動で、人の耳目を惑わし、安全を画策することができる。しかし、実際の経験に基づくと、無記名投票の結果は、よく記名投票とほぼ大差ないぐらいにまで推測できる。なぜなら、余った票を交換したり、誰に投票するかを明かしたり、連合して投票したりと等々のやり方があり、すでに無記名投票をしっかりと縛り付けている。裏では非常に透明であり、誰も安心して好き勝手に投票することはできないようになっている。

コントロールする意思さえあれば、全ての表決方式は、あらかじめの決定から逃れることはできない。みんなは恩と仇の仕組みを心の中で知っていて腹の中でわきまえている。どの表決方式を採用したとしても、恩と仇は明らかに記載され、感謝あるいは報復する時機が待たれようとしていることは、ほぼ間違いはないようである。我々は史実を根拠に、中国人はこの方面での神通力は見事で、民主的な雰囲気の中で、非常に厳しいコントロールができると認めざるを得ない。上級階層の人になればなるほど、コントロールの効果は良く、人が予測付かないほどである。

議長は裁決する必要はないが、「裁決しないことで裁決する」魅力を発揮すべきである。いかなる人の面子も傷つけない状況の下、決議を達成させてこそ、「円満の中で是非をわきまえる」基準にかない、良くない後遺症を引き起こすに至らないのである。

会議中、議題に対して迅速に決議を達成できない状況に遭遇したとき、議長は明白に「みんながこの議題に対してまだ違う意見があるのなら、会議後よく疎通して、日を改めて時間を見つけて協議した方がよい」と、宣告した方がよい。なぜなら、中国人は「会議前は相談し易く、会議後は疎通し易いのに、会議中だけは面と向かって、感情的に走って争い易く、かえって相談しにくい」のである。

会議終了時、議長は大声で某に、「時間あるかね。私のオフィスに来て少し話しましょう」と言えば、みんなは、議長は某の意見が気に入り、比較的に支持していることを十分に了解する。彼はこのような明言しない表現方式を用いるのは、一方ではみんなの面子に配慮していることを示し、もう一方ではこの事はまだ相談の余地があり、某の意見が支持を獲得するのは、必ずしも必然の成り行きとは限らないことを表明している。

某がオフィスに来ても、議長は依然として明白に支持の態度を示さず、ただも

う一度、「この議案に対する意見はどうですか？」と尋ねるのみ。このとき、某はもし自信満々に、少しも遠慮する心理状態がないなら、議長は彼に、「こんなに素晴らしい意見は、どうしてまだ賛成しない人がいるの？」と注意を与えるべきである。彼がさらに進んで、みんなが受け入れられる解答を探すことを期待する。このとき、某がもし謙虚に、「実は私の意見も完全に周到であるわけではない。少なくとももう少し折衷することができる」と示したなら、議長は彼に時間をやり、彼に自分で疎通するようにさせる。万一某の意見は本当に素晴らしいが、疎通し難いとき、議長は電話で賛成しない人を招き、双方を座らせ、気楽に「私は終始、あなた方二人の意見がどんな違いがあるのか、はっきりと分からない。もう一回説明して、私に詳しく聞かせてくれないか？」と言えば、二人はいとも簡単に合意を達成し、再び自分の独自な意見を強調したり、あるいは自分の優れた見解を頑なに守ることをしなくなると思われる。

　議長は判断力を持つべきであるが、みんなを尊重する立場に立って、明らかに表には表さない。出席者は、「良い意見を提言し、かつみんなに喜んで受け入れてもらえる」技量を持つべきである。良い意見があるのに、みんなが分かるように説明できなければ、結局のところ「能力はあっても、技量が足りない」ことであり、全く残念でないと言い切れるものではない。議長は裁決権を持ちながら強権を発動せず、みんなは面子が立ち、良好な意見を受け入れる。そうしてこそ、みんなが全身全霊をもって決議を支持し、本当に一致団結する力を発揮することができる。およそ面子を害する決議は、勢いある程度の反発を引き起こし、様々な形の阻害を生じさせるに違いない。あらかじめ防止した方がよい。

　「議して決せず」は、実際は「議して決する」ことであり、すなわち「議して決せず」の形式で、「議して決する」の目標を達成することである。このような方式を採用すると、少なくとも三つの機能がある。一般的に人には簡単に理解できないからこそ、盲目的に批判してしまう。

　第一、みんなの会議前の疎通を強化する。もし会議前に疎通しないのならば、会議中になって同意しない人が出て、たとえ理由はどうであれ、議長は裁決を与えない。時間を遅延してしまうだけでなく、「どうしてこんな状況にまで引き延ばしても、実行できる決定を見つけられないのか？」と、みんなが議長に責任を追及されては、いたずらに自分たちの苦悩を増やしてしまう。議長は「議して決せず」をして、責任を部下に押し付けてしまい、有効で絶妙な手ではないだろうか？

　第二、みんなが感情的に走ることを減らす。一旦採決権を行使すると、いくら

かの人に張り詰めた空気をもたらし、何軒の家が喜び何軒の家が愁う局面を作り出してしまう。きつく追い込まれたら、どうせもうやけだ、そんなにたくさんかまえっていられるか？　そこで感情的に走ることも、どうしても避けられないことである。このような状況の下では、決議の質は著しく損なわれる。それこそは、組織の目標を傷つける最も不利な結果である。

　第三、みんなが会議後の疎通を重視するように促す。「議して決せず」は、当然永遠に決定しないわけではない。決めなければいけないことをみんなが知っている。ただ一時的に決めないだけで、棚上げにして会議後みんながよく疎通するのを待ち、次回の会議のとき、「会して議せず」して共通認識を達成できるようにするためである。議長は決定できるのに決定しないのは、主な目的はみんなに試練を与えることにある。みんなに決議を達成させる熱意があるかどうか？　もし一日でも早く決議を獲得したいなら、必ずすぐに会議後の疎通を適切に行わなければならない。時間を無駄にして、多くの仕事を進められないことのないようにしなければならない。

　本物の「議して決せず」は、質の高い議決である。全人員に心を合わせて協力することを求めるならば、「議して決せず」して、円満の中で決議を獲得した方がよい。それこそはまさしく最上の方策である。

第六節　「決して行わず」こそすぐに変化に対応できる

　決議後、いかなる変化に遭遇しようとも、盲目的に決議通りに実行しようと頑なに守ることは、規則通りに仕事を処理する心理状態ではあるが、仕事に対する誠意が全くない行為である。

　「どうしてこのように処理するのか？　いくらかの変化が出てきているではないか、どうして少し考慮して、調整を行って、それがもっと合理的にできるようにさせないのか？」。

　「どうしようもない。決議はこの通りである。私は遵守して処理するしかない」。

　このような対話は、ただ決議に違反しないことだけを求め、みんなの感情に気をつけず、事の結果など気にもとめていないことを明らかに示している。「決して行う」を頑なに守ることは、実にそんなに凄いことではない。「決して行わず」は、時としては逆に効果がもっと良い。このことからは、「決して行う」と、「決して行わず」は、二つから一つを選ぶ必要はなく、二つを一つに合わせるべきで

あることが見て取れる。状況に従って、あるときは「決して行う」の方が、あるときは「決して行わず」の方が、もっと人に歓迎される。

　議決案が実行でき、重大な変化が生じていなければ、当然決議に従って実行すべきで、勝手に変更してはいけない。みんなの疑いと非難を引き起こさないようにしなければならない。明らかにこのように決定したのに、どうして確実にその通りに執行せずに、別の問題を生じさせるのだろうか？　何か私的な要因があるのではないだろうか？　自分の利益のために公の利益を害しようとしているのではないだろうか？

　万一決議後、重大な変化が生じ、決議に従って実行することにこだわると、不利な悪い結果を招くかもしれない。このときは当然盲目的に「決して行う」ことはできない。実際の状況に基づいて臨機応変に変化に対応すべきである。たとえ「決して行わず」したとしても、賞賛を受けるべきで、ひたすらに決議案に従って評価し、その変化への対応を規制すべきではない。好意を悪意と見なし、執行の効果を妨げてはいけない。

　「決して行う」と、「決して行わず」の間に、一つの取捨選択の基準がある。我々がよくいうところの「合理」である。合理的な「決して行う」と、合理的な「決して行わず」は、どちらも正当な行為である。反対に、合理的でない「決して行う」も、合理的でない「決して行わず」も、どちらも問題提起を受け、その動機を追及され、かつすぐに制止されるべきである。しかし、この際問題となるのは、「合理的」と「合理的でない」の境界線が非常にはっきりと見分け難いことである。みんなは哲理をわきまえ自らを守るため、大方は「決して行う」を守り、結果責任の引き受けを避けようとする。本当に仕事しようとする人だけが、「決して行わず」をしようとするが、事の道理をわきまえない人の悪意的な攻撃と批判を受け、心に不満を抱くことは避けられない。

　今の世の中は、移り変わりが激しい時代である。いかなる決議案が可決された後でも、変化が生じることは避けられない。もし「決して行う」の心理状態を抱くと、内外環境の変化を無視し、盲目的に決議案に従って実行してしまう。このような態度は、実のところ非常に無責任で、決議案を遵守したところで賞賛を受けるべきではない。

　「決して行わず」の心理状態を取り、決議案に従わないことを出発点とし、決議案に従って実行した方がよい。このときこそ相当な警戒感を持つことができ、決議案のいかなる細かい点に対しても、合理か否かで検証することができる。合理的な部分は、当然決議案を優先し、勝手に変更することは許されない。合理的

でない部分は、以下に記述する三つのステップに従って、順序に沿って行っていくべきである。

　第一ステップ、実際の変化を詳しく見て、合理的な変化への対応案を探す。自ら見つけたと考えた後、すぐに実施に移してはいけない。なぜなら、自分の権限は、議決案に従って実行することにあり、勝手に変更してはいけない。万一思わぬ悪い結果をもたらした場合、自分が責任を引き受ける意思があるにしても引き受けられずに、組織に迷惑をかけ、上司に申し訳が立たなくなってしまう。このときは必ず、自分が探して見つけた調整案を持ち出し、関連のある同僚と相談し、みんなの承認と支持を得てから、腹案として上級責任者に指示を仰がなければならない。必ず上司の同意を獲得した上で、初めてそれに基づいて実施することができる。そうすれば、臨機応変に変化に対応できるだけでなく、上司の裁決権を侵すこともない。両方をともに配慮することができるので、最も適切な仕事態度であるはず。

　第二ステップ、上司の許可を獲得しても、これからすっかり無防備に調整案に従って実行してはいけない。なぜなら、上司が許可した後でも、依然として変化は生じる可能性がある。やりながら調整する方式に従って、変化が生じる度に、第一ステップの精神に従い、再度調整の腹案を提出し、同じく関連のある同僚と相談し、上司に報告して、いつでも合理的に調整していかなければならない。

　第三ステップ、上級責任者は変更を許さず、調整案に同意しないなら、担当者はそのために自分の考えを放棄してはいけない。このようにすると、上級責任者は担当者の能力と決心を疑ってしまう。習慣をなしてしまうと、担当者をますます信用しなくなり、ますます簡単に調整案を否定してしまう。担当者が臨機応変に変化に対応し、合理的を求める行動の難度を高めてしまう。だから、上級責任者が同意しないときは、先に指示に従うことを約束し、上級責任者の正しさを肯定し、それから合理的に自分の見方を守り、何度も何度も繰り返して主張し、自分が自信を持つ限度までこだわる。自分が口から出任せにまくし立て、気軽に言って見たなどではなく、自信がある分だけこだわっているのだということを表明する。上司に自分が提出した腹案に対して、ありふれたものだと軽視することができず、相当な重視を与えることができるようにさせる。

　「決して行う」は、環境が安定し、短時間で完成できる議案に用いるのに適している。あることについては、みんなはあまり関心がなく、結果はどうであろうともみんなはあまり意に介さない。このときは「決して行う」は、手間が省けるのである。どうして些細なことを大げさに取り扱い、苦心に苦心を重ねる必要が

あるのだろうか、そうではないか？　あることについては、みんなは密接に注目し、結果はどうであるかは多くの人の利益損得に関わる。このときは「決して行う」は、力を節約できる。どうしてこんなに多くの人のために、責任を引き受けなければならないだろうか？　決議案と違うことをして、得した人に感謝されないし、損した人は必ず強烈に反発し、焦点を自分の身に集中する。何の得があって、わざわざそんなことをしなくだっていいじゃないか！

「決して行わず」は、環境が変動し、あるいは長時間でしか完成できない議案に用いるのに適している。あることなどは、決議案に従って実行すると、担当者本人でさえもおかしくて笑ってしまう。当然臨機応変に融通をきかし、調整を加えるべきである。あることについては、融通をきかさなければみんなが損し、融通をきかすとみんなが得してしまう。どうして喜んでしないことがあるのだろうか？　あることについては、多数の人と関係がなく、少数の当事者がまた臨機応変を喜んで受け入れる。どうして必ず決議案に従って処理し、当事者に不平をこぼさせ、部外者に笑いものにされることができるのだろうか？

「決して行う」と、「決して行わず」の間で、二つから一つを選ぶ方式で、その中の一つの道を選択してはいけない。なぜなら、選択した後は必ず融通性を失い、事実の要求に反応できず変化に対応しにくくなるからである。我々は中国人が長けている二つを一つに合わせる思考方式に則り、「決して行う」と、「決して行わず」を一つに合わせて考え、一つに合わせて扱った方がよい。「決して行う」もでき、「決して行わず」もできる道を歩み出し、いつでも臨機応変に変化に対応し、適切に処理できるようにする。

同じく二つを一つに合わせるにしても、本末の区別があり、すなわち根本と枝葉がある。安定した環境の中では、「決して行う」を根本とし、「決して行わず」を枝葉とし、「決して行う」の立場に立って、「決して行わず」の思考を進行させる。変動した環境では、「決して行う」を枝葉とし、「決して行わず」を根本とし、「決して行わず」の立場に立って、「決して行う」の可能性を評価すべきである。安定した時期、みんなは心の中で、「決して行う」を期待する。このとき「決して行わず」は、もし強力な理由を示せるでなければ、みんなは非常に受け入れ難い。変動した時期、みんなの心の中は、「決して行わず」の処置を受け入れる準備を十分にしておかなければならない。さもなければ、盲目的に「決して行わず」を非難することになり、逆に担当者の後顧の憂いを増やし、担当者が思い切って変化に対応するように調整することができないようにさせてしまう。決議案の執行に有害であっても利点はなし。

「決して行わず」と、「上に政策あり、下に対策あり」を対で見てみると、その中にある同じ道理を見出すことができる。公のために私情にとらわれずにさえいれば、すなわち合理的な変化への対応である。もし私的のためであって、公的のためではないなら、それでは非常に恐ろしくなる。すぐに制止を加え、将来への災いを残さないようにしなければならない。公正合理に行動するのは、みんなが好む臨機応変であり、私情にとらわれ不正行為をするのは、みんながひどく嫌うチャンスを狙ってうまく立ち回ることである。ただ、公正合理な「決して行わず」だけが、実行できる道であることを、はっきりと認識した方がよい。

ある人たちは「決して行わず」の道理を理解できず、これを中国人の会議の三大欠点、「会して議せず、議して決せず、決して行わず」の一つに挙げている。我々は根本をただして、この三つの行動の特性をはっきりと理解した後、やっとその中の奥深い意図を察知する。もし適切に応用できれば、会議の効果を予測付かないほど素晴らしいものにさせることができる。

会議のコストは非常に高い

　コスト削減の声の波の中で、我々は会議の有効性を見落としてはいけない。高価なコストを浪費しているにもかかわらず、それに対する警戒に欠けることで、未だ改善できずにいることのないようにしなければならない。

　出勤するとすぐに会議が始まる。会議の通知には、会議の開始時刻があるだけで、終了予定時刻が書かれていない。会議に出席すべき人員は招かれず、あるいは出席できず、招かれるべきでない人員がわざわざ出席する。議長、議事録係は適任にあらず、出席メンバーは会議規則を守れない。遅刻、早退、あるいは無駄話が多い。これらのよく見かける現象は、全て会議を効果ない状態にさせてしまう主な原因である。残念ながら、長い間、我々は逆に「会して議せず、議して決せず、決して行わず」を打破することに注意力を集中してきた。方向を見失うばかりでなく、極力自分に「会して議する、議して決する、決して行う」ように行動させ、さらに著しく会議の効果を低減させた。

　特に中国人は、会議前も会議後も疎通し易いが、逆に会議中は非常に疎通しにくい。どれだけの人が、会議は討論、協議するところだと盲信したばかりに、会議の度にどれだけの人の感情を傷つけてきたことか。甚だしきは会議を開けば開くほど派閥の対立を激化させ、多くの不必要な困惑をもたらしてしまう。

　どうして方法を考えて、会議前の十分な疎通を利用して、「会して議せず」にしてなお共通認識を築き上げ、決議を達成しても面子を損なわないようにできないのだろうか？

　有効な「会して議せず」こそ、心をこめて準備し、会議の効率を重視する良好な行動である。我々は何をもってその効果と価値を否定することができるのだろうか？

　会議中に変化が生じ、「会して議せず」の期待効果すら達成できない場合、「議して

決せず」の原則に則り、決定できれば当然決定しなければならない。決定できなければ、「議して決せず」して、会議後に疎通するのを待って、決定できるようになったら決定する。決定しないのは、決定することを内に含んでこそ、中国式管理の精神である。即決できれば即決し、抵抗があれば決定しない。決定しないのも永久に決定しないわけではない。一時的に決定しないだけで、そして一時的に決定してはいけないのである。しばらくすれば自然と決定できるものである。何を急ぐことがあるのだろうか？

　決議は順調に執行できるなら、当然「決して行う」。会議後にいくらかの変化が生じ、執行に困難をもたらし、あるいは執行時に決議案にずれを発見した場合、執行の効果を高めるために、いくらかの合理的な調整を行う。お尋ねしますが、このような「決して行わず」は何がいけないだろうか？

　計画があり、十分な準備があり、同時に必要な技量を備え、「会して議せず、議して決せず、決して行わず」の有利な状態を有効に達成する自信があれば、「会して議せず、議して決せず、決して行わず」は一種の試みる価値のある方式であるはず。

第 9 章
融通がきくリーダーシップ

領導：(動詞) リード。(名詞) リーダー。　　　　　　　　　　　訳者より
首長：リーダー。

　中国では、上司の役割は部下を管理することよりも、引っ張って行くこと（リード）にあると考えられている。管理者、上司のことを「領導、首長（リーダー）」と呼ぶ。さらには、国家最高指導者をも「領導人（リーダー）」と呼ぶ。そのことからも、重要視していることが見て取ることができる。

　その文化的背景を理解して、この章を読むと、さらに理解を深められると思われる。

　質問：リードと管理は、どちらがより重要だろうか？
　リードは管理よりも重要であると回答するのは、一般的に人間的側面をより重視し、人治は法治より大きい態度を採り、とても温かく、人情味がある。
　管理はリードよりも重要であると考えるのは、おおかた制度を根拠とし、法治の観点を採り、法律に従って物事を処理することを強調し、人情を厄介ごとと見なす。
　リードを管理の一部分だと見なすのは、いささか一般の教科書の論述を信じす

ぎて、未だ管理実務の中から、身をもって十分に本物の運用を感じ取り、理解することができていない嫌いがある。

　中国人は、人としてきちんと生きることを通して、仕事をきちんと処理できるように望んでいて、非常にリードを重視している。すなわち人間性の向上と発揮を重要視しているということでもある。何事も合理的に推・拖・拉する（押し付けたり、引き延ばしたりする）ことを求め、融通のきく風格を具体的に体現しようとする。実に大したものである。

　まず、はっきりとリードは管理よりも重要であることを認識しなければならない。同僚を一個の自立した人間として待遇し、わざわざ彼を管理しようとしてはいけない。

　それから、「全員を一律平等に扱う」から徐々に「差別して待遇する」を導き出す。公正にして実に公平になり難いので、みんなを不公平だが合理的な雰囲気の中で、奮い立って進むべき方向を知るようにさせる。言ってみれば、一種の別形式の激励でもある。

　最も重要なのは、従業員の共通認識を凝集することにある。実際の状況に基づいて、明主型、名宰相型あるいは連動型の方式を選択して用い、中国人の心理的需要に適応し、みんなの考えを自発的に凝集させる。

　気をつけて小人が権力を握ることを防ぐ。品行方正な人を悪者に見誤り、悪者を品行方正な人と見誤ることを慎重に防ぐ。

　情、理、法の仕組みに従ってリードして行く。合理的なだけでなく、同僚の自発を促すことができ、何もしないで治まるという最高なリーダーシップを達成できる。

第一節　リードは管理よりも重要である

　リードを管理の一部分と見なすことはできる。それを管理過程の中の一つの機能、一つの活動と見なすことができる。このような観点を持つ人は、おおかた管理はリードよりも重要であると考えている。すなわち、制度的側面は人間的側面よりも重要である。

　リードを管理と同レベルのものとして論じることもできる。リードと管理を比較してみると、リードの方が管理よりも重要であるとさえ思える。このような論調を持つ人は、おおかた制度的管理を、人間的リードの基礎として考える。すなわち制度管理を拠りどころにして、人間性に沿った人間的なリードを実施しよう

とする。

　中国式管理は人を中心とし、信念によって結び合い、そして理に従って変化に対応するとしているからには、当然管理よりもリードを重んじる。リーダーシップを取る上層部の更なる強化は、一貫して極めて重要なことである。リーダーの風格と魅力は、リードの善し悪しに対してとりわけ決定的な影響を持っている。歴史に有名な漢楚戦争では、リーダーシップの強い劉邦は勝利を獲得することができ、独善的な項羽が必然的に失敗したことは、リードの力は非常に大きいことを証明している。

　リードが大事というのは、管理は重視されないことを表しているわけではない。我々はよく「管理は制度化しなければならないが、制度化された管理は良い管理かどうかは決めつけることは難しい」と言う。意味はすなわち、完全に制度化に頼り切った管理は、「せいぜい制度内の事柄しかきちんと管理できず、制度外の物事に対しては配慮することは難しい」ということである。リードは制度を基礎とすべきだが、「制度があってもなくても変わるところがなく同じように振舞う」という心理状態を持たなければならない。制度内の事項をきちんと管理できるだけでなく、制度外の事柄もきちんと管理する。世の中のことは、前例を倣うことがあれば、当然例外も必ずあるはずで、ともに配慮し重視しないわけには行かない。一方に気を取られて他方をおろそかにしてしまうことのないように、あちらが立てばこちらが立たなくなることのないようにしなければならない。制度は末端の現場従業員に守らせるもので、役職が高ければ高いほど、融通性が大きくなる。融通性の大きさは、リーダーはよく勝手に制度を変更することができるほどである。「特殊な状況に対しては、次回は前例として倣わない」特例を作り出してこそ、魅力的で、気迫があふれるように見える。

　このようなリード重視は、人治思想がたたっているではないだろうか？　もし適任でない人に遭遇したら、どのようにすべきだろうか？　この類の疑問は人治と法治を一つに合わせて考えれば、解消させてしまうことができる。中国式管理は人治などではない。人治は法治より大きいだけであり、法治の基礎の上で人治を実施するのである。適任でない人に遭遇する懸念に関しても、現代社会においては、かつてほど克服することが難しくなくなってきている。

　第一、世襲の人治は、リスクがとても大きい。万一、後継者の智能、品行に問題があると、実に組織にとって大きな不幸になってしまう。現在は有能な人に継承させ、子供に継承させないことを主張する。当然のことながら、自分の子供の世代が有能な士であれば、彼に継承させてもことを誤る結果とはならない。有能

な人に継承させることで、かつてのような人治に対する恐怖は、大半はかき消すことができるはずである。

第二、権力は人を堕落させる。人治が与える権力はあまりにも大きすぎると、権力を確固たるものにした後で、いとも簡単に横暴で独裁にして、私利のために公益を害するように変わってしまうことが多い。現代人は自己主張し、かつてのように、簡単には合理的でないリードを、我慢して受け入れられなくなってきた。民衆意識が高まり、「衆目にさらされては隠しようがない」という拘束力を大いに発揮する。役職が高く、権力が大きいリーダーに対しては、自然と非常に有力な戒めを構成することになる。

第三、人治の重点は人にあり、一旦交代が発生すると、よく不確実なリスクを生じてしまう。バトンタッチが順調に行かないと、組織全体の不安定を引き起こす可能性がある。しかし現代では、知識が普及し、情報が流通するようになったので、みんなの後継者に対する理解も、かつてよりは一層はっきりとしたものになってきている。交代時に生じ得る変化に対しても、より簡単に予測でき、事前に対策できるようになり、相当程度のリスクを低減させることができるようになった。

中国人は「事の成否は人の努力次第で決まる」ことを重視し、「全ての事は人が成し遂げてきたもの」だと考える。その上制度の欠点は、容易に硬直し時節に合わなくなることにあるのを、深く理解している。特に変動が激しい環境の中では、人治を法治よりも重視することは、往々にして法治を人治よりも重視することに比べ、もっと臨機応変の融通性がある。人治に対する恐怖のあまり、法治に偏り、人的パワーの優位性を失うべきではない。

中国式管理は同じく制度を重視する。ただ我々はさらに進んで次のことをよく理解している。リードが的を得てこそ、制度は効果を発揮することができ、制度の欠陥も自然と減らすことができる。リードは要領を得ないと、制度のメリットは発揮できず、逆に互いに干渉妨害し合うことになり、自分を束縛し人を害してしまい、制度の多くの良くない効果を増やしてしまう。

中国人の観点に従うと、リードは人を安心させる潜在的な力を、発揮させる道程である。我々は遠い昔から、事はみんなが力を合わせて成し遂げてきたものだという道理を理解し、ただみんなが智恵を出し合い、力を合わせてでしか、事を大きく発展させ、うまく達成させることができないのを知っている。みんなが有効に、智恵を出し合い、力を合わせることを求めるためには、組織がなくてはいけない、集団を形成しなければならない。かつリーダーを見出し、集団をリード

してもらわなければならない。歴史から見れば、我々は強力な実力者がリーダーシップを取る度ごとに、みんながあまり強くなり過ぎないことを心から願う。しかし、強力な実力者を失ったとき、みんなはまた逆に、一日でも早く新しい強力な実力者が出現することを熱烈に期待する。このような矛盾した心理は、中国人は一方では、英雄式の実力者を好まないが、もう一方では、集団性の強い実力者を非常に歓迎するということを反映している。

何が集団性の強い実力者だろうか？　すなわち「集団の力を発揮できるリーダー」である。「自分自身が最も有能だという独裁者」などではない。

人を安心させる集団的なリーダーシップは、必ず以下に記述する三大特性を備わっていなければならない。

第一、「**深く隠しさらけ出さない**」原則を頑なに守る。リーダーは、もちろん卓越した智恵と判断する能力を備わっているが、しかし「幹部の面子が立たなくなるように現すことがない」という素養を保たなければならない。ただ「部下の自尊心を傷つけない」という前提の下においてのみ、「自分の能力を示す」ことができる。これはただ単純に「何も現さない」ことではない。「全く無能な」様子では、部下は逆に承服せず、掌を返して上の者の目をくらまし、下の者を欺いてしまう。深く隠しさらけ出さないことは、「現すことと現さないことを一つに合わせて考える」べきである。さらけ出すべきところは現し、さらけ出すべきでないところは現さないようにしてこそ、ちょうど程よく適切にさらけ出すことができる。部下が安心して思い切って行動できるようになるが、十分に責任者の最終決裁権を尊重せずにはいられないようにさせ、心から責任者を推戴できるようにさせる。

適切にさらけ出すことは、幹部が心から責任者を信頼するようにさせる。適切にさらけ出さないことは、幹部が心から責任者を敬愛するようにさせる。いわゆる恩情と威厳を共に全うするということは、実は深く隠しさらけ出さないことの具体的な効果である。

第二、「**人心を得て、良い人として振る舞う**」ことを最高目標とする。社長が良い人として振る舞い、幹部は悪い人の役を演じることは、元々中国式管理の良好な組み合わせである。良い人だけが人心を得ることができる。そして人心を得る者は栄え、みんなの支持を獲得することができる。人心を得るには、良い人として振る舞うことから始め、社長自身が良い人の役を演じ、人を怒らせず、人の感情を傷つけず、人の面子が立たないことのないようにすれば、当然簡単に人心を得ることができる。しかし、社長が良い人として振る舞うには、幹部が悪い人

を務め、密接に協力してもらわなければならない。さもなければ、幹部と社長が良い人として振る舞うことを争ってしまうと、結局は社長が悪い人になってしまう不運からは逃れられなくなってしまう。そのため良い人には、二つの果たさなければならない使命がある。一つは、幹部は自発的に協力し、社長を裏切らない。もう一つは、社長が幹部を保護し、彼が悪い人を演じてしまったために損害を被ることのないようにさせる。両者を同時に配慮し、共に重視してこそ、社長の良い人の役は長く順調に演じて行くことができ、人を安心させる良好な効果を発揮させることができる。

第三、組織内の異なる派閥を寛容に受け入れ、合理的に仲間に引き入れる。組織は人の結合であり、人がいれば派閥を生じる可能性がある。リーダーは、これらの派閥を根こそぎ取り除くなどとむだ骨を折る必要はないばかりでなく、逆に受け入れる懐の大きさを示し、合理的に落ち着かせ、味方に引き入れるようにすべきである。みんながリーダーシップを取る上層部に服従さえすれば、リーダーは公正な立場を失わないように、気ままにいかなる派閥も批判したり、あるいは非難する必要はない。口では派閥はないと言うが、心の中には派閥があり、心をこめて様々な派閥の勢力の増減を把握するが、明白にその意識を示さない。大家族の家族長の気持ちで、それぞれを落ち着かせ、一切を公正と合理に従っていれば、批判を心配する必要はない。時には、善意的に派閥の力を利用することも、一種のリードの芸術である。

人心を得れば、求心力が生じ、自信を深め、決心を固める。中国式リードは、言ってみれば、一連の心と心の反応であり、心の連動である。

第二節 中核グループを通せばやり易くなる

責任者は部下に対して、一体「全員を一律平等に扱う」態度を採るべきか、それとも「差別して待遇する」態度を採るべきなのだろうか？ 解答はもし「二者択一」で、その中から一つを選ぶようでは、中庸の道から逸脱してしまい、中国式管理の要求に合わなくなってしまう。新任責任者は、部下の状況を把握していないうちは、当然全員を一律平等に扱わなければならない。しかし着任してからしばらく経っても、依然として全員を一律平等に扱う状態のままに留まっていたら、責任者が「善人も悪人も見分けられず」、かつ全く物事の良し悪しを見極められないと、見られてしまうではないか？ 最低限度の判断力もないのに、どうして責任者を務めていられると言うのだ！ 反対に新任管理者は、すぐに差別し

て待遇するようになっては、みんなはどんな基準に基づいているかを疑ってしまう。元々先入観、偏見がたたっているかもしれないので、当然納得するわけがない。このように考えると、中国人が得意とするところの「二つを一つに合わせる」思考方式を活用して、「全員を一律平等に扱う」ことと、「差別して待遇する」ことという二つのことを、一つに合わせた方が妥当であるはず。

中国式管理のリードは、すなわち「全員を一律平等に扱うことから始め、差別して待遇することを導き出し、そうすることで自分のグループを形成する」というプロセスである。全員を一律平等に扱うことと、差別して待遇することの間に、一つの矢印（→）を書けば、まさしく二つを一つに合わせたことになるではないだろうか？（図40）

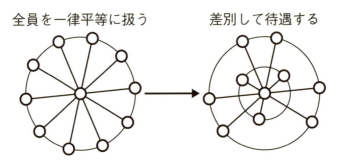

図40 二つを一つに合わせるリード方式

新任責任者は、率いるメンバーに昔からよく知る人がいようといまいと、自分の腹心、昔なじみであろうとなかろうと、最初は必ず全員を一律平等に扱う態度を採り、どの人とも同等に距離を置かなければならない。このようにすると、少なくとも以下に述べる三つの利点を得ることができる。

第一、組織メンバーに責任者の公正さを感じられるようにさせることができる。みんなに対する態度に、先入観もなければ、偏見もないのであれば、当然みんなは安心して喜んで努力する。もし着任したばかりで、すぐにある人たちを特に優遇すると、他のメンバーはそれを見て、不愉快な感覚は自然と涌き起こるに違いない。そうすれば余力を残しておき、全ての能力を出し尽くしたがらず、そのため士気が落ち、生産力が下がる結果をもたらしてしまう。

第二、親戚、友人、昔なじみ、同級生、同郷、及び同じ趣味を持つなど、これらの関係にある同僚に警戒を高めるようにさせることができる。彼らに「親戚は親戚として、昔なじみは昔なじみとして、公の業務を処理するときは、私情の言

いなりにならずに、公の規則に従って処理すべき」道理をはっきりと認識させる。自らが自らを制限し、どんなことがあっても親戚、昔なじみの関係、または親しい仲を盾に、公の業務の進行を妨害してはならない。新責任者が着任すると、まずはにらみを利かし、全ての人に、この新任責任者は公正を求め、私情をはさまない一面をはっきりと分からせ、取り入ること、コネをつけることによって生じるマイナス効果を避ける。

第三、いかなる事も、ゼロからスタートするならば、より簡単に過去のしがらみから脱却することができる。新任責任者が、先に全員を一律平等に扱う態度を採ることは、事実上一種のゼロに戻す処置であり、責任者が交代し、全ては初めからスタートすることを示している。以前の様々な諍いは、しばらくは終わりを告げる。みんなは昔からある関係を今後も変わりなく続けていく必要はなく、良きチャンスを掴み取り、合理的な調整を行うことができる。組織に新しい精神を注入させ、真新しい命を展開させて行く。

ある新任責任者たちは、最初から差別待遇のわなに陥ってしまい、部門内の親戚や友人、昔なじみの同僚や部下に対して、信頼する態度を採り、他のメンバーに「小さい円を作っている」という悪しき感覚を与えてしまう。そればかりか、これらの親戚や友人、昔なじみの同僚や部下に後ろ盾があるのをいいことにして、何者をも憚らずに、特権を弄ぶようにさせてしまう。結果的に「私的なグループ」を形成してしまい、私腹を肥やすために不正行為を行っている悪いイメージを作り上げてしまう。甚だしきは新任責任者までも不正な事件に巻き込んでしまう。そのため、着任して間もないのに、親戚や友人、昔なじみの同僚や部下に弱みをつかまれ、身動きが取れなくなってしまう。グループも時には責任者を巻き添えにして、責任者に大きな傷をもたらしてしまうことがある。その実は、「私」という字がたたっている。私を中心としたグループは、くれぐれも作ってはいけない。

新任責任者は、もし一年や半年たっても、依然として一律平等に扱うという心理状態を頑なに守り続けるなら、組織メンバーは、この責任者が完全に規則通りに仕事しているが、事を処理する精神が備わっていないと感じてしまう。なぜなら、事を処理する人は、必ず仕事するときの心のこめ具合や効果の評価に従って、同僚の貢献度を判別し、かつ異なる礼遇を与えるに違いない。物質的な報酬は制度の制限を受け、臨機応変的に分配するには都合が悪いかもしれない。しかし、精神的な礼遇は、当然各自それぞれの異なる振る舞いに従って、いくらかの差異があるべき。リーダーの差別待遇は、必要なだけでなく、ある種の激励作用を生

じさせることができる。分析すると、これもまた三つのメリットがある。ここにそれぞれ説明し、参考として提供したい。

　第一、同僚の成績考課は、もちろん昇進、昇給の根拠である。しかし、定員の制限、給料の仕組みなどの要素において制約を受け、臨機応変に運用するのに機能が欠けている。もし、リードの面で差別待遇の心理状態を採り、特別に貢献がある同僚に対して、特別な礼遇を与えれば、激励の面で必ず大きな効果を収めることができる。このような精神面の差別は、融通性が大きく、応用すると非常に便利で小回りが利き、かつ法令制度の制限を受けない。

　第二、仕事の振る舞いに従って、異なる精神待遇を与えてこそ、公正で、合理的な態度である。上司は部下が自発的に共通の目標のために努力し、自分から進んで最大限の潜在能力を発揮して、最高礼遇を獲得しようとするように促進させる。さもなければ、どんなに努力しても、どんなに心を尽くしても、責任者は終始みんなを一律平等に扱っては、みんなに対する一種の耐えられない打撃であることは疑いない。みんなはやる気が冷め、励む気持ちを失わされ、ただ仕事を無難にこなすことだけを求め、少しも創意や改善といった努力精神がない状況を招いてしまう。

　第三、消極的な思考角度から考察すると、組織メンバーは大きい円、小さい円に区分けられることは、一種の私心、先入観による良くない振る舞いのように見える。しかしその実、積極的な思考角度から考えれば、我々は簡単に発見することができる。出発点が公正なものであり、全ては「公」を判断基準にして、「公的なグループ」を築き上げれば、激励作用があるだけでなく、チーム精神の向上にも非常に役に立つ。みんなが「公」（道）のために結び合った方が、より簡単に心を一つにして一致協力できる。

　責任者は、口では一律平等に扱うことを表明し、心では差別待遇を頑なに守った方がよい。徐々に実際の貢献の度合いから、同僚を三階層に分ける。最も内側の層は中核人物に属し、責任者は「あなたがいなければ、私は死んでしまう」という心情で礼遇し、特別な配慮を与える。第二層は「いても、いなくてもよい」という一般メンバーとし、もしさらに努力し、貢献度を高めることができないなら、一般的な配慮と遠慮程度の待遇しか与えることができない。最も外側の層は「早く去れば、早いほどよい」という向上が待ち望まれる部下であり、もし自省、自律を知らないなら、彼らには別の進路を求めるために去り、ここにとどまって無駄に日々を過ごさないことを望む。責任者は公の立場に立って、確実に共通目標に従って考課し、私心を挟まず、公正に同僚を区分けしさえすればよい。そう

すれば、みんなはこのようなやり方を承認し、合理的な不公平と称することができるものと思われる。

　最も内側の中核人物は、通常はグループと呼ばれ、責任者が十分に信頼し、頼るに値する少数の同僚である。日本人は、「企業は少数の人によって維持される」と指摘している。中国式管理は、まさしくこの一言をぴったりに達成しているようである。少数の心があり、かつ心をこめる人たちに、強力な第一線の防御ラインを構成させる。

　グループができた後、責任者はまださらに進んでグループの力を上手に活かさなければならない。どんなことも、責任者は勝手に決めてはいけない。自分の考えをまずは隠して、腹案とする。自分の腹案を問題に変え、グループに意見を求め、彼らに互いの連動の中で、合理的な解答を見つけるようにさせる。その後、責任者の許可を経てから、グループに執行させる。そうすれば責任者はグループに頼れば頼るほど、グループは奮い立って努力し、信頼の度合いを深める。これこそは良き連動である。

　責任者はグループを信頼しないわけには行かないが、第二層と最も外側の同僚の意見に対しても、耳を傾けなくてはいけない。一方では一律平等に扱う意思を示し、もう一方では最も内側のグループへの門戸を開き、より多くの同僚が、公のために貢献することで、グループの一員に成れるようにさせる。当然、このような行動は同様に防止作用を持っている。グループのメンバーにも警戒を高めさせ、私腹を肥やすために不正行為をしてはいけないばかりか、もっと心をこめて行動するようにさせる。さもなければ、第二層や、最も外側の同僚が責任者に状況を直接訴えてしまい、責任者のグループに対する信頼を揺るがし、部門全体に対して弊害をもたらしてしまう。

第三節　従業員の共通認識を凝集させる

　ある角度から見れば、中国人は共通認識を凝集させることは非常に難しい。なぜなら、中国人の心理状態は、一般的に「自主性」を重視する。自己主張を好み、甚だしきは無断に決定し行動してしまう。我々は人間の尊厳は、主に「私は自分で決めることができる」かどうかに現れていると考える。このような「人本位」の観点は、我々に「人は自主できないなら、余計に尊厳など論じていられるだろうか！」とこだわらせる。非常に早くから、「神本位」を脱却し、「天は大きい、地は大きい、人もまた大きい」の概念を持つようになった。中国人の一人ひとり

に自己主張させ、常に「私でなければやれない」と思い込み、「自分から役目を買って出る」ようにさせる。このような「負けを認めない、負けを納得しない」自己中心的な民族は、みんなが納得する共通認識を凝集させようとするのは、実に口で言うほど容易なことではないのだ！　中国人はばらばらになっている砂であることは、これがために決めつけられているようである。

　幸いなことに、過去の我が国の偉大な思想家たちは、このような良くないように思えるが、実際は決して悪くない民族性をすでに認識していた。そのため、共通認識を凝集させる唯一の道筋を指し示している。すなわち「何事も合わせようとして分けるべきであり、分けようとして合わせてはいけない」ということである。

　西洋人は、「分」を重視し、個人主義を尊び施行する。彼らは共通認識を凝集させようとすれば、「少数は多数に従う」原則を採り、公証会や公聴会及び、投票の方式を通して立法した後、みんな共同で遵守し実行する。

　中国人は、「合」を重視し、個人主義以外に、集団主義も強調する。我々は、易経の「八卦の陰卦では陽の属性が多く、陽卦では陰の属性が多い」道理から、「大多数の人は無知であり、賢明な者は少数でしかない」ことを身に沁みて感じる。そのため、「少数は多数に従う」ことはできない。公証会や公聴会は意思を疎通するのが難しく、毎回投票採決する度にかんしゃくを起こす。甚だしきは乱闘、仲間割れしてしまう！

　我々は合わせることを勧め、分けることを勧めないのは、「分」の存在を否定しているわけではなく、「合わせることができるなら合わせ、どうしても合わせることができないときになったら分ける」のである。合わせると分けるの間には優先、前後の区別がある。「合の中に分があって」こそが従業員の共通認識を凝集させることができる。だから、中国人は「世界大同」を主張するが、「世界同一」に希望を託さない。なぜなら、「大同」の下では「小異」が許されるからである。そうしてこそ、「共通性」以外において、各自の「特殊性」を尊重し受け入れることができる。

　共通認識を凝集させることは、同じく大同小異を必要とする。それをもって中国人の「上に大きな政策があり、下にそれぞれの対策がある」という習性とマッチするようにさせ、その上にみんなが歓迎する「包容性」を示す。包容性が強ければ強いほど、共通認識は凝集し易くなる。

　まず、中国は領土があまりにも広大すぎたため、人種、民族、言語、文化の全ては非常に複雑であり、そのため中国人は普遍的に「アイデンティティー」が乏

しい結果をもたらしてしまった。そのことを我々は認めなければならない。それでは我々は何を中心として、自分を何かに帰属させるのだろうか？　小さいごろから、「治国、平天下」しなければならないと見聞き慣れている我々は、アイデンティティーで自分を束縛してもよいものだろうか？　古より、中国人は一方では、「二君に仕えず」を頑なに守ってきたが、もう一方では、いつでも「王朝交代」の危機が起こり得るという現実に直面している。そのことが、我々にやむを得ずアイデンティティーを捨て、従属感を重視するようにさせてしまう。一時的に頼れる人を見つけ付き従うのである。いつでも情勢の推移を判断し、「西瓜は大きい、重い方に傾く」の心理状態で、適切な時に自分が頼る対象を変える。これは「時節柄をよく知る者は傑物なり」ということではないだろうか？

　中国人の共通認識は、通常派閥を中心とする。しかし、中国人の特性は、「派閥はあるが、固定した派閥はない」ことである。上位に居る者は、誰も派閥があることを認める勇気がない。さらには自分が、このときここで、一体どれだけの支持者を擁しているか分からない。なぜなら、一夜にして、自分の派閥は解体し、擁していた支持者も各自に解散してしまうかもしれない。ちょうど「水（大衆）は船（派閥党首）を浮かすことはできるが、船をひっくり返すこともできる」の道理を裏付けてしまっている。

　従業員の共通認識は、従属感から来るものであり、アイデンティティーによるものではないことが、中国人が共通認識を凝集させる第一の重要な条件を形成する。それは、「組織が従業員にとって頼れる存在だと感じられるようにさせなければならない。一方的に従業員が組織に対して頼れる存在でなければならないと求めてはいけない」ということである。

　組織学者はよく、組織メンバーは所属組織が自分たちのものだと思えてこそ、初めて一体感が生まれると言う。中国人はこのように愚かではないように見える。我々は組織が永遠に上級階層の少数の人のもので、自分のものになるはずはないことを知っている。上級階層は駕籠に乗る人、我々は永遠に駕籠を担ぐ人である。上級階層の者の心の中に私の存在があれば、私は彼に付き従い、彼に頼り、彼の言うことを聞き、彼と共通認識を成す。上級階層の者の心の中に私の存在がなければ、私は機会を伺い彼から離れ、彼の言うことを聞かず、彼と共通認識を成すはずがない。

　ある人はそのために、中国人はあまりにも現金なもので、現実的すぎると批判した。昔から君主に代わって言い訳を探し、理由を見つける偽善者は、大方このような論調を持つ。もし易経の三才の道がいうところの「天、人、地の協力原

理」を理解していたら、従業員が持つこのような「合えば留まり、合わなければ去る」という心理状態は、全く「信念が異なれば、ともに物事を図らない」を論じるレベルではないことが分かるだろう。大多数の人間は道義的な結びつきではなく、ただ「木が大きければ、厳しい日照りを遮り易い」、「大木の下は暑さをしのげ易い」だけの旅人であり、いられるだけいれば良い。頼っている大木はどれだけの日陰、恩恵があるかに従って判断する。一般従業員は、「将来を憂う意識」とは何であるかを理解しているわけではなく、ただ落ち着いて生活し、楽しく働くことを望んでいるだけである。このことは、人の常であるだけでなく、上級階層の人たちに対して相当な抑止力を構成することができる。「あなたは私によく面倒を見てくれれば、私はあなたの言うことを聞き、私たちは自ずと共通認識を持つ。さもなければ、どうして私はあなたの言うことを聞かなければならないか？」ということである。これは中国人が信じ守ってきている「相互主義」に非常にかなっている。

中国人は何か一言を聞く度に、大方は気にかけて、「誰が言ったの？」と尋ねる。中国人は、「この一言は、誰が言ったかによって、正しいかどうかを判断する」ものだということを証明している。正直に言うと、中国社会において、この一言は誰が言ったかを知らなければ、それは一体正しいのか、間違っているのかを判断することなどできはしないのである。

こうすると、上級階層の方々がどうしてしばらく経つと、スローガンに近い言葉を叫び出すかを我々はやっと理解できる。目的は彼が一体まだどれだけの支持者を擁しているかをチェックすることにある。叫び出した後、反応はどうであるか、共通認識を凝集できるかどうかを見てみる。自分の、このときこの場所での評判、つまり共通認識を凝集させる影響力を確認するということである。それから情勢を判断し、今後自信を持てる決定を下すようにする。

表面上、中国人は権力争いや利益争いを好む。実際、我々が本当に気にかけるのは、自分にもっと有利な形勢を作り出すことである。大勢の流れは自分に沿っていれば、権力と利益はたやすく手中に収まるものとなる。優れた中国人は、口々に権力を狙わない、利益を謀らないと繰り返して言い張るが、「形勢を作ること」に長けている。なぜなら、形勢は人よりも強く、全てを決定することができるからである。

中国人が共通認識を凝集させる第二の重要な条件は、形勢を作り出すことに長けなければならないことである。形勢をもってみんなが逃れられないようにさせる。法律、規定、契約でみんながむやみに逃げないように拘束するのではない。

「人様の軒下にいては、頭を下げざるを得ない」、中国人にお辞儀するように規定するよりも、軒を低くして、彼に自然とお辞儀せざるを得ないようにさせた方がよい。

史実が証明するように、形勢がすこぶる良い時期、従業員の共通認識は鋼鉄のごとく固く凝集し、誠心誠意に団結し、数多くの大衆が全員心を一つにする。中国人はやはり「人で負けても、陣形で負けない」と人に賞賛され、ばらばらの砂であっても、セメントに十分に融合され、比べものがないほど丈夫に見える。しかし、形勢が衰弱するとき、従業員は個人意識が高まり、みんな違う意見を持ち、いつでも新しい会社を立ち上げようと機会を伺う。

およそ熱心に参加する人が多く、陰口をたたく人が少ないことは、形勢が良好で共通認識が凝集されている指標である。手をこまねいて、あるいは巻き込まれまいと局外に立つ人が多く、様々な意見が少しの配慮もなく言い出されることは、形勢が不利で共通認識は脆くて弱い警告である。

どのように形勢を作れば、従業員の共通認識を凝集できるだろうか？「全員を一律平等に扱う」方式の組織では、リーダーは各メンバーと同じ距離を保ち、非常に公平に見えるが、人を「まさか善人と悪人の見分けもつかないのか？」と非常に腑に落ちなくさせる。「差別して待遇する」方式の組織では、もとより重用されず我が春を得ない人たちに「大きな円の中に小さな円があり、小さな円の中にさらに黄色い円がある」と皮肉られる。しかし、異なる円が作り出す形勢は、まさに共通認識を凝集できるかどうかの鍵である。

リーダーは高々と上に位置し接する機会が少ないので、従業員はリーダーに対して認識が十分であるはずがない。みんなは「目を上に向いて見る」ことに慣れている。大きい円や、小さい円が公正に配置されているかどうかを見る。最も内側の円の人たちはリーダーに敬意を払っているかどうかを見る。

大小の円の配置は公正で合理かどうかは、従業員がリーダーに与える最大の試練である。もしみんなが公正と認めれば、従属感は強められ、「真面目にさえ働いていれば、いつか出世できる日は来る」と考えるようになる。そのため、「この組織は頼る値打ちがあり、離れたくない」と感じる。このとき、共通認識を凝集させることは非常に簡単である。およそ上が言ったことは、破ってはいけない真理であるに違いない。

リーダーに最も近い円は、表面上リーダーに対して極めて丁寧に敬意を払わなければならない。下の人が矛盾を見出せず、隙間を見つけられないようにさせてこそ、みんなは安心して「なんだ彼らの見方は非常に一致しているのか、彼らに

従って共通認識を凝集するしかないか」とすっかりあきらめてしまう。

　多くの人は、中国人がお世辞やごますりに長け、そして言うことを聞く小人を用いることを好むと見ているが、その実そうではない。これは表面的な現象であり、下の人にやって見せ、「みんなを安心させる」ためのものである。実際、単独でリーダーと向かい合うときは、言うことは言い尽くし、知っていることは語り尽くさなければならない。そうしてこそリーダーは安心できるのである。このような陰陽の運用は、中国人をよく人前と背後では、それぞれに対応が異なるようにさせる。少しでも気を抜くと、表裏不一致な小人となってしまう。

　中国人に対して言えば、組織は組織力を発揮しなければならない。それこそは、従業員が共通認識を凝集している具体的な表われである。中国人は黄河流域に生まれ育ち、「水」に対する理解は最も深い。水の力は、一波一波と外に向かって広がって行く。だから、組織の力も、一階層一階層と外に向かって拡張して行かなければならない。次の一階層の人員をコントロールすることは、すなわち次の円の人員の心と力を凝集させることでもあり、責任者にはとても必要なことである。

　中国人は試験を受けるエキスパートである。みんな問題を当てるのに精通しており、そして問題に解答することに長けている。リーダーはどのように問題を出し、いかに点を付けるかは、明言する必要はない。みんなは喜んで推測する。試験を受けようとする人は、試験と採点基準に対して共通認識を形成しない人はいない。すなわち、公正で、試験の精神を用いて、共通認識を凝集させれば、異議を持ち出せる人などはいないはずである。

　共通認識を凝集させる第三の重要な条件は、適切に最も腹心である第一の内側の円を選抜することにある。これらの上級階層の人を通して共通認識を打ち立て、それから外側の階層を伝って、外の円に向かって広めれば、すぐに共通認識を凝集できる。

　共通認識を打ち立てる方式は、リーダー自身の条件と願望を基に判断し、以下に記述する三つの方法を採り、融通をきかせて運用することができる。

　第一、明君型。リーダー自身は確かに人より優れているところがあり、言い出した話は、第一の内側の円は誰もが忠実に応え、かつ非常に順調に次々の円へ、波のように広めて行くことができる。当然「小さい円の密談」方式を採用することができ、明君の智恵で共通認識を形作ることができる。

　第二、名宰相型。リーダー自身は人より優れているところがないことを自ら認め、あるいは、言い出した話は、みんな異なる意見が噴出し、全く抑えつけるこ

とができない。このときは、かつての「三顧の礼」の故事に倣うことができる。みんなが公認する賢者を迎え、補佐する名宰相として、彼に共通認識を打ち立てるように委託することができる。

　第三、連動型。今のような民主主義の時代では、最も良い方式は連動型であるはず。リーダーと第一の内側の円に所属している上級階層の人が互いに連動して共通認識を打ち立てる。一方では、みんなの智恵を集めて有益な意見を広く吸収する。もう一方では、みんなのリーダーに対する独裁疑惑を減少させる。リーダーと第一の内側の円は意見が打ち解けているさえすれば、打ち立てた共通認識はすぐに外に向かって伝播し、みんなの自発的な従属を獲得することができる。

　中国人が「受け身」的に共通認識を凝集することを期待するのは、実に困難である。中国人が「自発」的に共通認識を凝集するようにさせることができてこそ、堅固で頼れる。破壊、仲を引き裂き、あるいは消滅させることなど、誰にもできるはずがない。

　この受け身になるのか、自発的になるのかが、まさに中国人従業員が共通認識を凝集できるか否かの中心的な鍵である。歴史が証明しているように、およそ強制的、高圧的、利益誘導的に共通認識を打ち立てても、永続させることができない。かつ表面的には服従しながら、陰では背くという明らかな現象を呈し、「口で言っていることと、実際行っていることが全く異なる」という状況を形成してしまう。少しでも風が吹き、草が動くような異変があると、共通認識はたちまち壊れ、消滅してしまい、いかなる試練にも耐えられない。反対に、もし組織従業員が内心より、自発的な心理状態で共通認識を凝集するならば、それではみんなの意志が堅牢な城となり、長く継続し衰えることがない。

　どのようにして従業員が自発的に共通認識を凝集するように促すのだろうか？主な原則は「リーダーはお題目を出すだけで、解答を与えず、幹部に題目を推測させ、そして適切な解答を見つけ出させる」ことにある。その上、幹部もそっくりそのまま真似して、自分が見つけた解答を隠して、従業員に解答を見つけるように導き出す。

　易経の「下から上へ」の精神に則り、全ての階層が的確に「上司が題目を出し、部下が答えを出す」法則に従って処理する。

　従業員に問題の意図を推測させ、解答を出させることは、参加しているという充実感があるだけでなく、中国人の試験を受ける精神を、共通認識を作り上げ、凝集させるプロセスの中に融合させ、一人ひとりに達成感と満足感を持たせることができる。

責任者は従業員のことを気にかけるなら、従業員のことを重視することができ、十分な空間を譲り出して、従業員に振る舞わせることができる。極力「お前の考えはどうだ？」という態度で、従業員の参加意識をかき立てる。従業員は大いに重視されていると感じることができれば、自発的に心をこめて、問題の意図を推測し、解答を出すことができるようになる。自分の心と上級責任者の心を一つに結び付けば、おのずと共通認識を凝集し易くなる。

　責任者の最も必要とする素養は「明言しない」ことである。解答ができるとすぐに示してしまうと、みんなは受け身的にやらされていると感じる。そこで方法を考え尽くして、責任者が提示する解答に抵抗、改変、否定を加えようとしてしまう。

　「成るものがあれば、壊れるものがある」という表裏一体の言葉がある。責任者は明白に自分の考えを公表しては、多くは部下の反抗、ねじ曲げ、質問提起に埋もれてしまう。改めて高圧的な、あるいは利益で釣る手段を採らざるを得なくなり、そこでみんながごますり、迎合するという後遺症をもたらしてしまう。

　優れている責任者は、「解答はあるが、すぐに言い出してはいけないことを理解している」という素養を持つ。問題を放り出すだけで、みんながどのように反応するかをじっと見ている。

　上司は「深く隠しさらけ出さない」、部下は「上意を推し測る」。「曖昧昧昧」のようには見えるが、決して「滅茶苦茶で道理がはっきりしない」わけではない。

　このような「曖昧昧昧」の推測、試行錯誤のプロセスを経て、「明々白々」な結果を見つけ出すことこそが、自発的に共通認識を築き上げる精神である。多くの人はそのことを理解できず、今までずっと中国人がはっきりせず、時間を浪費していると批判してきた。全くもって、このように対処することこそが、人間性の要求にかない、人間的な管理と言えるのだということを知らずにいる。

　人間の生まれつきの性質は、「自発」、「自主」を好む。方法を考えて「自発」的に行動する過程によって、「自主」的な尊厳を満足させようとする。そのように凝集した共通認識であれば、自然と堅牢で頼れるものになる。かつ持続して壊れない。

　上司が「明言しない」、部下は「自発的に推測する」ことは、一種のいつまで経っても陳腐にならないゲーム規則であり、共通認識を凝集させる最も有効な道でもある。

　リーダーは「全てをはっきりと言い」、それに対して幹部は「完全に服従する」ことは、すなわち「奴隷」である。少しでも意見があると、「裏切り」となって

しまう。そんな状況になってしまっては、どうしようもないではないだろうか？部下に奴隷に甘んじることなく、また冒険して裏切ることのない状況にさせれば、自然と簡単に安心して共通認識を凝集できるようになる。

　もし「時代が変わり、従業員は責任者の意図を推測したがらなくなり、智恵を絞って題目を出しても、みんなは解答を見つけ出したがらない」と考えるならば、それでは急がば回れである。先に「無礼講」という前提を提示し、みんなが言いたいことを思う存分に言わせ、解答が自分の意図に沿ったものになってから、みんなの意見に従って共通認識を形成する。これも一種の民主的な共通認識を凝集させる方法ではないだろうか？

第四節　小人が権力を握るのを防ぐ

　古より、責任者を担当する者は、「君子を親しみ、小人を遠ざける」を座右の銘としない者はいない。常にこれを戒めとして、「哲理をわきまえ自らを守る」ことを求める。いかんせん小人のごまをする技量は実にずば抜けていて、往々にして上司が防ぎようにも防ぎ切れずに、幾重にも取り囲まれているのに全く気がつかない状態にさせてしまう。

　いわゆる「舞台に上がるのは容易だが、舞台から降りるのは難しい」とは、もとより以下のように解釈できる。「舞台に上がる、官職に就くことは、機会に頼る。上役に目をかけてもらえれば、いきなり出世することができ、ただちに自分が一体どれだけの技量を持っているかをすっかり忘れてしまう。しかし、舞台から降りる、官職から降りることは、技量に頼る。だが朝から晩までの付き合いや応対で、賓客として迎えられたり見送られたりと、学識を充実させ続ける時間もなく、興味にも欠くため、にぎやかな社交場の雰囲気にすっかりのぼせ上がってしまう。いつ、何処で、どのように降りるべきかが、すっかり分からなくなってしまった。良い望ましいタイミングで降りることができないだけでなく、かえって怒りで胸を満たし、悔しさが腹にたまり、甚だしきは大きな声で無念を叫び、深く悔やむことになる」。また以下のようにも解読できる。「官職に就くときは、頭脳はまだかなりはっきりしていて、態度は相変わらず慎み深く、未だごますりどもに取り囲まれていないので、スムーズに舞台に上がることができた。非常に気楽で、簡単なように見える。しかし、官職から降りるときは、すでにごますりどものこと細かな配慮と世話に慣れてしまい、瞬く間にごますりどもがにわかにサルがごとく散り散りに去って、自分一人だけが取り残され、舞台から降りる階

段も見つからない。引っ込みつく逃げ道さえなく、非常に苦しいではないだろうか」。

　全ての正史、野史、伝記、自叙伝をくまなく調べても、これまで「小人を親しむと自ら志を立て、ごますりを重用することを好む」人物を一人も見つけることはできない。歴史の記載も証明しているように、全ての上司は、身を清く保って悪に染まらないべきだという大いなる道理を深くわきまえている。しかし不幸なのは、結果はかえって大部分は、ごますりに惑わされ、知らず知らずのうちに、「忠臣を殺し、君子を傷つけ、自分も小人に害される」という悲惨な局面を作り出してしまう。

　中国の歴史は、安定している時期が少なく、乱れていることが多いゆえんは、主な原因はここにある。

　小人は、さすがに「立派なことを為す人は、かくの如くあるべき」だというような鮮明な目標ではない。だから、同じく我々は「小さいごろから小人になると志を立てた」というような「模範」となる人物も見つけることはできない。

　小人を親しみたがる上司もいなければ、小人になると志を立てる部下もいないなら、なぜ歴史が記録されるようになって以来、絶えず「小人が権力を握る」局面を形成するのだろうか？　その鍵となる要素は、一般に人が深く憎しみ徹底的に嫌う「ごますり文化」にある。その中の「聞こえの良い話を言う」と、「ごますりをする」の境目は、とても簡単には区別できない。そのため、自らが害を受け、社会が不安定になり、国家も安定を求め難い結果となってしまう。

　試しに一例を挙げてみよう。およそ一部の時間を空けて、上司のために憂いと苦労を分担できる部下は、必然とより多く昇進の機会を獲得する。

　質問：上司のために憂いと苦労を分担することは、ごますりに当たるでしょうか？

　自分が受け持つ仕事をめちゃくちゃにしているのに、よく上司のそばに走り寄り、「何か私に手伝ってほしいことはないでしょうか？」と聞くのは、当然ごますりである。

　職責内の仕事はよくできた上で、なお余った時間と精力があり、上司のために憂いと苦労を分担するのは、誰が彼をごますりだと言えよう！　大部分の同僚は、この先輩は確かにすごい、昇進の機会があれば、彼をおいて他にないだろうと考える。

　問題はこのような判断基準から来ていることは、現代人はますます分からなくなってきている。上司たる者は、部下が熱心に憂いと苦労を分担してくれるのを

見て、彼自身の仕事が適切に処理したかどうかにかかわらず、彼を良い部下だと決め込む。部下たる者は、自分の職責内の仕事がきちんとできたかどうかにかかわらず、面の皮を厚くして上司のために憂いと苦労を分担しようとする。結局、上司は「小人に乗じる隙を与え」、部下は「知らず知らずのうちに小人になってしまう」状況を作り出してしまう。元々小人に近づきたくない人は、小人に取り囲まれてしまう。一向に小人になりたくない人は、こともあろうに小人になってしまう。

　もっと恐ろしいのは、いつも上司のそばを離れず、勤務中でも、勤務外でも、上司のために使い走りをする人はみんな昇進したのを見たときである。このとき、自分を反省せず、より深く本物の原因を掘り下げずに、安易に「およそごますりに長けている人は、必然と早く昇進できる」と決め込み、一切の責任を「ごますり文化」のせいにし、「ごますりの漬物がめ」をでっち上げてしまう。このような自分をだまし人をだますやり方こそは、中国人が一方では深く憎しみ徹底的に嫌う方法だが、一方ではそこから抜け出せない原因である。

　もう一例を見てみよう。上司の前では、お世辞を言い、上司が喜んで受け入れ、互いにさらに親しくなり、機会に巡り合えば優先に引き立てる。

　質問：上司にお世辞を言うのは、ごますりに当たるだろうか？

　古今を通じて、顔を立てずに率直に諫める忠臣たちが遭遇する悲惨で、荒れ果てて物寂しい情景を、映画はよく好んで描写する。けれども、映画監督は、十人に八人はお世辞を聞きたがり、批判の意見に袖を振り払い立ち去ってしまう。

　聞くところによれば、閻魔大王は非常にごますりを嫌うそうだ。ごますりを審判したあるとき、「お前は生前どうしてごまばかりすったのか、早く包み隠さずに白状しろ」と机をたたいて大いに怒った。ごますりは慌てて、「世の中の人はみんなごまをすられるのを好むので、私はやむ得ずごまをすりました。もし大王様のように公正で清廉潔白、どんな小さなことでも見逃さずに把握できていたら、誰がごまをすったり、聞こえの良いお世辞を言えるでしょうか？」と答えた。閻魔大王の怒りはにわかに消え、笑って「そうだな！　これではあなたがごまをすりたがるのも無理はない！」と言った。元々は非常にごますりを嫌う閻魔大王でも、ごますりからは逃れられない。

　同じ一言、当然少し聞こえが良いように言うべきである。お世辞を言っても公の利益が順調に達成できるようにするためであれば、ごますりには当たらない。もし私利私欲のため、あるいは悪事を働き易いように、より親密な関係を築き上げる意図に立っているとすれば、それではごますりでなくて、何になろう！

聞こえの良い話を言ってこそ、上司は聞き入れることができる。部下はうまみを味わった後、聞こえの良い話を用いて事実を隠し、私利私欲を謀ろうとし、あるいは悪事の限りを働こうとすれば、悪い下心を持つごますりとなってしまう。
　上司が聞こえの良い話を聞き慣れてくると、聞こえの悪い話を聞き入れられなくなり、甚だしきは反感を生じ、さらにごますりが、お世辞を言うことで、様々な利益を獲得するルートを提供してしまう。そこで、本来はごますりになりたくない人も、知らず知らずのうちにごますりになってしまう。
　それに、勤務時間外によく上司のお供をして、正当な余暇活動に従事する人も、昇進の機会が非常に多い。
　上司は将棋を指すことを好むなら、お相手して、勝ちもあれば負けもあり、彼に闘志をたぎらせる。リーダーは登山を好むなら、すぐに登山の装備を集め、彼が使っている道具とほぼ同じくして、当然ブランド、材質は少し劣らないといけない。彼と一緒に登り、体力も同じレベルに維持し、リーダーにまだ若いと感じさせる。ゴルフに至っては、日ごろからよく練習しておくべきである。よく練習していることを秘密にして、適切な機会に少し腕前を披露し、リーダーに「ゴルフのできる若者は、悪いことをするはずがない」の判断基準に従って、自分を見直してもらう。
　昔は、酒飲みや、ダンス、麻雀で上司にお近づきになったものである。公務員の生活習慣革新が始まって以来、みんなは方向を変え、正当な余暇活動で上司を取り囲み、相変わらずごまをする機会を作り出すことができ、ごまをする目的を達成できる。けれども、これらの結果も全て知らず知らずのうちに生じたものである。
　責任者になることは簡単なことではない。やっとのことでこのような得難い機会を獲得したのだから、当然がんばって良く振る舞おうとする。どの責任者も、職務を引き継ぐときは、仕事をうまくやり遂げようと決心しない人はいない。そして、ごまをすりたがる人に対しては、強い警戒心を抱いている。なぜなら、理由はいろいろ挙げられる。本当に能力がある人は、腰を低くしてこびへつらう必要はない。もとより戒めの言葉は耳に痛いものであるはずなのに、どうしていつも聞こえの良いお世辞を言うのだろうか。人それぞれに仕事があり、みんなは職責内のことをきちんとやるだけで、すでに大変なのに、他人の仕事まで口を挟む暇などないはずである。人それぞれに趣味があり、余暇活動のときは、不便あるいは苦痛をもたらすことのないように、誰をも強制すべきではない。
　責任者を担当できる人は、これらの基本的な道理を十分にわきまえており、か

つ強い自信を持っていることが見て取れる。悪ふざけをして、小人にだまされるようなことに至るはずがないように思える。しかし、残念なことに、程なくごますりのわなに陥ってしまい、それでもなお自らは気がつかないでいる。

多くの幹部の本音を聞いてみよう。「うちの社長は悪いところは何もないが、ただよく善人を悪人と見なし、悪人を善人に見なしてしまう」。

ごますりを重用する気はないのに、実際はすでにごますりに幾重にも取り囲まれている。甚だしきは非常にごますりを嫌っているので、ごますりのわなにはまることはないと自信満々でいる。なのに、挙句の果て部下が冷静な目で傍観すると、社長が意外にも、自分で自分を欺いていることに気がついてしまう。

古代のごますりは凄まじいものがある。あらゆる方法を考え尽くして皇帝に近づこうとした。皇帝にどのようにごますりを防ぐべきかを、教える度胸のある人はいなかった。そのため、三つのものを設計し出して、皇帝に自分で予防の道を理解してもらうより他はなかった。

1. 皇帝にとても高く、とても重い帽子を一丁かぶってもらう。彼に責任は他の人よりも重く、高をくくって油断してはいけないと注意を促す。さもなければ、帽子は落ちてくる可能性がある。

2. 目の前に、真珠に糸を通して連ねたものを何列も垂らす。皇帝に目は二つしかないのに、すでに垂らしたものに遮られ、はっきりとものが見えないと注意を促す。一方では、自分は事実を完全に見通せるとは限らない。もう一方では、他の人がなお一層ごまかすのをより防止すべきである。

3. 両方の耳に、それぞれ一丁の耳覆いがある。皇帝に耳は全部で二つしかなく、全ての事実を聞き尽くせる方法がない。しかもすでに遮るものがあり、その他の覆い隠すものはもう許してはいけない。

設計した人は、ごますりの一貫した手口をよく知っている。まずは「上司の目を隠し、彼に自分の目を頼るようにさせ、自分の目で上司の目を取って代わり」、それから「上司の耳を覆い隠し、自分の耳で上司の耳を取って代わり」、次に機会を伺い「上司の両手を切り落とし、耳打ちやデマ、悪意中傷を用いて上司の信頼している、頼りにしている腹心を引きずりおろし」、最後に「上司に重要な責任を引き渡してもらって、自分が憂いと苦労を好き勝手に分担することができるようにさせる」。

以上の道理から見て、我々は上司がごますりが権力を握るのを防止するには、以下に記述する三つの策略を採用してみることを提案する。

第一、自分が公正無私であると強調するのではなく、反対に「本当に公正無私

であるかどうか」を尺度に、自分の部下に試練を与えるべきである。公正無私であると自らを信じ、その上これを吹聴する上司は、事実上最も簡単にごますりにコントロールされる。できるだけ上司の前では、公の利益のためになるようなことをし、表向き堂々とした立派な応対の美辞麗句を言いさえすれば、上司の信頼を獲得できる。このようなことはごますりにとっては、全く造作もないことで、少しも力がかからない。

公正無私などと言う必要もなければ、自分は一体どうなっているかを他の人に悟らせる必要もない。人によって、時によって、部下に試練を与えればよい。

わざと彼に違法なことをさせようとし、彼がどのように対応するかを見てみる。

危険な情報を提供し、彼がどのように反応するかを見てみる。

利益をでっち上げ、試しに彼に奪い取らせ、彼は心が動くかどうかを見てみる。

部下はまだ試練を経験しないうちは、みんな公正無私のように見える。一旦試練を与えてみると、ある人たちは耐えられず、すぐに本性をさらけ出してしまう。およそ試練に耐えられる人だけ、彼を本当にごますりではないと信じることができる。

第二、試練に耐えられる部下も、外部要因の誘惑のために、変化が生じることは避けられない。元々しっかりしているのに、いきなり悪くなる可能性もある。常にその変化の「差異」に注意し、わずかな異変に出くわしても、すぐに警戒を強めなければならない。

部下を信用しなければ、部下は良からぬ考えを働かすことはできない。みだりに働かしたとしても、いかなる影響も生じることはない。部下を信用すれば、彼本人は良からぬ考えを働かすことはできないとしても、他の人が再三、彼の隙に付け込もうと頭を働かし、彼のコネを利用して、悪智恵を実施しようとする。だから、あらかじめ防がざるを得ない。

上司は密接に部下の「差異」を注意しなければならない。普段は一貫してこうだったのに、どうして最近は様子が違うのだろうか？　今までずっとこうだったのに、どうしてここ二回はいつもとやり方が違うのだろうか？　もしいかなるわずかな異変も見過ごさないなら、部下が意識的に、もしくは無意識的にごますりになったとしても、少しもつけ入る隙がないだろう。

第三、上司は常に謙虚な態度を保たなければならない。「広く異なる意見を聞き入れる。少なくとも参考となる情報が多くなる」という心理状態を抱き、「中傷は受け付けないが、落ち度もかばわない」空間の中で、部下の安全を守る。部下はごますりに変わったかどうかは、上司は往々にして、一番先に察知する人で

はない。あるときなどは「全ての人がすでに知っているのに、上司ただ一人、真相を知らないまま取り残される」。それこそが残念なことである。

外部の人間の評論に対しては、信じなくてはいけないが、何もかも信じてもいけない。常に警戒を高めてさえいれば、すなわち「部下をごますりに成らせないように守る」最高の方策である。

責任者は「部下はごますりであるかどうか」の注意力を、「部下がごますりに成ることを全方位に防止する」ことに転換してこそ、「自分がごますりに取り囲まれることのないように守る上に、部下もごますりに成らせないように守る」ことができる。双方とも満足させることができ、みんなが好み、互い安全である。

思考の方向を変える

1. 李さんはお父さんを訪ねてきた。お父さんは会うことを避け、子供にお父さんは留守だと告げるように言った。我々はすぐに、この父親はこのように自分の子供を悪く教育すべきではなく、小さいごろから彼にうそをつかせ、大きくなったら大変なことになるではないかと、断定する必要はない。
反対に、李さんもいけないところがあることを子供に分からせる。どうしてここまでひどく生きてきたのか？ 父親は明らかに家にいるのに、彼に会いたがらないのか？

2. 社長がごますりに取り囲まれ、事の是非をわきまえられない状態にさせられた。我々は強いものを恐れ、弱いものをばかにし、責任を全てごますりどもに押し付けるべきではなく、考えてみるべきである。どうして社長がこんなに道理がはっきりせず、ごますりに取り囲まれているのに、自らはまだ分かっていないのか？

3. 小人は権力を握り、君子は勢力を失う。我々は全部の責任をこれらの小人に押し付けるべきではなく、これらの君子に聞いてみるべきである。どうして少しの技量もないのか？ 小人に欺かれ、侮られるのも仕方ないことではないか？

方向を変えて考えてみると、全く違う解答を手に入れられるかもしれない。

第五節 情、理、法を用いるリードは最も合理的

「情から理に入る」リードは、情と理が通用しないとき、「法に従って処理する」ことの協力を得て初めて、全てをカバーできる。一つに合わせて考えれば、実は情、理、法のリードにほかならない。

一般に人の習慣としては、情、理、法を分けて考えることを好み、それぞれを

繰り返し比較し、一体どの項目がより重要であるかを調査する。そのために、多くの誤解をもたらし、多くの不必要な誤りを生じさせた。

情理法は一つの構造化された完全なシステムである。分割は許されないものであり、分けて考えるべきものでもない。

まず、法は情理法の末端に位置する。末端とはすなわち下を意味するので、法は情理法の基礎となる。法を離れると情理法として成り立たなくなり、法の基礎がなければ情から理へ入ることができなくなってしまう。人として生きるには規則を守らなければならず、仕事をするにはうそ偽りがあってはならない。これらのことは、我々に法は非常に重要で、軽視してはいけないと注意を促している。

情理法のシステムに従うと、管理は制度化されなければならないのも、このような道理である。制度があってこそ、それを拠りどころにして事情や道理を判断することができる。

次に、情は情理法の発端に位置する。リードは情から着手することを示している。十分に相手の面子に配慮するのである。私情がからんで公平に処置しにくいという情実の面において疎通し、互いに感情の交流が良好にできれば、自ずと簡単に合理的な共通認識を達成することができる。

法は執行するためにあり、口に出してやかましく言うべきものではない。なぜなら、法を論じると感情を傷つけるからである。一旦感情が傷つけられると、道理を論じることはさらに困難になってくる。面子は非常に重要であり、面子が立てられると、みんなはより道理を議論し易い。だから、情を前面に置き、リードする者とリードされる者の架け橋とする。もっとお互いの意思疎通と協調に役に立ち、和やかで楽しい雰囲気を増強促進させることができる。

その上、理は情理法の真ん中に位置する。易経が明らかにした「中に立つは吉となす」の法則に従うと、情理法のシステムの要となるところである。我々は、「情」は「理をわきまえる」ために使ってこそ、「情から理に入る」と称することができる。「法」も「理をわきまえる」ために使ってこそ、「合理合法」の精神にかなうと言うことができるのである。

中国人は単独で「合情」（情にかなう）と言うことは少ない。大方は理もからめて、「合情合理」（情と理にかなう）と称する。面子が立てられると、もっと道理をわきまえなければならず、そうでなければ、みんなが忌み嫌う世間体ばかり気にして恥を知らない人となってしまい、絶対にみんなに歓迎されない。

我々は単独で「合法」と言うことも少ない。大方は理もからめて、「合理合法」となる。なぜなら、我々は合理的な法のみを受け入れ、合理的でない法を受け入

れないからである。法そのものに対する要求が少し高いけれども、非常に合理的ではある。

リードされる者に対して言えば、以下に記述する三点を達成するように行動した方がよい。

第一、上司は我々の面子を立てる。主要な目的は我々が自発的に道理をわきまえることを促すところにある。上司は我々に礼儀を尽くし、我々の面子を立てるならば、我々はすぐに自分自身を反省し、自分自身を抑制すべきである。合理的に反応して、上司の期待に答える。反応が合理的な人は、きっと上司に認められるに違いない。上司は安心して情から理に入ることを続け、互いに非常に楽しく、仕事も非常に順調に進展することができる。このようにみんな面子が立つことこそ、情理法の情を先とする主旨である。

第二、上司は我々の面子を立てない。すぐには反応せずに、上司を困らさない方がよい。このときは、冷静に、上司の置かれている状況を見てみた方がよい。何か人に言いにくいところがあるではないか、あるいは他に意図があるのではないだろうか？　往々にして部下は冷静に、感情的な良くない反応をしないことも、上司の面子を立てる一種の振る舞いである。上司もそれに対して自ずと道理をわきまえ、合理的に調整できる。初めは少しバランスを失うところがあったとしても、すぐに平静を取り戻すようになる。お互いにメリットがある。

第三、上司は我々の面子を立てない。我々は冷静に落ち着きを払い、感情的な良くない反応をしないのに、上司は依然として昔のままで、相変わらず我々の面子を立てない。このときは、もっと反省すべきである。どうして彼をこんなに全く道理をわきまえないようにさせたのだろうか？　このような非常に強烈な振る舞いは、往々にして目の前のこの一つのことだけに対して発生したわけではない。大方は度々の蓄積が原因で、爆発し出している。部下はもっと冷静に、上司の心のわだかまりを解消させる方法を考えるべきである。やけになったり、腐ってはいけない。「どうせすでにこうなったのだから、どうして配慮する必要があるのだろうか」と言い訳してはいけない。何事も自分自身が原因で引き起こしたことであるから、自分が責任を負えるようにしなければならない。

リードする者に対して言えば、以下に記述する三点を達成するように行動した方がよい。

第一、部下を軽視して、彼を管理する権限があるから、遠慮する必要がないと思い込んではいけない。部下の不満を引き起こし、反対にリードの困難を増やすことのないようにすべきである。上司は必ず部下を尊重しなければならない。す

なわち部下を高く評価してこそ、部下の良好な反応を引き出せるというものである。部下を評価している以上、彼の面子に配慮すべきである。何事も、「彼の面子を立てることで、彼を自発的に道理をわきまえるように促す」法則に則って、情から理に入り、部下を楽しく自発的に行動できるようにさせる。そうすれば、お互いに楽しくいることができる。

　第二、部下の感情を安定させることを、業務の最重要項目として真っ先に挙げるべきである。部下の感情が安定していれば、通常理智的に物事に対処することができる。もし感情が安定していなければ、往々にして感情的に反応してしまい、合理的になれない。責任者の最大の技量は、自分の感情が安定していることで、部下の感情を安定させることであるはず。部下は元々感情的に安定しているのに、色々な行動を起こして彼らを不安がらせることではない。何事もまずはゆっくりで次に急ぎ、急いでことを仕損じるよりはましである。どんなことがあっても焦りすぎて、みんなの感情を非常に不安定にさせてしまってはいけない。

　第三、上司は部下の面子を立てるとき、部下は必ずしも自発的に道理をわきまえられるとは限らない。人はさすがに完全に理性的にはなれず、ときどき道理が全くはっきりせず、十分に冷静になれない。上司は再三に渡り諭す必要がある。だから、忍耐力を発揮して、部下を冷静になれるように気づかせるべきである。すぐにがらりと強硬な態度に変えて、人に信頼が置けない感覚を持たせては、かえってよくない。法は永遠に最終手段であり、道徳や法律は結局のところ、情がどうしようともできないときに、やむを得ず持ち出すものであり、しょっちゅう姿を現すべきではない。

　上司、部下双方とも情理法に対して相当な理解を持ち、意識的に「先に情から理に入り、やむ得なくなってから冷酷にがらりと強硬な態度に変え、法に従って処理する」という手順に従って行動し、そして以上に記述した要点に注意すれば、互いに協力し、良好に連動する結果、すぐに有効なリードするとリードされるという局面を形成できると思う。

　業務を処理するとき、先に法的根拠を明らかに調べ上げておいた方がよい。このような法治精神は、しかし直接に「法に従って事を行う」ことで具体化しない方がよい。人に人情味に欠けると感じさせ、ついにはみんなが自分自身を守るために、自発的になれない状態に至らしてしまう。最も恐ろしいのは、徐々に「合法であれば、何をして良い」という正しくない態度を身につけてしまうことである。なぜなら、「合法」は必ずしも「良心に基づく」わけではない。しかし、良心に基づくことは、合法であることよりも遥かに重要である。

法的根拠を明らかにしても、それを腹の中に収めておき、腹案とした方がよい。業務を処理するとき、法の規定を直接に持ち出すべきではない。さもなければ、みんなが法に従って処理してしまい、月日が経つと、頭を働かすことを好まなくなり、ただ生真面目に法律条項を調べるだけになってしまう。仕事の質は必然と落ち、組織の風紀も、徐々に腐敗してしまう。そのときになって後悔しても、おそらくもう遅すぎるのである。

上司は仕事を問題に変え、部下と相談する。部下が自発的に解答を提供してこそ、面子があるように見える。上司は何もかも指示を出し、部下は指示に従って処理することは、完全に受け身的な心理状態であり、当然面子がない。

部下と相談するのは、部下の面子を立てることである。部下は面子が立てられれば、自発的に本当の現場状況を把握し、関係担当者と協議し、具体的で実行可能な解決案を獲得して、その上で腹案として上司に指示を仰がなければならない。このような状況は特殊な意義を持っている。それは、「あなたは私の面子を立てるのであれば、私もあなたの面子を立てるべきである」という相互的な行為である。「上司の面子を立てるという心情」での指示の仰ぎ方は、一般に「上司をアイデアで打ち負かそう」としての指示の仰ぎ方とは、実際はとても大きな違いがある。

当然、情理法のリードシステムは、完全に指示を出すことに反対しているわけではない。ただ緊急なときに用いるだけで、平常時に用いないべきである。日ごろ指示を出さないようにしてこそ、一旦指示が出されると、みんながそれは非常に緊急であることが分かる。

> **情理法 vs. 法理情**
>
> みんなはこのような言論を聞いたことがあるはず。「どんなことをするときも、我々はいつも『情理法』の全てに配慮しなければならないと言う。今まで中国人はずっと人の情を重要視してきたので、情を先に置いた。しかし、現代化された法治社会は、全てを法に従って処理するのだから、『法理情』に修正しなければならない。」という言論である。
>
> このような言論を持つ人は、おそらく情理法の真義を理解できずに、このような誤解を引き起こしたのだろう。なぜなら、理は真ん中に位置し、最も重要であることを表しているのだから、情理法と法理情は、実際それほど大きな差異はない。
>
> 我々は両者を一つに合わせて考えた方がよい。何事をする前にも、法理情の仕組みに従って、まずは合法かどうか？ もし合法であれば、次に法令許可の範囲内で事情や道理を判断する。しかし、合理な解決案を見つけた後、これを実施に移すとき、情理法の仕組みに従って運用すべきである。和やかに、順調に、円満になるように、融通がきく境地を達成する。

第六節 最高境地は部下を自発的になるように促すことにある

　中国人の心の中にあっては、情理法は遥か昔からすでに身近な存在になっている。そのため、常日ごろよく用いるのに、逆にその中身を知らず、その本当の絶妙な効果が分からない状況をもたらしてしまった。

　本書の第一章の第二節ですでに説明している通り、人はみんな自発を好むが、ただ自発的になる勇気がない、自発的に振る舞えない、あるいは自発的になろうとしないだけである。

　露骨に指示を出すと、相手は受身的な感覚を持ってしまい、当然自発的になれない。しかし、いかなる意思表示もせずに、相手が自発的になるのを静かに待っていても、相手が自発的になる勇気がない、自発的に振る舞えない、あるいは自発的になろうとしないのでは、同じく自発的になれない。

　このような状況の下、我々は情理法の構造に従って、慎重に対応した方が最もよい。そうすれば、相手は自然と自発的になれる。実に摩訶不思議である。

　第二章の第五節で言ったように、中国人は「感情」を重視し、「心の中が気分いいかどうかに基づいて判断する」ことに慣れている。そのために、孔子は「情治（情で治めること）」を提唱し、「情を用いて感化させる」ことを主張した。

　情は面子に相当する。面子をよく気にする中国人に特に合っている。

　中国人は一般的に管理されることを好まない。もし責任者が口を開いて、部下の反感を買ってしまうと、部下は管理し過ぎていると感じてしまう。どうしてこんなことまで管理しようとするのだろうか？　一旦このような感覚を持たれてしまうと、部下は責任者の意見を受け入れようとしないばかりでなく、甚だしきは恨めしさと恥ずかしさで怒り出し、非常に道理をわきまえない振る舞いに出るかもしれない。

　部下の反感を買うことを避けるため、我々は情から理に入ることを重んじる。そうすることで、面と向かって部下と事の是非を議論することを取って代わり、リスクを最低限にまで下げ、安全を謀ろうとする。

　情はすなわち面子であり、部下の面子を立てれば、当然反感を買うことはない。十分に面子を立て、部下が感情を安定させてから、このときになってから事の是非を議論した方が、感情的な反発を招くようなことには至らない。遥かにやり易く、そして遥かに有効である。

　たとえば、部下は遅刻すると、責任者は明らかに見たとしても、巧みに見てみぬふりを装うべきである。このような技量は中国人を困らせることはない。なぜ

なら、小さいごろから非常に目ざとく訓練されていて、いつでも適切に自分の真の姿を隠すことができるからである。

　見てみぬふりを装っても、ごまかしているわけではなく、追求せず、正さないのではない。「見えたらどうするか？」ということである。取り合わなくてはいけない。部下が遅刻することを放任すると、当然責任者の落ち度であり、その上、上がとがめる可能性もあり、どうやって責任を引き受けるのだろうか？　取り合ってもいけない。遅刻した部下は感情的に不安定で、すぐに指摘すると、おそらく恨めしさと恥ずかしさで怒り出し、逆に期待する結果を収められない。

　それに、遅刻した部下は時として非常に正当な理由を言い出して、責任者を有無を言わさず、すぐに指摘したことは、確かに適切ではなかったという気にさせてしまう。このときはどうするのだろうか？　指摘を続けると、自分が恨めしさと恥ずかしさで怒り出していることになってしまう。相手を慰めるように態度を変え、甚だしきは自分が軽率すぎたと率直に認めてしまっても、それなら最初から言い出す必要はないではないか！

　見てみぬふりを装うことは、実際のところ一種の礼儀であり、部下の面子を立てることである。彼に自発的に説明に来てもらって、それから合理的な処置を与える。一種の尊重である以上、それ相当の大きな寛容性を示すべきである。遅刻した部下が先に重要な仕事を適切に処理してから、遅刻の原因を説明しに来ることを許すべきである。さもなければ、遅刻はすでに間違っているのに、さらに遅刻のために重要な仕事を遅らせては、間違いをさらに大きく広げてしまうではないだろうか？

　部下は自発的に責任者に説明すると、責任者は事の経緯を知る機会があり、加えてこのとき感情的には非常に安定しているので、合理的に判断と処置を下すのに有益である。

　もし時間をおいても、部下が責任者に対して説明をしなかったとすれば、責任者は自分から進んで彼に尋ねるべきである。良くない風紀をもたらすことのないように、また自分も職務怠慢をきたすことのないようにする。

　彼のところに行って尋ねても、部下を呼んできてもよいが、単刀直入に彼に、「どうして遅刻したの？　どうして説明に来ないのか？　まさか責任者が見ていなければ、うやむやにできるのか？」と聞く必要はない。なぜなら、このようにすると、部下は心の中では承服できず、責任者が腹黒いと思い込んでしまう。見たのに、どうして見てみぬふりを装う必要はあるのだろうか？　その場で捕まえればよいのに、どうしてこのように手段を弄する必要があるのだろうか？

人はよく自分の失敗を他人の過ちで覆い隠したがるものである。このような焦点をぼかし、標的をそらすやり方は、誰にでもでき、よく用いられる。
　責任者はこのように言った方がよい。「ある人は私に、あなたが今日は遅刻したと教えてくれた。このようなことはあるのか？」。これではもっと腹黒く、もっと誠意に欠けるではないだろうか？　ちょっと待ってください。他の人がいったと言うと、部下は比較的に受け入れられ、感情的にも面子が立てられているため安定を維持できる。責任者はこのように言うと、明らかに彼の側に立っており、当然面子が立つのである。直接に問い質されるよりはずっと気分がよい。責任者はこのように言うのも、実は一種の礼儀であり、一種の部下に対する尊重である。部下は責任者の好意をわきまえ、自ら面倒を起こそうとしない方がよい。誰が言ったのかを追究することで、標的をすり替え、つげ口をしたあくどい人にうっぷんを晴らそうと企むべきではない。
　もし部下が本当に「誰が言ったのか？」と追究したとしても、責任者は、「さあ、誰が言ったか？　もう覚えていない」と気楽に振る舞うべきである。これも騙すのではなく、元々一種の礼儀であり、一種の部下に対する尊重である。意図は部下に、はぐらかさずに、早く自分から説明した方がよいと気づかせることである。
　責任者は部下の過失に対して、本来もちろん見過ごすべきではない。さもなければ、部下が責任者の下についてしばらく仕事しても、良い技量は学べなかったのに、たくさんの悪い習慣を身につけてしまっては、責任者は良心に申し訳が立つのだろうか？　しかし部下の過失を正すとしても、部下が困り、引っ込みつかなくなるようにすべきではない。だから、情から理に入ってこそ、両方に配慮する振る舞いであり、一方では過失を正し、もう一方では部下の面子に配慮する。
　中国人の特性は、非常に道理をわきまえることである。感情が安定で、面子が立てられていれば、みんなは基本的に非常に道理をわきまえる。しかし、感情が不安定で、面子が立てられていないときは、いとも簡単に恨めしさと恥ずかしさで怒り出し、甚だしきは横暴で筋を通さない。
　情から理に入ることは、すなわち先に相手の面子を立て、相手の感情を安定させることであり、部下を自ら道理をわきまえさせる有効な道筋である。賢い部下は、責任者の意図を理解すべきである。責任者が極力に面子を立ててくれたとき、早く冷静に自ら道理をわきまえるべきである。そうすれば、双方とも楽しく、物事も合理的に解決できる。
　責任者は新しい仕事があり、部下に渡して処理してもらう場合も、部下の面子

を立てるべきで、命令の形式を用いて部下を不愉快にさせるべきではない。面と向かって断らなかったとしても、いい加減にあしらい全力を尽くさないだろう。相談する方式を採った方がよい。「お尋ねしますが、誰に渡して処理してもらった方がより妥当か？」と部下に問いかける。部下はもし自分が合理的な人選であると感じれば、大方は積極的に自ら買って出る。面子が立てられ、貧乏くじを引かされたという不満不平を感じないため、一層喜んで仕事をうまく処理する。もし部下は他の人に押し付ければ、責任者は気持ちを落ち着け冷静に、彼の理由を聞いてみなければならない。にわかに態度を変え、「私はあなたに礼儀を尽くしているのに、あなたは他に押し付けるとは」類の話をしてはいけない。全く誠意がないように見られてしまわないようにすべきである。部下が合理的に押し付けさえすれば、責任者は喜んで受け入れるべきである。それこそが相談であり、一方的な指示などではない。

　通常、責任者は部下を尊重すればするほど、部下の面子を立てれば立てるほど、部下はお互い様の相互原則に立ち、反対に責任者をもっと尊重し、心の中の責任者の存在は非常に重みがあるものになってくる。双方とも喜ぶことは、人間性に沿った人間的な管理の要求にかなっている。

　情から理に入ることは、先に面子を立て、次に道理をわきまえる。このような方式は、責任者から始めた方がよい。風潮として流行らせてこそ、みんなが安心して流行の後について行くことができる。

　どうして責任者から始めなければならないだろうか？　理由は十分に明らかである。もし部下が先に行動し、全てに渡って責任者の面子を立てると、ごますりの嫌疑をかけられかねない。中国人の大多数はごますりになりたがらず、人様にごますりのレッテルを貼られるのを恐れる。そのため、先に責任者に好意を示したがらない。そうしてこそ、気骨があり、プライドがあるように見える。歴史上すでにあり余るほどの事件の例があり、これらの気骨がある人たちは遅かれ早かれ砕かれることを証明している。それでも、前の者が倒れたら後の者が続けて行き、あたかも意志強固、正直な人は、これらの教訓などでは初志を変えられないかのように見える。だから、孟子は「上にいる者は先に実施する」法則を提唱し、責任者が率先して、部下に情を示し、十分に面子を立てることで、これらの正真正銘な気骨ある賢人君子を救済しようとした。

　責任者は部下の面子を立てても、ごますりだと言う人はいない。部下がすぐに後について責任者の面子を立てても、みんなは礼を受け礼を返しただけで、ごますりなどではないと考える。そこで、部下は安心して責任者の面子を立てること

ができるようになる。責任者はこの方面で得られる影響力は大きいのだから、情を示す行為にけちる必要はない。

　我々はよく、「先に礼を尽くして、うまく行かなければ武力を行使する」、「柔はよく剛を制す」、及び「祝杯を断って罰杯を飲む」等々と言う。基本的には、全て「情から理に入る」ことの拡張であり、より容易に相手の共感を獲得することができる。そのため、相手が自分から自発的に道理をわきまえるので、さらに時間と力を節約することができ、手間を省くことができる。

　ある責任者たちは、威張り散らすこと、勿体ぶることを好み、よく受け入れられないために腹を立ち自分の体を壊してしまう。しかしもっと恐ろしいのは、そのために小人を招き入れ、自分を幾重にも取り囲んでしまうことである。小人は、責任者のこのようなやり方を見て取り、十分に迎合するだけでなく、非常に辛抱強い。それほど長い時間がかからずに、小人はこのような責任者をぐるりと取り囲み、責任者はかえって全く気がつかないでいる。我々が「情から理に入る」リードを推奨し評価するのは、実は小人を遠ざけ、責任者自身が害を受けることを避ける目的がある。

　我々は、「情から理に入る」リード方式を採るということは、法律制度を重要視しない、あるいは情と理でもって妨害しよう、甚だしきは制度を破壊しようとすることを表しているわけではない。我々はただ以下のように考える。

　「人生において最も大事なのは、今である。今において最も重要なのは、生活である。そして、生活において最も確実に頼ることができるのは、人の情である」。

　息が止まると、何もかも終わってしまう。人に対して言えば、今のこの息が、当然最も大事である。現在の事がもし解決できないとすれば、過去の栄光と未来の希望は、ほとんどゼロに等しい。我々はよく、中国人は非常に現実的だと感じる。もしこの角度から考察するならば、よりそのことの理解を深めるはずである。

　人は生きている。その中心は生活することである。生活は良くなければ、その他のことは何の役に立つと言うのだろうか？　我々は今、事業、金儲け、名誉等々のために、生活をきちんとできなくなるようにさせられては、実に本末転倒なやり方であり、割に合わないことである。

　生活は良いか悪いか？　判断基準はどこにあるだろうか？　物質ではかるとすれば、それでは永遠に果てはないだろう。追求すればするほど苦しくなる。ここ数年、我々の物質的生活はどんどん向上しているが、みんなは生活があまり良くないと愚痴をこぼす。生活は良いと感じるか悪いと感じるかは、精神面の比重は

軽視できないことが見て取れる。そこで、人の情は、生活の中で非常に重要な要素となる。人にして情がなければ、何をもって人となすのだろうか？　不幸なことに、「長い間我々は、貧困、苦労、苦痛のために、なんと人の情をねじ曲げ、反対に人の情を軽蔑し、恐れるようになったことだろうか」。

情という字はりっしんべんに、青という字をつける。「請」は言の美しきものを表し、「倩」は人の美しきものを表し、「晴」は日の美しきものを表し、「睛」は目の美しきものを表す。我々はこれらのことから、「情」は心の美しきものであると推察することができる。すなわち、良心を持っているという意味である。

良心を持っている人は、人の情に満ちあふれ、生活はいつも素晴らしいものである。物質的生活はどんなに貧困でも、遭遇した状況はどんなに厳しくても、良心さえあれば、実は非常に心が安らかで、楽しく生活することは難しくない。いわゆる、苦しさの中で楽しさを見つけると言うように、決して難しいことではない。

どんな人でも生活のため、職につかなければならない。一日の内、職場にいる時間は、往々にして１／３を超えてしまう。睡眠、休憩の時間と、家事雑務を処理する時間を除けば、我々は一生の内、大部分の時間を職場で過ごしていることになる。もし職場の中で情はなく、人の情に欠けるとしたら、たとえ成功して名を成したとしても、多くのお金を稼いだとしても、人として生きる角度から評価すると、結局のところ得よりも損の方が大きい。仕事のために、そんなに失っては、割に合うのだろうか？　当然割に合わないのである。

あなたの心の中に私がいて、私の心の中にあなたがいることは、この世の最高の情である。上司と部下の間、心の中に互いの存在があり、そして合理的な重みを占めていれば、情のある職場であり、みんが楽しくはつらつとしていて、当然割に合うのである。

良心は見えないが、面子はとても簡単に感じることができる。中国人は特に世間体を気にすることは、良心を重視する表われだと解釈することもできる。人の情は容易に処理することができず、しばしば確実に推考することができない。そのために悪い後遺症を引き起こすからと言って、心に恐れを生じさせる必要はない。またそうだからと言って、自分を情のない非人道的な集団に追い込む必要もない。

中国人は面子が立てられているときは、大方は良心に従って反応する。だから非常に合理的に振る舞う。これは我々が「情から理に入る」リードを実施する素晴らしい基礎である。

しかし、人はさすがに聖人や賢者ではない。道理がはっきりせず、冷静さが足りないとき、面子が立てられているのに、自らを律することを忘れ、合理的でない反応をしてしまうことは免れない。このとき、我々は相手の立場に自分の身を置き換えて考えてみると、実は簡単に自分もよくそのように振る舞っているのを、発見することができる。さらに進んで相手の気持ちになって考えてみると、少し面子を立て、もし期待する効果を収められないと、冷酷にもがらりと態度を変えてしまう行為をもっとよく理解できる。動機が不純で、面子を餌に人を引っかけようとしたのでなければ、忍耐力が不足で、いとも簡単にかんしゃくを起こし易いに違いない。どちらも良い現象ではない。

　部下が遅刻して、責任者は見てみぬふりを装うことは、一種の情のある振る舞いである。部下をみっともない状況に追い込みたがらずに、十分に彼の面子を立てる。部下はその好意をありがたく思うのなら、自発的に責任者に原因を説明すべきである。しかし、部下がそのようにしなかったとしても、責任者は怒ってはいけない、叱責してもいけない。それとなくほのめかす方式で、部下に合理的な対応をすべきことを暗示する。これも人の情の一部であり、部下の面子を立てることである。それでも、部下を気づかせることができないなら、責任者は初めてきちんと彼に示唆する。「お尋ねしますが、このように繰り返して面子を立てていますが、あなたを気づかせることができずにいる。他にもっと良い方式はあるのだろうか？」。部下がその意図を理解した後、きっと喜んで受け入れることができ、徐々に「情から理に入る」ことの要領を悟り、そして心から承服して喜んで合理的に対応するであろう。

　万一部下は本当に好意をありがたがらずに、完全に「情から理に入る」ことの精神を理解しようとしないなら、たとえば責任者は部下に「ある人はあなたが遅刻したと言った」ということを告げ、「一体そんなことはあるのか？」と尋ねると、部下は「誰が言ったか？」と追及する。責任者は彼に「もう覚えていない」と告げ、部下はそれでも頑迷に固執して悟らずに、どうしても責任者に「このつげ口をした人が誰なのか？」を言わせようとする。甚だしきは言い出したのは全く責任者本人であり、それなのにうそをついて罪を他人になすりつけようとしていると直接に非難してしまう。このとき、責任者は、本当は自分の意思であることを、率直に認めるべきである。そしてはっきりと説明する。彼が遅刻したのを見て、すぐに問い質すにはお互いに都合が悪いので、見てみぬふりをした。それは好意からであり、部下に自発的に説明させた方が、面子が立つからである。しばらく待っても動きがないので、それで他人の話を借りて彼に尋ねた。それも同

じく好意であり、部下の負担を軽減したかったからである。今はずっと誰が言ったのかと執拗に追及している以上、責任者は言い出したのは全く自分であると認めた。同時に部下に「お尋ねしますが、この方法は通らないであれば、一体どうすれば、和やかに意思疎通するという目的を達成できるだろうか？」。部下は理解した後、きっと自分が非常に道理をわきまえていないと感じ、態度を変えるだろう。

部下はそれでもなお好意をありがたがらずに、責任者の意図に取り合わずに居続けるなら、このとき情と理はすでに通らなくなり、責任者は当然法に従って処理する権利を保有している。規定を持ち出して、条項に従って処理する。

責任者は新しい仕事があり、部下に渡して処理してもらおうとする。責任者どんなに情から理に入ろうと、部下はいつもいろいろな方法で断り、頑なに受け入れようとしない。責任者はそこで冷酷にもがらりと態度を変え、法に従って部下に必ず期日通りに処理するように命令しても、きっとみんなは責任者のこのような強硬な態度を支持し、横暴で道理をわきまえないと考えるようなことはないだろう。

情と理が通らない人は、面子が立てられてもなお道理をわきまえることを知らない。このような人は恥知らずに近い。みんなが軽蔑する対象となる。面目を大事にする人には面子を立て、面目を大事にしない人には面子を立てないこそ、偽善者とならずにすむことができる。自分までもみんなが軽蔑する対象になることがない。

「情から理に入る」ことは、「法に従って処理する」ことと連携できなければ、是非の境目がなくなったり、あるいは是非をわきまえる勇気がない偽善者となってしまう可能性がある。責任者は道徳的勇気を持たなければならない。情と理が通らない場合、冷酷にもがらりと態度を変え、法に従って処理できるようにならなければならない。

冷酷にもがらりと態度を変えるとは、まさか情がない行動ではあるまいか？それではどのように行動すべきだろうか？　冷酷にもがらりと態度を変えるには、その前提条件が必要であることが見て取れる。がらりと態度を変えるのは、本やノートをめくるように、あまりにも安易、いい加減、軽率すぎてはいけない。どれも人情味がなく、素晴らしいものではない。

我々はよく「ありとあらゆる援助と善意の限りを尽くす」という。これこそはがらりと態度を変える前提条件である。ありとあらゆる援助と善意の限りを尽くしさえすれば、冷酷にもがらりと態度を変えることは行き過ぎと感じる人はいな

い。しかし、ありとあらゆる援助と善意の限りを尽さないうちに、冷酷にもがらりと態度を変えるとすれば、それでは恐ろしすぎると思われてしまう。みんなは彼に対して、まるで鬼神のごとく敬遠することになり、リードの親和力を発揮することができない。

気づかせても気づかせても、気づかせられないとしても、なお部下をきちんと諭して行かなければならない。責任者に対して言えば、当然「ありとあらゆる援助と善意の限り尽くす」ことに当たる。このとき、部下はそれでも頑迷に固執して悟らずに居続けると、責任者は冷酷にもがらりと態度を変えたとしても無理はない。傍観している人は、責任者は情がないと感じないだけでなく、反対に部下は同情するに値しないと考える。部下たる者は、「情から理に入る」運用の方式をはっきりと理解し、努めて合理的に対応しようとすべきである。誰もが同情しない惨めな状況に陥らないようにする。そのときになって後悔を示しても、あまりにも遅すぎる。人を誤らせ己を害してしまう！

先に情から理に入り、次に法に従って処理する。「先に礼を尽くし、うまく行かなければ武力を行使する」と称し、「柔で剛を制する」やり方でもある。礼儀には節度が必要で、柔も剛で支える必要がある。そうしてこそ優れた効果を生み出すことができる。だから、法に従って処理することも、その必要性がある。

第 10 章

合理的な激励方式

| 激励：闘志をかき立てるように奮い立たすこと。 | 訳者より |

　中国の歴史において、「激将法」が用いられるエピソードが実に多い。諸葛亮孔明が孫権を説得して、劉備と連合して、曹操に対抗しようとした際に用いられた例も有名である。孔明は、ストレートに劉備と連合することの大義名分を説いたのではなく、反対に曹操軍の巨大さを延々と述べ、孫権に抵抗の無駄さを説明した。そのことが結局、孫権のプライドに火をつけ、やる気を起こさせた。そのために、劉備と孫権の連合が実現し、赤壁の戦いという大勝利を実らせたわけである。現在の中国でも、この「激将法」と同じように、部下をやる気が出るように奮い立たせ、刺激する方法、「激励」が多く用いられている。

　その文化的背景を理解して、この章を読むと、さらに理解が深められると思われる。

管理は己を磨き、人を安心させるプロセスであり、己を磨く目的は、職場活動の中において、修身、斉家、治国、平天下の一貫とした大いなる道に基づいて、絶えず自我を向上させることにある。それならば、人を安心させる行為もまた、組織メンバー全員が組織と同調して成長するように激励する役割を果たすべきである。組織の成長と同様に、メンバー全員も素養レベルを持続的に向上させて行ってこそ、己が安心し、人も安心する良好な状態を長く久しく維持できるのである。

　中国式管理は、計画から始め、執行を経て、結果の反省と全体の考課に至るまで、至るところに激励が満ちあふれている。すなわちいついかなる時も、組織メンバー全員が常に向上し、永遠に脱落しないように激励しているということである。

　激励を計画、執行、考課と一つに融合させ、激励を意思疎通、リードと同時に運用していくことは、中国人の「合わせることは分けることより大きい」原則にかなうだけでなく、時間とパワーを節約することができ、全てに配慮を加え重視することができるので、より管理の要領にかなっている。

　中国人には多くの一見不思議に見えるが、深く考えると非常に道理にかなう行動、態度があり、大方は激励の働きを含んでいる。まず先にその本当の意図をはっきりと理解しておかなければならない。その上で合理的に振る舞ってこそ、素晴らしい効果を生むことができる。

　合理的な不公平は、実は激励の働きを持つ一種の処置であり、中国人が負けを認めようとせず、努めて向上を求めるようにさせる。なぜなら、差別待遇は、至るところで見ることができるので、持続して自分を高め、より良い待遇を獲得しようとせざるを得ないからである。

第一節　いつでも何処でも激励すべきである

　中国人に対して言えば、競争力の源は、すなわち「私がしたい」ということにある。自分のしたいことであれば、大方は苦労をいとわず、報酬にこだわらず、困難を恐れず、さらには心をこめないはずがない。このような状況の下では、全く達成不可能なことなどない。競争力の高さは、おそらく好敵手を見つけるのは簡単ではない。自分がしたがらないことであれば、甘んじられず、心から望まない様子で、あれこれと口実を設けて断り、細かいことにけちをつけ、様々な困難を挙げ、たくさんの理由を並べ立て、全く心をこめるはずがない。この通りでは、

どこに競争力があるのだろうか？

　全世界の人、みんなに感情の変化がある。しかし、比較してみると、中国人の感情の起伏は、最も幅が大きい。いつでも注意し、何処でも激励できなければ、いとも簡単に低調に陥り、何も行動を起こさなくなってしまい、己を磨き人を安心させる管理効果に影響をきたしてしまう。

　心理学者は、人類の全ての行為に、そうなった原因と経緯があると考える。責任者は従業員を激励したければ、部下の要求を知らなければならない。この理論に間違いはないが、残念なことにさらに進んで指し示すことができていない。西洋人の要求は変動がなく固定していて、満足し易いが、中国人の要求は移り変わりが激しいだけでなく、簡単には満足しない。古より、我々はすでに遠大な目標を立て、日に日に成長し、精通の上に精通を追求し、「至善（最善）」に到達しようとしてきた。当然安易に満足することができない。その上、「満足することは損を招く」ということは、さらにみんなが聞き慣れ、詳しく説明することができる道理である。誰もが自己満足することを恐れ、そのため激励して得られる効果は、往々にして「満足できないが、受け入れることができる」ものである。みんながみんな一寸を得ればさらに一尺進もうとし、千を与えられれば五千を望み、一級昇進してもより多くの引き立てを切望する。

　激励を獲得したばかりのときは、大方は心に感謝の気持ちを持ち、口々に上長の温情にあずかり、引き立ての恩情は永遠に忘れず心に刻み込むと言う。しばらく経つと、あたかも時が移り事情が変わり、記憶が徐々にぼんやりとして来るようで、なんとしばらく上司の温情の眼差しに接しないあまり、自分はすでに忘れ去られたと感じ、そのため思い悩んで眠れずに寝返りばかり打ってしまう。

　中国人はどうしてこのようになるのだろうか？　言ってみれば、我々の激励方式と非常に密接な関係がある。表面上から見れば、中国人は相手の権勢や財産によって、非常にがらりと態度を変えるように見える。人情の熱し易く冷め易さ、世間の世知辛さは、人が目の当たりにしては、はらはらとさせられ、そのため誰もが迂闊に行動できない。逆に言えば、まさしく中国人はいつでも急に態度を変えて相手にしなくなる可能性があるから、いつでも人に対して顔色を変えて見せる可能性があるからこそ、中国人が非常に疑い深く、非常に警戒心が高く、物事に慎重に対応できる。自らを律し、自らを反省し、自主できる人に対して言えば、世間の態度はもう一つの形態の激励だと言えなくもない。我々はそれを自己激励と称する。

　自己激励は、全ての激励の中で、最も効力を持ち、最も成功する可能性が高い

一つの方式である。特に、現代のように全てにおいてDIY（Do it Yourself）を重んじる時代では、ことさらに時代の要求にかなう最良の激励であるに違いない。何と言っても他人が自分を激励するのを期待するより、自分で自分を激励した方が、簡単便利で、有効である。

　曾子が言うところの毎日三つのことで我が身を反省することは、もとより自律の習慣とすることができるのは、すでに前に述べた通りである。実際は非常に有効な自己激励でもある。毎日はどんなに忙しくても、自分に一時間、少なくとも20分の時間を残しておき、冷静に考えてみる。「今日の仕事の打ち合わせでは、全力を尽くしたか？　友人、同僚、家族に対して、誠意がないところはなかったか？　学び得たことは、習慣に変え、熟達して応用し易いようにできたか？」。うまくできたところは、自分に少し拍手を挙げ、自己を激励し、自分の闘志を奮い立たせ、自分の自信を強める。満足できなかったところは、後悔もせず理由をさがして言い逃れようもせず、真剣に自分がどうしてこのように行動したのかと原因を反省し、根本的な改善をすべきである。

　個人はこの通りであるが、組織もこの通りであるべき。部門の責任者は業務終了後のちょっとした少しの時間を利用して、同僚とお茶を飲んだり、おしゃべりをしたり、その日の全ての行動を少し反省してみるとよい。どのような行動は喝采に値するのかを見直し、お茶を酒代わりに、みんなの協力に感謝すれば、必然と士気向上に効果があり、さらに密接な一致団結を促進できる。思い通りにならなかったことに遭遇しても、機会に乗じて反省し改善して、互いに激励し、互いに励まし、それから互いにさよならを言えば、翌日からはさらに真新しい様子を呈するに違いない。

　業務終了後、急いで帰ってしまわずに、わずかな時間を利用して自己激励するのは、慌てて立ち去り、次の日に上司に怒鳴りつけられるのを待つよりはましである。

　欧米人の方々は、基本的人権が守られ、個人が独立して発展することができ、人と人が互いに尊重し、衣食がこと足り、その上に余暇や娯楽の自由があれば、非常に満足を感じ、安心して生活を享受できると考える。

　中国人はどうだろうか？　基本的人権は何をするものぞ。古から、我々はすでに最大限の自由を有していた。反乱を起こしてはいけない、期日通りに穀物を納税しなければならない以外に、全く天が高く皇帝は遠いように、行政が高々と上にあり力が及ばないので、誰も管理する人がいない。事実上、管理のしようもないのである。歴史が証明するように、自由、民主、人権の闘争は全て、端を西洋

に発しており、中国人のこれらの方面での要求は、実際ではあまり大きくないことを示している。

　自由を例に取ると、西洋人は「自由がないのなら、いっそ死んだ方がましだ」と提唱し、独裁政治は非常に恐ろしいものだと考える。しかし、中国人に対して言えば、自由と独裁はもちろん異なるものであるが、西洋人のように強烈な対照ではなく、そんなに大きな区別がないようである。自由は人に公然と他人を批判することができるようにさせても、独裁はみんなが家のドアを閉め、部屋の中に隠れて、密かに罵ることを禁止することはできない。ある人たちは、今日の民主主義時代は、言論自由で、どんなことでも主張できると言っているが、まさか専制、独裁はみんなの言論を抑えつけることができると言うのだろうか？　死を恐れるか恐れないかはさて置き、堪忍袋の緒が切れたら堪え切れずにこっそり言ってしまうではないだろうか？　そうでなければ、どうしてみんながそんなに「壁に耳あり」を恐れ、その上それらの密告する人を最も恨むのだろうか？　我々の太極思想は、その実「陰の中に陽があり、陽の中に陰があり」、すなわち「民主の中に独裁があり、独裁の中に民主があり」ということである。合理的な行動は、すなわち「コントロールしなければならない部分は、独裁。コントロールする必要がない部分は、民主」である。独裁の汚名を避けることができるだけでなく、コントロールしたい、あるいはコントロールしなければならない部分を、民主によって妨害されないようにすることができる。当然、さらに劣った手段に、「コントロールできるときは、独裁。コントロールできないときは、民主」とすることもできる。世の中のことは元々、「形勢は人よりも強い」のであり、大勢はこの通りなら、この通りにせざるを得ないのである。

　自己激励以外に、他人からの激励も必要である。中国人の仕掛けは、最も便利で有効であると言ってよいだろう。それはすなわち上司の顔色の変化である。いかなる金銭も物質も費やすことなく、激励の目的を達成することができる。

　上司の顔色が悪ければ、部下は自発的に調整する。世界中において、まだこのような激励よりも、もっと便利な方法があるのだろうか？　このようなやり方は、官僚的すぎて、もう時代に合わなくなっていると批判する人もいる。彼らは、「どんなに顔色が悪くても、いかなる効果も生じさせることができない人たちがいる」ことをどうして少し考えないだろうか。顔色の変化で暗示し、部下に自ら反省し、その上リアルタイムに合理的に対応するように促進させることは、おそらくは誰にでもできることではない。このような明言しない激励は、いつでも何処でも使用することができ、そして関係者のみが気づき、関係のない人を騒がせ

ることはない。簡単、便利で、安全にして有効ではないだろうか？　部下も、上司が明言するのに都合が悪いときに、他の人を騒がせることなく、自分を居たたまれなくさせることのないようにできるのだから、実は上司の顔色を見て自分を奮い立たすように、自己激励する価値は十分にある。

　明白に意思表示することを、暗示することで代えるのは、実際では一種の尊重、一種の寛容を示したものであり、双方ともにメリットがある。一切は言わずもがなの中に尽きる。もしある程度の暗黙の了解がなければ、実に簡単にできることではない。

　感情の起伏は、いつでも変化がある。持続的に「私がしたい」という意欲ある、高度な競争力を保ち続けるためには、いつでも何処でも激励の処置をきちんと実施することができなければならない。人に頼むよりも自分に頼んだ方が確実なので、自己激励は最も有効だということになる。しかし、自己激励に欠ける人は非常に多い。そのため、顔色で暗示したり、声なき激励を採ることになる。その方がもっとみんなの面子に配慮することができるので、さらには常用の方式として定着する。

　顔色の暗示は、明言してはいけない。さもなければ、効果や作用を失ってしまう。責任者の顔色が悪く、部下はもし明白に「現状に不満があるのではないでしょうか？」と指示を仰いでも、責任者はなお否認すべきである。口では、「歯が痛い」、あるいは「体調が良くない」などと言い訳するが、顔色は引き続き悪いように保っておく。部下はそれでも理解できなければ、責任者は腹心を通して、部下にすぐに自発的に調整して、要らぬ詮索に時間を浪費してはいけないのを告げることができる。

　明言しなければ、互いに面子があり、それからの付き合いはより打ち解けるものになる。一旦明言してしまうと、相手の顔をつぶしてしまう可能性が出てきて、互いに心の中にわだかまりを残し、大事なときになって、裏切りの心が自然とわき起こる可能性が高く、大きな災いを招くかもしれない。

　いつでも何処でも行う自己激励に、いつでも何処でも互いに明言しない相互激励を加え、合理的に運用すれば、恒久的な感情の安定を保つことができる。生産力と競争力を高めることに、非常に役に立つに違いない。

第二節　先に忠誠を求め、次に能力を求める

　中国式の激励は、いつでもどこでも異なる方式で進行している。その主要な目

的は、忠誠で信頼できる人を見つけることにある。そして、その人により多く気にかけ、より多く気を配り、信頼できるグループを築き上げようとするためである。

「人を用いる基準は何ですか？」と上級階層の方に聞けば、通常の解答は全て、「何もないよ。やる気があればいいよ」。ちょっと聞いたところ、あたかも中国人責任者が人を用いるとき、部下がやる気があるかどうかを第一に重視するかのように聞こえるが、実は全くその通りではない。

「やる気」という言葉には、「やれる能力がある」ことを内に含んでいる。やれる能力がない人は、やる気があればあるほど、みんなが困ってしまう。なぜなら、彼が手伝えば手伝うほど、みんなが忙しくなるからである。多くの人が彼の代わりに後始末をさせられ、多くの人力を浪費し、多くの時間を無駄にしてしまう。

中国人は最も、「やれる能力がないのに、やれる能力があるようなふりをする」ことを恐れ、よくみんなに「自分の重さ、能力を量ってみる」べき、「役職にいるだけで何もしない」ことのないように希望を託す。万一本当にやれる能力もないのに役職についた場合でも、我々はまた彼に「少なく行い、少なく口を出す」ことを切に希望する。そうすることでより多くの困惑を作り出さないようにする。

中国式管理は、西洋式管理と同じく、ともに「能力」を重視している。ただ「能力本位」を主張しないだけであることが見て取れる。

「人を用いる基準はやる気であるならば、それでは忠誠や、信頼できることはいかがでしょうか？」とさらに踏みこんで、上級階層の方に教えを請う。解答は、中国人の「明言しない」意思疎通の精神を十分に表している。「それは言う必要はあろうか？ それは言うまでもないだろう」。

中国人は往々にして、「最も大事なことは心の中に収め」、「心の中で事情をはっきり飲み込んでいる」と言う。口では、重要でないことだけを言い、甚だしきは無駄話をする。言うまでもない「忠誠」は、言い出した「やる気」よりも実際では遥かに重要である。中国人のこういった心理を理解しない人は、どうして口頭による「訪問」、書面による「アンケート」などの方式を通して、中国人の本当の考えを聞き出し、調査分析し、説明できるだろうか？ 上級階層の人はわざと聞こえがよいように言っているわけではなく、民族性がそうさせるのである。

儒教は最も重んじるのは、「誠」という一文字である。部下の動機と信仰は、責任者に対して言えば、当然彼の行動よりも、もっと重要な意味を持つのである。中国人責任者は簡単に部下を信用することはできないが、また信用しないわけにも行かない。そのため、大半は「半信半疑」の態度で部下に試練を与え、およそ

試練に耐えられる者だけをやっと信用し、さもなければ信用しようとしない。試練の重点は、「動機は純粋であるかどうか」と、「信仰はしっかりしているかどうか」に置く。両者に一つでも欠けば、大方は責任者の試練に耐えられないので、責任者がその人を信用しないことをとがめるわけには行かない。

誠実かどうかは、忠実かどうかから考察した方が最もやり易いようである。そこで、忠誠という二文字は信頼できることの前提条件となる。責任者は部下の忠誠の程度から、あらかじめ先に彼が信頼できるかどうかを測ることができ、一つの手軽で有効な道筋であるように見える。西洋人は忠誠と言うとき、「仕事」に対して言っているが、中国人は忠誠と言うとき、「人」に対して言っている比重は、「仕事」に対するよりも遥かに大きい。人は、「いかなる人にも忠誠を尽くさず、仕事にのみ忠誠を尽くす」と公に言明するとしたら、いつでも仕事の必要性のために、全ての人を裏切ることができると公然に宣言したに等しい。

忠誠とやれる能力があることの組み合わせは、四種類ある。「忠誠にして能力がある」、「忠誠だけで能力がない」、「忠誠でないが能力がある」、及び「忠誠でなく能力もない」（図41）に分けることができる。

忠誠にして能力がある	忠誠だけで能力がない
忠誠でないが能力がある	忠誠でなく能力もない

図41 忠誠でやれる能力の四つの組み合わせ

「忠誠」は「徳」に属して、「能力」は「才」に属するため、我々は「有徳有才」、「有徳無才」、「無徳有才」、及び「無徳無才」と略称する。中国式管理は、「有徳有才」を第一級の人材、「有徳無才」を第二級の人材、「無徳無才」を第三級の人材、そして「無徳有才」を第四級の人材とする（図42）。「徳が根本であり、才は枝葉である」基準に立って、有徳（忠誠で信頼できる）者を第一級、第二級に挙げ、無徳（忠誠でない、信頼できない）者を第三級、第四級に挙げる。同じく徳があるならば、当然才がある（やれる能力があり、やる気がある）人を重用し、もし同じく徳がないならば、それでは才がない（やれる能力がない、やる気がない）人を登用する。厄介ごとを引き起

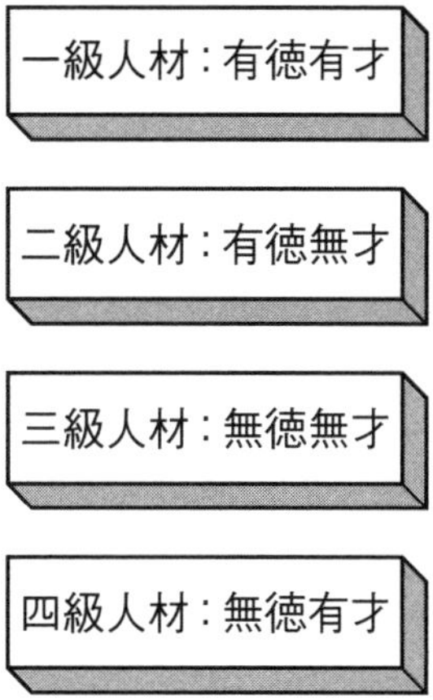

一級人材：有徳有才

二級人材：有徳無才

三級人材：無徳無才

四級人材：無徳有才

図42 四種類の異なる等級の人材

こしたり、災いを招いたりすることがないので、安心できる。

　中国社会では、「無才」な人が高い地位にあり、重責を担うことをよく見かける。注意深く見分けると、その中には「有徳」な人もいれば、「無徳」な人もいる。徳がある人は、その忠誠で信頼できることを取り、能力はないけれども、やれる能力がある部下を見つければ、それでも補うことができる。徳がない人は、そのやれる能力がなく、やる気がないところを取り、悪事がしたくとも実力がないので、心配したり気を使う必要がない。

　能力がある人は、よく様々な攻撃、抑圧を受ける。主な原因は、上の人があまり安心できないからである。しばらく経つ度に、どうしても人に探りを入れさせなければならない。彼が本分を守っているかどうか、良くない企みはないかどうか？　中国社会で、能力がある人は、容易には出世できないのは、「潜んでいる龍は用いるなかれ」（腕を揮える立場になるまでは、まずはしばらく隠れているべき）の素養が足りず、周りの状況をはっきりさせないうちに、軽々しく行動し、軽率に自分の能力を現してしまうためである。一旦疑惑を引き起こせば、簡単には「非主流」の色合いを払拭できず、ついには追い詰められて、やむを得ずに反抗してしまい、主流と敵対してしまう。幸運な者は「帰順の勧誘」に出会うが、不運な者は乱世を言い訳に、見えつ隠れつ、「自らの安心」を求めざるを得ない。

　中国人は昔からずっと、初めて世間に出る若い人は「多く見、多く聞き、少なく話す」べきだと主張してきたのは、能力がある人に、あまり書物に載っている理論を信じすぎてはいけないことを期待してのことである。本当に「書物を読めば立身出世することができ、素晴らしい女性との出会いが得られる」のだと思い込み、社会の特殊性を見落とし、そのため「口を開くとすぐに犠牲者になってしまう」結果となり、それから放逐される生活を過ごし、やりきれないほどに苦悩してしまうことになる。

　孔子曰く、「人知らずして慍らず、亦君子ならずや！」。すなわち「有名になることを好み、平凡な人になりたくない人が、少し能力があると、すぐに表に出したがる」という人間性の弱点に対するものであり、若い人に才気があっても軽率にひけらかすことをしてはいけないことを戒め導いている。気をつけないで権勢がある人に恨みを買い、不遇の身となり、障害が幾重にも重ねられてしまうことのないようにする。そのときになって天を怨み、人をとがめても、無駄だろう！

　能力がある人は、「君子は器を身に隠し、時を待ってから行動する」ようにしなければならない。能力があることは非常に得難いことであり、軽率に表に出してはいけない。自分を殺してしまわないようにしなければならない。器が身にあ

っても、時機を待ってから動かなければならない。それはすなわち、先に上司が忠誠で信頼できると感じるようにさせてから、時機を見て頭角を現すことである。そうすれば自ずととんとん拍子に出世し、人生の道が順調になるはずである。

ここまで言うと、誤解を生じる人も出てくるかもしれない。能力を示す前に、上司に迎合し、上司の機嫌を取り、お利口さんになることに長けていなければならないと思い込んでしまう。これらはちょうど不忠誠、信頼できない印であるとも知らずにいる。どんなことがあっても、このような間違った見解のために、自分の素晴らしい前途を無駄にしてはいけない。いたずらに悔いを増やすことのないようにしなければならない。

忠誠で信頼できることの堅固な基礎は、「完全には上司の指示に服従しない」ことにあり、すなわち孟子がかつて言った「君に仕える義は、順い要らざることなり」ということである。孟子は部下の人格を論じ、四級に分け、専ら上司の機嫌取りをたくらむ部下を最下級とした。上司に過失があると考えても、諫めて阻止しようとしないのは、まだ小さな罪である。故意にねらって、上司が未だある種の過失を犯していないのに、本意を曲げて迎合し、多くの機嫌取りのやり方を考え出し、上司に過ちを犯させるならば、それでは罪は一層極悪になる。

順い要らざることの意味は、「従わないようにしなければならない」ことではない。わざと上司の指令に従わなければ、反逆に等しくなり、当然不忠誠で信頼できない。順い要らざることの主旨は、「服従を主要な態度としてはいけない」ことにある。服従を第一とするあまり、従うべきことも従うべきでないことも判別せずに、盲目的に服従してしまうことのないようにする。

忠誠で信頼できることは個人に対して言えば、一種の「信用度」であり、自分の行動や態度を頼りに、少しずつ積み重ねていかなければならない。順い要らざることは、適切に自分と上司の異なる意見をこだわり守り、合理的なこだわりの中から自分の信用度を築き上げることである。完全に服従することは、全く無責任であり、当然信頼できない。盲目的にこだわり守ると、頑固で独りよがりになり易く、不忠誠である。だから、順い要らざることが最も合理的である。

第三節 徐々に安、和、楽、利の段階を引き上げる

忠誠で信頼できる、能力がある人を結集しても、さらに進んで安、和、楽、利でみんなを激励する必要がある。利から楽へ、さらには和と安のレベルまで高める。

第一章の第三節で言った通り、人生の最高目標は安心を手に入れることにあり、

管理の最高目的も人を安心させることにある。それらのことは安、和、楽、利の段階性が、利を基礎に置き、安を最上段階に置くことの必要性を、説明するのに十分である。

《論語》の中の里仁篇に、「君子は義に諭し、小人は利に諭す」という言葉がある。意味は素養が良好な人は、道義道理を追求することを好み、素養が劣る人は、利益を追求することを好む。思いがけず後世の儒学者が、気がつかずうっかり二分化を加えてしまい、「義利のわきまえ」に解釈されてしまった。まるで管理は道義道理を論じることしかできず、利益を言ってはいけないようになってしまった。そのため、管理者も後について、口で言うことと腹の中で思っていることが裏腹で、利益を重視しないなどと言う始末となってしまった。

その通り、孔子は人がただひたすらに利益のみを追求するならば、必然と多くの怨恨を招いてしまう（利に放りて行えば、怨み多し）と考えている。しかし、彼はまた包み隠すことなく明言することに、政府は民衆の期待に応え利益を与えることは、一種の美徳である（民の利する所に因ってこれを利す、これまた恵んで費さざるにあらずや）。

孔子が反対しているのは、「義に合わない利」だけであることが見て取れる。「義に合う利」に対しては、彼は反対しないばかりでなく、逆に奨励している。前者の代表は、「不義にして富みかつ貴きは、我において浮雲の如し」（不義にして、富み偉くなることは、私には浮き雲のようなどうでもよいものだ）、後者の発言は、「富求めべくものなれば、執鞭の士といえども我またこれをなさん」（富は求めてよい正当なものであるならば、私は大名行列の露払いのような鞭を振う賎しい仕事にも就こう）である。

中国式管理は、利益を論じることを恐れる必要はない。また完全に功利主義を排除する必要もない。「暴利」、「邪利」のような義に合わない利益でさえなければ、道義道理にかなう「合理的な利益」と「正当な利益」でさえあれば、当然公に表明し、全力で追求しても、良心に恥じるところなくいることができる。

「義に合う利」は言ってみると、かなり抽象で、具体的ではなく、簡単には理解できない。我々はよく言っている「安和楽利」は、逆にかなりはっきりしており、明らかである。義に合う利を十分に具体的に描写しており、検証し易く、評価し易くしている。

まず、管理が追求している利益は、程度の高さによって、小利と大利に分けることができる。価値の判断から、邪利と正利に称することができる。その維持する期間の長さから、近利と遠利に分けることができる。そして得るものの大きさ

に従って、また暴利と適利（獲得すべき合理的な利益）に分けることができる（図43）。目標が公明正大な団体であれば、その組織目標は、自ずと大利、正利、遠利と適利を規範とすべきである。小利をむさぼるために大利を妨げ、邪利

小利	邪利	近利	暴利
大利	正利	遠利	適利

図43 利益の種類

を追求するために悪いことをして法律に触れ、目の前の近利にかまうために長期的な利益を犠牲にし、つけ入る隙があるからと言って暴利をあさるべきではない。

次に、大利、正利、遠利と適利を探すとき、必ずあらかじめ、獲得後は愉快をもたらす可能性、あるいはみんなに不愉快をもたらす可能性を考慮しなければならない。みんなが「楽しいか楽しくないか」は、追求しようとする利益を決めた後、次に事前に考えておかなければならない課題である（図44）。

みんなに楽しい「利」をもたらすことができるなら、当然獲得することができる。みんなに楽しい「利」をもたらすことができないなら、当然獲得することができない。しかし問題は「みんな」に含まれる意味には、広いと狭いがある。往々にして、少数の人が楽しく、多数の人が楽しくない。この少数の人に対して言えば、彼らにとって自分たちは依然として「みんな」である。なぜなら、彼らは心の中で、すでに大勢いる他のメンバーの存在をすっかり忘れてしまっているからである。

図44 第二段階

このような「独楽」、「寡楽」にして、「衆楽」ではない過ちを避けるため、再度思考のレベルを引き上げ、「和」の問題を考えなければならない。調和できるかどうかは、独楽、寡楽と衆楽を判断する最も良い指標である。なぜなら、独楽と寡楽はついには不和を引き起こし、ただ衆楽だけが調和を獲得できるからである。当然衆楽は「みんな右ならえの偽平等」を表しているわけではなく、「立脚できる平等」を非の打ちどころがないほどにまで完璧に追求することである。「利益が少ないことを心配せずに、利益の分配が均等でないことを心配する」憎しみの嘆きと抱かれる恨みが生じ、みんなを調和できなくなることのないようにすべきである（図45）。この均等というのも真の平等に対して主張しているものである。

図45 第三段階

調和は無原則的な妥協主義のわなに陥り易い。みんな多かれ少なかれ利益を分けてもらい、とても楽しそうに見える。一体真の調和か、それとも変形した無原則的な妥協主義なのか？第四段階に引き上げ、「安」で評価しなければならない。安心できる「和」こそは、真の調和である。安心できない「和」は、恐るべき無原則的な妥協主義である。みんなが旧習悪弊を引き継ぎ、消極的でいい加減にごまかし、向上を求めなくなるように麻痺させ、当然安心できない結果を生じてしまう（図46）。

いかなる利潤、あるいは利益も、一段階ずつに上に向かって問い質していき、楽しさを創り出すことができるだろうか？　調和を生じさせることができるだろうか？　安心をもたらすことができるだろうか？　もし解答が全て肯定的なものであれば、自然と道義道理にかなうので、獲得してもよい。もし解答の中に、否定的なものがあれば、早急に深く追求した方がよい。問題はどこから出ているだろうか？　すぐに調整し、救済してこそ、「己を磨き、人を安心させる」要求にかない、「人を安心させる」という最終目標を達成することができる。

安 ↑ 和 ↑ 楽 ↑ 利

図46 第四段階

資本主義と民生主義の最大の違いは、前者の思考レベルは、後者のように立派で遠大ではないことである。我々は「利」で経済レベルを表し、企業は利潤を追求することは、経済責任を果たしたに過ぎない。「楽」で社会レベルを表し、企業は社会責任をよく尽くすことは、利潤を稼ぎ出す以外に、なお社会大衆が喜んでその製品やサービスを購入し、利用することができるようにさせ、そして消費者の権利、利益を重視し、社会問題を作り出さないことを意味する。「和」で政治レベルを表し、企業は社会調和の効果をもたらすことができ、同業種、異業種を問わず、仲良く商売をし、悪質な競争あるいは市場独占をせず、方々でいざこざを起こし環境問題、公害問題を引き起こさないことは、よく政治責任を尽くすことである。資本主義の思考レベルは、ここで止まり、さらには上に高めようとしていない。民生主義は、利、楽、和の後に、必ず上へ伸び、安の境地にまで到達する。我々は「安」で文化レベルを表し、企業は一方では内に対して安心を追求し、同僚が落ち着いて生活し楽しく働く傍ら、安定と進歩を同等に重視するようにさせる。進歩のために安定を妨げたり、安定のために徐々に腐敗し不安を招いたりすることのないようにする。もう一方では、外に対して安心を追求し、自分が安心できることから、みんなが安心できることにまで推し広める。このよう

な企業家は、みんなに「金権」と非難されないだけでなく、「金牛」と誤解されることもない。前者は、政界と結託することを、後者は金銭を政治的地位と交換することを一般的に指す。内外ともに安心できてこそ、文化責任をよく尽くしたことになる（図47）。

中国人は「修身、斉家、治国、平天下」と主張し、外国に対して軍事的侵略、外交的侵略、経済的侵略あるいは政治的侵略を行わないだけでなく、「四海の内（全世界）、皆兄弟なり」の度量で、天下の人民を安心させなければならない。ただ、「安」を管理の最終目標としてこそ、中華文化の要求にかなうのである。中国式管理は「安」、「和」、「楽」、「利」を参考基準としなければならない。そうしてこそ文化責任をよく尽くすことができるのである。言葉を変えると、安和楽利を確実に達成できてこそ、純粋で正真正銘な中国式管理である。

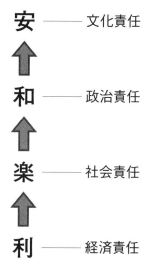

図47 異なる段階は異なる責任を表す

管理者は、この要求を達成したかどうかを、「みんなの心の中で生きているかどうか」ということからチェックすることができる。「自分のために生きる」ことは「個人主義」であり、我を押し通し、自ら他人の主張を拒絶することであり、せいぜい「協調精神に欠ける独りよがり」に過ぎない。「他人のために生きる」ことは「集団主義」であり、我を押し殺し、他人のために自分の考え方を拒絶することであり、実に自分に窮屈な思いにさせてしまう。中国人は、「ともに配慮する」ことに長け、「全方位」思考ができる以上、当然一方では自分のために生き、もう一方では他人のために生き、「集団の中で個人を完成させる」という偉大な道を歩み出し、自分にも偏らず、他人にも偏らない。人は独自のスタイルを持つべきであるが、他人の心の中において生きるべきである。己が安心になり、人もまた安心になる。個人的な自由を持つ上に、団体の需要にも協力することができる。このような理想は、「安和楽利」の具体的な効果だと言える。中国人は「根本を忘れない」と主張するので、管理者は自分の文化的な「根」をしっかり把握しなければならない。ゆえに、「文化責任」をよく尽くしたかどうか、「従業員の心の中に生きている」かどうか、「安和楽利」を確実に達成したかどうかを、冷静に反省しなければならない。

第四節 従業員の安心から顧客の安心へ

　激励の真の効果は、顧客を安心させることである。顧客は安心することができれば、自然と我々の製品を愛用し、常々会社の製品を褒め称えることを忘れず、口込みによる良好な評判を形成する。会社に対してとても大きな助けと利益をもたらすことができる。

　顧客が安心できるかどうかは、顧客の満足度によって決まる。満足度が高ければ高いほど、自ずとますます安心することができるようになる。

　顧客の満足度は、従業員の満足度に由来している。従業員は満足すればするほど、より仕事に努め、顧客に素晴らしいサービスを提供するようになる。顧客もそれに反応して非常に満足になる。

　ここから分かるように、顧客を安心させるには、必ず先に従業員を安心させなければならない。

　「変化が多様化」、「日進月歩」の変動時代に直面して、事業を経営するには、環境の変化に対応する方策を持たなければならない。その方策で、有利な条件を作り出し、有効に期待目標を達成させる。

　方策というのは、すなわち「目標達成のために採る行動の筋道」である。中国式管理の経営方策は、古より「安内攘外」であり、一方では内に対して政治を安定させ、一方では外に対して異民族を退ける。内と外をともに配慮してこそ、富国強兵ができる。今日の言葉で言えば、「内に従業員を安心させ、外に顧客を安心させる」と呼ぶことができる。いかに内と外をともに安心させるかが、主な経営方策となる。

　外に対して、「顧客第一」を最高の指導原則とする。全ての処置は、「顧客を安心させる」というテスト基準を必ずクリアし、是非とも顧客が満足することを求める。

　内に対して、「従業員第一」を最高の考慮基準とする。一切の行為は、「従業員を安心させる」ことを基準としないものはなく、努めて従業員が満足し、会社を家のように思うことを求める。

　もし内と外が衝突して、一体誰が第一なのかと問い質されると、このときは「ともに配慮し、ともに重視する」ことをバランスの尺度とし、「顧客至上、従業員第一」を打ち出せば、必ずや内と外ともに、みんな大喜びできる結果になると思う。

　広義的な顧客は、範囲を取引先、各行政機関、消費者代表、報道業界、社会的

リーダー、及び一般大衆にまで拡大しなければならない。そうしてこそ、全面的に配慮することができ、一方に気を取られて他方をおろそかにすることがない。顧客を安心させる方策は、主に以下に挙げる十大項目がある。

　1.合理的に社会責任を引き受ける。精神的と物質的の両方を含む。
　2.有効な管理を実施し、各業界の業界人の自分たちに対する自信を増強促進させる。
　3.明確な社会目標を定め、組織メンバーの努力方向とする。
　4.優良な組織イメージを示し、各業界の信頼を獲得する。
　5.社会に対するプラスの影響を拡大させ、各業界の歓迎を勝ち取る。
　6.誠実な模範を提供し、誠意を持って消費者大衆と向き合う。
　7.あらかじめ未来の変革イメージを提示し、大衆が時代の流れに対して対応ができるようにする。
　8.有限な資源を有効に利用し、付加価値を高める。
　9.地域の正常な発展を促進し、合理的に利益を所在地域に還元する。
　10.郷土文化を発揮、盛んにさせ、大衆が中華文化を誉れとするようにさせる。
　この十大項目を全て合わせると、すなわち「公明正大」である。公明正大な経営方策で、人に疑いを抱かせない大前提の下、様々な経営活動を進行させることは、みんなの心の中の「良い事をする」ことであり、当然あまねく歓迎を受け、顧客、各行政機関、消費者代表、報道業界、社会的リーダー、及び社会大衆の不安を引き起こすことがない。

　広義的な従業員は、同じく範囲を出資者、従業員、供給メーカー、及び販売員に至るまで拡大すべきである。立場はそれぞれに異なるが、互いに深い利害関係がある。みんな本当の友情と支持を獲得し、自分の地位を強化し、そして関連業務の有効実施を促進したいと望んでいる。だから、以下に記述する十大項目を達成すべきである。

　1.合理的な管理制度を打ち立てる。人と人、仕事と仕事、及び人と仕事の間の規範を確立し、適切な人に合理的な仕事を処理させる。
　2.人間性に沿った人間的な管理を採用する。「情、理、法」の構造に従って、先に情から理に入り、やむを得ずになってからがらりと態度を変え、法に従って処理する。
　3.忠誠的な奉仕で、組織の信用と評判を高める。組織メンバーが「この組織は苦楽を共にし、困難を同じくすることができ、名誉は分かち合い、責任は分担し、共存共栄、互いに助け合い、互いに利益をもたらす利益共同体である」と思える

ようにさせる。

4.平和的な態度で、争うことを譲ることで代える。礼儀を尽くして譲ることを先とし、合理的に自分のものだけは人に譲らずに守る。譲り譲られることで、最も合理的な人に譲り、彼が合理的な仕事を処理できることを期待する。悪質な競争を避け、手段を選ばない悪い雰囲気をもたらさないようにする。

5.互いの安心を保つことで、みんなの幸せを増強促進させる。事の是非を明らかにわきまえるが、さらに一歩進んで一人ひとりの面子にも配慮する。公平を追求するが、同時に喜んで合理的な不公平をも受け入れる。互いに干渉せずいざこざを起こさずに、日に日に親密になり、互いに助け合う方向に向かう。温かくて仲むつまじい組織であってこそ、安心の中で幸せを獲得することができる。

6.適切な行動で、自分の好意を表現する。すなわち動機は良いものであっても、なお表現方法が合理的かどうかを気にしなければならないということである。採用した方法は適切でなければ、「合理的でない好意」をもたらしてしまう。極力避けなければならない。

7.合理的な意思疎通で、有効なリードを達成する。「思考の合流」及び「共通の理解」という状況の下、共通認識を打ち立てる。組織メンバーが共に智恵を出し合い、共に力を合わせ、自発的に予定していた目標に向かって、積極的に突き進むことを期待する。

8.個人の最低限の義務をよく尽くす。一つ目は、自分のことは自分の力でやらなければならない。自分のやるべき職責の仕事をきちんと処理する。二つ目は、用心し警戒しなければならない。安心を傷つけるような行動も、安心を傷つけるような話もしない。三つ目は、自分の言動を抑制すべきである。組織の正常な運営と発展を妨げないようにする。四つ目は、常に反省すべきである。過失があればすぐに是正し、同時に繰り返し同じ過失を発生させないように頑なに守る。五つ目は、自分の欲望を正しい道に導くべきである。欲望に任せて誤った邪道に踏み入らせない。六つ目は、努めて自分の知識と技能を充実させるべきである。常に充電し、自我を高めることを求める。

9.民主的参加の原則で、全体の意見に基づいて決定を下す。このような「団体決定」こそが、衆智を集めて智とし、集団の力を合わせて力とし、同僚の責任感、一体感、参加感を高めることができる。

10.壮士が腕を断つきっぱりとした決断力を持ち、「群れを害する馬」のごとく集団に害を及ぼす人々に対して、もし度々勧告しても効果がなく、組織と歩み寄ることを拒絶するならば、組織は強硬な手段をふるい、その人が屈服するように

強制すべきである。もしそれでも効果がなければ、さらに一歩進んで潔くきっぱりと、痛みをこらえてその人を団体から追放しなければならない。

　以上の十大項目を総合すると、「誠実平和」という言葉を用いてまとめることができる。仲を傷つけない大原則の下、是非を明らかにわきまえてこそ、「和をもって貴しとなす」力を余すところなく発揮できる。

　外に対しては「良い事をする」、内に対しては「和をもって貴しとなす」。このことは内と外をともに配慮することができる中心的な経営戦略となる。このような戦略に従って、まずは組織体系の改革を行わなければならない。新規設立、買収、合併、廃止等々を含めて、この中心的な経営戦略に協力して、徹底的に立場と観点を変え、面目を一新する。

　組織を調整した後、それぞれ「事業」、「実力」と「成果」の三つの方面から改造しなければならない。「事業」は組織の命であり、すなわち顧客が満足できる製品、あるいはサービスを提供することである。「実力」は組織の力であり、人員そのものと人員によって凝集された組織力が含まれる。「成果」は組織の血液であり、組織体が補給を得て、絶えずに営みを継続できるようにさせる。

　命があっても、力を持つことが必要であり、そうしてこそ必要とされる活動に従事することができる。活動できても、絶えず持続的に栄養補給することが必要であり、そうしてこそ永続的に運営することができる。この三方面は、一つのまとまった循環システムを構成し、相互影響の下、絶えず互いに連動し、変化を生じさせる。変化が適切であれば、進化であり、変化が適切でなければ、退化となる。

　互いに連動する方策は、「一方では過去のやり方を調整する、一方では未来の変化に適応する」ことをおいて他にないだろう。そうすることで、合理的に変わろうとする。これらの実施される様々な変更は、一方ではチャンスをもたらし、もう一方ではリスクをもたらすことが免れない。経営方策を実施に移そうとしたとき、あらかじめ考慮しなければならない。どのように変化すれば、時機にぴったり合うのだろうか？　いつごろ変化した方が、チャンスをつかむことができるのだろうか？　変化に直面したとき、どんな態度を採れば、抵抗を減少させ、助力を増加させることができるのだろうか？　それによって、現状を理解し、詳細に分析すること、その上で未来を予測し、起こり得る変化を把握すること、十分に意思疎通して、密接に協力していこうとすることが、経営方策を有効に実施する又とない道筋となる。

第五節 みんなが「ともに配慮する」ことを重視するように激励すべきである

　激励の最もはっきりとした具体的な形は、現実世界の昇進を置いてほかないだろう。

　昇進することと、お金持ちになることは、中国人の心の中で、永遠に一卵性双生児であり、一つにつながっている。

　「昇進、おめでとうございます！」は、公然とした表沙汰の話である。「これでお金持ちになれる！」というのは、明言しない裏沙汰の話である。それはみんな腹の底でよく知っている。

　個人的な立場で言えば、昇進すべきかどうか？ すでに「能力の限界」に到達したかどうか？ 「再生できる」潜在的な能力はあるかどうか？ もとより上司が判断するところであるが、昇進の機会を獲得したいと渇望するのは、まさしく自分の純粋な心理的欲求である。往々にして、あなたが昇進すべきでないと見ても、私はそれがあなたの主観的な見方で、不公平だと考える。私の能力はすでに限界まで達しこれ以上昇進できない、さらに昇進しても対応する能力がなく、仕事をうまく処理できないに決まっていると考えても、私はそうだとは思わない。試したこともないのだから、誰に決められると言うのだろうか？ 私に機会を与えてくれれば、当然きちんと良く振る舞う。再生できる潜在的な能力だって、「潜在」と称する以上、誰にも見えるわけがないし、いわんや「先に潜り、後に能力を表す」ことは中国人の最も長けている技量の一つであり、そのときになって隠れた能力を示し、人を驚かせてこそ、本当に潜在能力を持っているということである。

　中国人の昇進に対する態度は、おおよそ次の通りである。私は強要することはないが、私に与えるべきものは、積極的に取り譲らないかもしれない。私はお願いしに行くことはないが、あなたは自分で私を思い出してほしい。私は断ることはできるが、上司は私を候補として考慮しなくてはいけない、さもなければとても面子がない。私は必ずしも昇進しなければならないわけではないが、面子は顧みないわけには行かない。私は人に譲ることは意に介さないが、少なくとも少しは私を尊重しなくてはいけない。これらの基本的な行動でさえ跡形もないのであれば、それでは人をばかにするにもほどがあるではないか、あまりにも私を見下げすぎている。

　昇進は「思い描く」ことができるものである。現代人は夢見ることを好む。そ

の内容は「お金持ちになる」ことを第一として優先する。そのすぐ次に「昇進」が位置するようである。なぜなら、歴史の記載及び現実の現象は全て、みんなに「官職に久しくあれば、自ずと富む」ことを告げているからである。いつもは「清廉」、「清貧」と叫んでいても、一旦財産を申告するとなると、なんだ出所不明な家屋は何棟もあるではないか？「昇進も一種の富をもたらす道である」ことを人に思わせ、いつも喜んで夢見てしまう。

「思い描い」た後、もし「念願成就」を期待するなら、以下に三つの奥義があり、有効な道筋である。

第一、自分の職責の仕事をうまく処理する以外に、なお時間を見つけて上司の代わりに憂いと苦労を分担しなければならない。人が、自分の職責の仕事をうまく処理するのが精一杯で、上司を訪ねたり、彼を相手におしゃべりをしたり、彼の代わりに憂いと苦労を分担するような、余分な時間が全くない。上司はこのような状況を目の当たりにしては、心の中はすでに事情をよく飲み込んでいる。「この人は、現在の職務に精も根も疲れ果てさせられているようだ。もうこれ以上、彼を昇進させることは考えてはいけない」。

人はもし本来の仕事をうまく処理していないのに、一日中上司のそばに割り込んで、上司を相手におしゃべりをし、よく上司に「何か私に手伝ってほしいことはないでしょうか？」と聞くならば、みんなは必ず彼を「ごますり」だと罵るに違いない。上司もおかしく感じ、「仕事もしないで、ずっとここでうろうろして何をしているか？ 私はあなたに手伝いなどさせられるか、逆に邪魔にならないかと心配しないとでも言うのか？」と思う。

仕事もうまく処理できずに、それでも上司の代わりに憂いと苦労を分担しようとするのは、典型的な小人のやり口であり、君子に軽蔑される。

仕事はうまく処理できても、上司の代わりに憂いと苦労を分担することを知らないようでは、自ら昇進の大いなる道を閉ざすことであり、上司をとがめてはいけない、自分を反省しなければならない。

「ともに配慮する」ことを理解している人は、一方では自分の職責の仕事をうまく処理し、上司を「安心」から「能力を認める」へ至らせる。もう一方では、指示を仰ぐこと、報告すること、おしゃべりすることの機会を借りて、上司のために憂いと苦労を分担する。自分は余力があり仕事ができるだけでなく、上司に対しても忠誠で、気にかけていて、信頼して任せるのに値することを、暗に提示する。

上司は能力を認める上、加えてしばしば急場しのぎに様々な仕事を渡して処理

させており、徐々に信頼感を生じさせる。互いの関係はますます深くなり、一旦昇進の機会が出てくれば、自然と優先して考慮する。甚だしきは極力推薦する。

第二、上司の意図を理解することに長け、彼が正しい決断を達成できるように助ける。部下が何事も上司に指示を仰ぐことしか知らないようでは、上司はこの人は頭を働かせるのを好まないのでなければ、責任を負うことを恐れ、指示を仰ぐことで、責任を上司に押し付けようとしていると感じるだろう。そして指示を仰ぐときは、よく自分の無能さを露呈してしまうものである。なぜなら、やり方が分からない人だからこそ、至るところで質問が出るのである。これらのことから、よく指示を仰ぐ部下は、昇進を獲得する機会はあまり多くないことが見て取れる。

反対に、自分は非常に自信があり、口々に「自分が責任を取る」と言っている人は、実は最も上司に心配され恐れられる。まず、上司は「この人は眼中に人がなく、自分を買いかぶりすぎて、間違いを非常に起こし易い」と感じる。その次、「勝手に独断するのは、心の中に全く上司の存在がないことを示している。彼は私を見くびるからには、私はどうして彼に配慮する必要があるのだろうか？」。同時に「彼は自分で責任を取りたい？　本当にばかげた冗談だ！　彼は自分を鏡で見て見たらどうだ、彼にどんな責任が取れると言うのだ？　結局は私がばかを見るではないか？」と考える。能力がある人は、よく上司の信頼を失うのは、表面的に見ると、上司が「才能のある人に対してねたむ病」を患っているかのように見えるが、実際は部下自身が「功績は高く、主を脅かす」状況にあるのだから、当然身を滅ぼすしかない。

中国人の「ともに配慮する」智恵は、「自らは自信を持つが、上司の決裁権を尊重しなければならない」ことに現れている。私は自分で責任を取らなければならないが、事前に上司の許可も取らなければならない。

頭の中が空っぽのまま指示を仰ぎに走って行くことは、自分をからかっているごときことで、上司に見下げられる。考えがあると、勝手に独断することは、上司の決裁権力を軽視していることであり、勢い上司の不満と不安を引き起こしてしまうに違いない。頭を働かせ、良い考えを思いついた後は、腹案として持って指示を仰ぎに行く。先に自分の考えを言って、上司に思考の方向を提供し、上司に判断の材料を供給し、そして上司が保有している権力を尊重する。このとき、上司は少しも力がかからずに、楽々と正しい決断を下すことができる。彼は非常に面子があり、部下も執行し易くなり、みんなに大きな利点がある。このような人の昇進の機会は、当然大きくなる。

第三、自分が上司の前で良く振る舞う以外にも、部下に十分に発揮する機会を与えなければならない。一般に人はただ上司の前で良く振る舞うことだけに注力する。同時に空間を譲り渡して、自分の部下にも良く振る舞う機会を与えなければならないことを知らない。そこで、自分に対して部下は大きな不満を生じ、陰で「上面だけの技量」と皮肉り、もっぱら上にひけらかして見せるためのものでしかないと思われてしまう。まさか私たちは下から見上げて、すでに筒抜けだということを思いつきもしないと言うのだろうか？

しかし、自分の上司の目の前で、自分の部下に良く振る舞わせることは、自分を困らせることではないだろうか？　上司に一種の錯覚を持たせてしまい、自分の部下はもっと有能だと考えてしまわないだろうか？　いつかふと何かの思いつきで、部下を引き立てて私を取って代わったら、自分に何のご利益があるのだろうか？

その実、矛盾なように見えるこの二つの状況は、根本的には「ともに配慮する」ことができるものである。一方では、部下に良く振る舞うようにさせなければならない。彼に達成感を持たせてこそ、彼は喜んで持続して振る舞っていくことができる。もう一方では、自分が良く振る舞う機会を残しおく必要がある。上司に自分の能力を認めさせてこそ、さらに昇進する機会がある。

最も良い方式は、部下と暗黙の了解を打ち立て、「区別隔離」の原則を採ることである。上司はその場にいないとき、できるだけ部下に振る舞わせ、自分は補助、評価、激励の役を演じる。上司はその場にいるとき、自分が振る舞い、部下が自分に対する忠誠度と協力度を高め、全力で責任者の能力と迫力を証明することを期待する。これこそ、「長期間に渡って兵隊を養うのは、いざというときに使うためである」精神にかなうはず。平時は、時間が許す限り、できるだけ部下に振る舞わせ、仕事の中で部下の能力を増強促進させ、彼らの自信を強める。一旦緊急があれば、時間が許されなくなったら、困難や危険に勇敢に立ち向かい、自ら先頭を切ってリードし、有効な決定を下す。

以上の三つの奥義は、大切なことは「ともに配慮する」ことにある。上下の間の関係に配慮するだけでなく、左右（同僚）の間の運用にも配慮しなければならない。上下左右全てにおいて気を配れば、助力が多くなり抵抗が少なくなる。当然昇進は有望で、しかも実益も名誉も手に入れられる。

中国式管理の六字奥義

合理
- その後、合理的に処理する
- 事情や道理を判断する
- 法令の許可範囲内において

兼顧（ともに配慮する）
- 全ての面に配慮することを求める
- 二つを一つに合わせた方が良い
- 二つから一つ選んではいけない

両難
- どうすれば良いか分からない
- それでも良くない
- これは良くない

第六節 状況に合わせて対応することで皆が臨機応変するように激励する

　中国式管理は理に従って変化に対応することを重視し、儒教的合理である「時中」も、刻々と変わって行く状況に合わせて常に合理的になるように変化することを求めている。そこで、臨機応変は、人々の学ばなければならない中心的な項目になる。一生をかけて追求し、鍛えるに値する。

　みんなを激励して、臨機応変という良い習慣を身につけさせる必要があるため、我々は昇進を決めるとき、よく状況に合わせて決定する方式を採る。完全に制度化するのでもなければ、当然全く順序も規則もないまでに自由になることもない。

　我々はよく昇進を獲得した人を、「殿様のお気に入り」と呼ぶ。表面上お世辞の趣があり、意味は「上司の身内ではないか、当然昇進は早い」のである。実際ではかなり不満であり、甚だしきは「全く道理がなく昇進している！」と考える。

　どうして道理がないと感じるだろうか？　なぜなら、いかなる原則も見出せず、昇進要項の理由も説明することができないからである。実は、これらは全てただ言ってみただけの怨み言にすぎない。本当の感覚は、「私を指名しなかった、私

を昇進させなかった。それは不公平に決まっている。当然全く道理がない」という気持ちから来ている。

　批判され、非難されたリーダーたちを見てみよう。彼らは、いささかも恥じ入る表情を見せない。殿様のお気に入りの存在などと認めないだけでなく、自分は昇進の決定に対して、十分に智恵を絞り、頭を働かしたと胸を張る。原則にかなっており、さらに昇進の要項にかなっていると考える。少なくとも自分は「胸いっぱいの公の利益をはかる心で、少しも自分一個人だけの利益をはかる心はない」のであり、みんなはまだ何を怨むことができるだろうか？　幸い、リーダーたる者は自ずと「辱め、罵りは好きなようにどうぞ、私は立派だと思える責任者のように振る舞うまで」の素養を持っている。さもなければ、どうして「公僕」の美名を受けられるだろうか？　民主主義時代の官僚が罵られるのは、ただ「暗を明に変え」、公に批判できるようになったに過ぎないのである。

　以上の描写は、ほとんど中国社会の毎回毎回、新役人が昇進し、旧役人が失脚する際の「何軒の家が喜び、何軒の家が憂う」のありさまそのもので、腐敗なだけでなく時代遅れのようにも見える。しかし、数千年来いささかも変わっていない。その背後に強力な支持理由が必ずあることが見て取れる。そのため、長い間が経っても旧くならずに常に新しく、代々伝わって行くことができる。

　まず、昇進は原則があるべきだが、常に変わらぬ固定の原則があるべきではない。理事長がもし明確に会社の昇進原則を内部昇進と定めたら、すぐに味方同士の殺し合いを引き起こしてしまう。最もよく見かける状況は、中上級の社員が連合して、最も有能な同僚を追い出してしまうことである。なぜなら、最も有能な社員を追い出さなければ、みんなは永遠に昇進する望みがなくなるからである。もし明白に原則を外部から招聘すると定めたら、それでは会社内部は団結してしまい、たとえ自分たちの同僚を長に擁立してでも、連合して外来の「パラシュート部隊」に抵抗してしまう。なぜなら、このときになっても団結しなければ、まさしく「この一手を打たなければ、死んでも埋葬するところすらなくなってしまう」からである。中国人は、「上に政策あり、下に対策あり」に長けている。ゆえに、明確に原則あるいは政策を公表することはできない。

　漢民族の習わしは「王朝を長子に継承させる」。年齢と経歴に偏って重視し、能力を考慮しない。万一長子は才能がなく見識がなければ、治世はめちゃくちゃになってしまう。満州族は相反する主張を採り、「息子の中の最も有能な人に継承させる」。結果兄弟が殺し合い、自分が最も有能であることを示すために、当然全ての兄弟を殺し尽くさなければならない。この事実からは、完全無欠な原則

は実に見つけ難いことが見て取れる。中国人が「ともに配慮する」ことを重視するのも、ほとんど全ての原則には、利点もあれば弊害もあるということを、見通しているからである。

次に、昇進は固定の原則があるべきではないが、しかしいくらかの原則を定めないわけにも行かない。そのため、全ての原則は、やむを得ずに設けたものである。

昇進は、「みんなの目にさらされて隠しようがない」ものである、どうして「ブラックボックス作業」ができるだろうか、不透明で不明確にできるだろうか？

原則を言わないと、「全く原則がなく、完全に個人の好みに基づいている」とみんなに指摘される。「役職は高ければ高いほど、自分をからかうことができなくなる。みだりに自分の味方を昇進させ、濫用しては、石を高く持ち上げて自分の足をぶつけてしまうことを恐れないだろうか？」ということを、みんなは心の中で非常にはっきりしている。それでも、我々はむしろ「原則を言わない人を原則がない」とからかい、「昇進を獲得できなかったとき」の腹いせとして、「苦しみの中から楽しい慰めを求め」ようとする。互いに少し気楽になれるのだから、どうして喜んでしないことがあるのだろうか？

原則を言い出すと、みんなはそれを「某のためにオーダーメイドした標準」だと言ってしまう。原則あるいは要項が公表される度に、当事者はすでに見えつ隠れつで、みんなは当然承服せず、「これは原則のうちに入るのだろうか？　きっぱりと人を指定した方がまだましだ」と言ってしまう。標準を思い通りにさせるために、標準を縛り付けたり、取り囲んだりしてしまうのも、こんなものではないだろうか。

「原則を言ってもだめ、言わなくてもだめ」ということは再度証明される。リーダーを務めようとするからには、勇気を持ち、責任を引き受けられなければならない。だから、いやいやながらも意地を張ってでも聞こえの良い原則を言ってしまう。どのみち「言うことは言うとして、やることはやるとして、別々にする」のであり、大したことはないではないか！

どうして初めから、「言うことは言うとして、やることはやるとして、別々にする」という心理状態を持ってしまうだろうか？　なぜなら、「いかなる原則も、初めて聞くと、非常に道理があるように思える。ただあまり強調しすぎてはいけない。すなわちこだわりすぎてはいけないということである。さもなければ偏りを生じてしまい、間違った結果をもたらしてしまう」からである。

そこそこの程度まで言い、そこそこの程度までやる。これこそは良好な方策である。幸い中国文字と中国言語の融通性はとても大きく、ちょうどこのような需要に適合している。

リーダーが言っている原則は、恩恵を被る人は十分に明確だと考える。その上、徹底的に守り、少しもいい加減にはならない。利益を獲得していない人は、オーダーメイドしている服であるからには、当然ぴったりだ、他に意見などあるわけがないではないかと、冷やかしてしまう。

厳しく評価すると、100パーセント徹底し切った原則は一つもない。これも「言うことは言うとして、やることはやるとして、別々にする」ことのもう一つのどうしようもない運命である。古より、どうしてずっと「清き者は自ずと清き、濁る者は自ずと濁る」などと言うのだろうか？ すなわち一体清いのか、濁っているのか客観的に判明することはとても難しいということである。

三つ目に、昇進の原則は、そのときの状況に合わせて、全面的な考慮をすることである。公平に扱う心情で、自らその間の利害を推考する。

このような真っ正直すぎる原則は、どうして言い出すことができるだろうか？ どうやって公開、透明化できるだろうか？ 行ってもよいが、言っては行けないとは、まさにこのような状況である。

中国人は従来ずっと「妥当性は真実性よりも重要」だと主張してきている。だから、昇進の原則は、実はみんなが心の中で知っていて腹の中でわきまえているが、あいにくどうしても言い出すことができない。なぜなら、それはもとより真実であるが、実に明白にはっきりと説明するには妥当ではない。

当時の状況に合わせることは、当然非常に必要性がある。しかし、状況は変動するだけでなく、非常に主観的である。あるときは能力がより重要であり、あるときは信頼できることがもっと大事である。ある人たちは謝礼をしなければならず、ある人たちには懲罰を与えなければならない。これらのことに対する見方は元々一致するものではなく、どうして明言することができるだろうか？ 職位が高ければ高いほど、関連する状況は複雑になり、さらにはっきりと言えなくなる。

全面的な考慮を行うことも、リーダーが高い地位にある一つの大きな難点である。他の人は、目の前の事実そのものについて論じることができるが、リーダーは「このことと、あのことを一緒に考え」なければならない。職位が高ければ、カバーする部分が広くなり、中間あるいは現場の人員との見方も、当然異なってくる。そのため、考慮した結果も明白に疎通することはとても難しい。

「どうして私を更迭させるのか？ 私は何を間違えたか？」と、このような話

を問う人は、もとより筋が通っているので話が威圧的である。なぜなら、彼は確かに真面目にこつこつと励み、十分に努力しているからである。

「良くやっている人は必ずしも換えないとは限らない。良くやっていない人は必ずしもすぐに入れ替えるとも限らない」と、リーダーはこのような真実の話を言うことはできるだろうか？ 部下にこれこそが全面的な考慮だと分からせることができるだろうか？

公平に扱う心情は、とりわけ重要である。一旦公平に扱うことができないならば、後遺症は非常に深刻であり、どんなに正しい昇進でも、悪い結果をもたらしてしまう。しかし、公平に扱う道理は一旦明言してしまうと、さらに大きな不平を引き起こしてしまう。これもみんながただ心の中に置き、終始として率直に認めたがらないことの一つである。

見たところ、中国人はずっと「利害」を前面に置き、「道義」という二文字は、言ってみたに過ぎないように見える。その実そうではない。本当に利害を理解している人は、中国人の「安和楽利」の道筋の段階性に基づき、私的な「利」を「安、和、楽」の後に置くことができる。安心できる利害を追求とし、安心できない利害を排除する。そうすれば、利点は弊害よりも多くなり、合理的に近づく。

昇進の要項は元々単一で、固定的なものなどではない。状況の必要、全体の要求、及び公平に扱う局面に合わせて協力していかなければならない。みんなはリーダーの昇進のさせ方に対して、永遠に褒めるところもあればけなすところもある。重要なのは、人事を司る者は公の利益をはかる心を立て、「人を安心させる」立場に立って考え、みんなの試練に耐えられなければならない。しばし風や雨で、困難や曲折が多くても、結局のところは風穏やかで日うららかな素晴らしい日々をもたらしてくれるはずである。

臨機応変 vs. 機会を伺いうまく立ち回る

中国式管理の変動性は非常に大きく、中国人のころころ変わることを好む性格と組み合わさると、非常に一定しない状態を形成する。全てのことに、状況を見て判断し、関係を論じ、仲をこじ付けたりと、非常に多くの変化を生じさせる。道理で多くの人がはっきりと理解できずに、中国人を原則に欠け、制度がなく、法を守らないと誤解してしまう。仕舞いには自分自身の信用と評判までも落としてしまう。

中国人の変化に対する対応力はとても強く、ほとんどいつでもどこにでも調整しているに近い。常に変わっているために、逆に変化の存在に気づかなくなるぐらいである。ずっとこのようにころころと変わっていると、あたかも何の変化もないように思える。すなわち、感覚上まるで変化がないように感じるということである。

中国人に対して言えば、変わることは問題であるわけではない。変わる、あるいは

変わらない、変わらなければならない、あるいは変わってはいけない、甚だしきは変わるべきかどうかでさえも、基本的には問題とならない。時間を費やし、気を使って検討する必要もない。我々はただ根本的にどのように変わるかに関心を払えば、変化の重心をつかむことができる。なぜなら、変わるか変わらないかは問題ではなく、どのように変わるかこそは問題であることは、すでに長い間ずっと我々の共通認識になってきているからである。

どのように変わるのだろうか？　言ってみれば、二種類の異なる形態しかない。それはすなわち臨機応変か、機会を伺いうまく立ち回ろうとするかである。合理的に変わることができるかどうかの鍵となる。

中国人は自覚した方がよい。我々は臨機応変しかできず、どんなことがあっても機会を伺いうまく立ち回ろうとしてはいけない。あいにくこの二種類の形態は、よく瓜二つで、ほとんど見分けがつかない。そこで、多くの中国人が一種の独りよがりの態度を採って、自分で自分を慰めてしまう。簡単明瞭に自分のあらゆる行為を、全て臨機応変と見なし、他人のあらゆる行為を、全て機会を伺いうまく立ち回ろうとすることに扱う。我々はこのような考え方に全く賛成するつもりはない。是非ともみんなに、臨機応変と、機会を伺いうまく立ち回ろうとすることをはっきりと区別することを期待する。そうしてこそ、中国式管理の精神を本当に発揮することができる。

最も重要な要素は、「公」と「私」である。「公」のために変わり、人を害してまで自分の利益を図ろうとしないことこそは、臨機応変である。「私」のために変わり、人を害してまで自分の利益を図ろうとすることこそは、機会を伺いうまく立ち回ろうとすることである。

動機は純粋で正しいかどうかは、当事者自分にしか分からない。従って、中国式管理は己を磨き高めることを起点とする。効果はよいかどうかは、みんなが安心できるかどうかで判断しなければならない。ゆえに中国式管理は、人を安心させることを最終目的とする。

著者■**曾仕強**（そうしきょう）

　1934年生まれ。イギリスオックスフォード大学管理哲学名誉博士、イギリス国立レスター大学管理哲学博士、アメリカトルーマン州立大学行政管理修士。台湾智慧大学校長、興国管理学院校長、交通大学教授などを歴任。
　中国式管理の巨匠、華人三大管理学者の一人、最も学生に歓迎される教授の一人、最も企業人に歓迎される十大講演者の一人と称されている。
　主な著書に『中国式の管理行為』、『管理思考』、『管理の王道』、『大易管理』など。

訳者■**内山正雄**（うちやままさお）

　1971年、中国湖北省荊門県生まれ。85年母親が中国残留孤児だった関係で家族とともに来日。97年専修大学経営学部情報管理学科卒業。同年、ソフトウェア開発、のちにオフショア開発に従事。現在に至る。
　2004年、西安出張で「百家講壇」なるテレビ番組で曾仕強教授の管理理論に感銘を受け、翌年出版したばかりの『中国式管理』を買い求め、以来その実践と翻訳に勤しむ。

中国式管理 世界の経済人が注目する新マネジメント学

2019年4月7日　初版第1刷発行
著　者　　曾　仕強（そうしきょう）
訳　者　　内山正雄（うちやままさお）
発行者　　段　　景子
発売所　　株式会社日本僑報社
　　　　　〒171-0021 東京都豊島区西池袋 3-17-15
　　　　　TEL03-5956-2808　FAX03-5956-2809
　　　　　info@duan.jp
　　　　　http://jp.duan.jp
　　　　　中国研究書店 http://duan.jp

2019 Printed in Japan.　　　　ISBN 978-4-86185-270-1　　C0036
Chinese-style management ©Beijing United Publishing Co.Ltd. 2015
Japanese copyright ©The Duan Press
All rights reseved original Chinese edition published by Beijing United Publishing Co.Ltd.
Japanese translation rights arranged with The Duan Press